중국어 삼일어법

형태 의미 사용
구조 기능 환경 으로 **한번**에 끝내는 어법

다락원

들어가는 말

『중국어 삼일 어법』은 중국 북경대학출판사에서 출간한 『三一语法 : 结构·功能·语境』의 한국어판입니다. 이 책의 제목에 드러난 바와 같이, 이 책에서는 '형태 구조(结构)' '의미 기능(功能)' '사용 환경(语境)'이라는 세 가지 차원에서 어법을 설명합니다. 이는 두 저자가 다년간 제2언어로서의 중국어 교수를 연구·설계·관리한 경험을 토대로 도출해 낸 가장 이상적인 제2언어 교수 체계로서, 삼위일체의 교습 이념을 담고 있습니다.

이 책은 초중급 수준에서 주목해야 하거나, 짚고 넘어가야 하는 어법 항목 '264개'를 다루고 있습니다. '형태 구조'는 명확하게, '의미 기능'은 적절하게, '사용 환경'은 구체적으로 제시함으로써 학습자의 직접적인 이해에 도움을 주어 효율적인 학습을 도모하였습니다. 어법 교육이 언어의 본질을 탐구하는 데에서 끝나지 않고 실제적인 사용으로 이어질 수 있도록, 학습자가 써먹지도 못할 것을 고통스럽게 학습하는 일이 없도록 실제 사용과 관련한 내용이 상세하게 제시되어 있습니다.

이처럼 과학적이고 전략적인 설계에 기반한 『중국어 삼일 어법』은 교수자와 학습자 모두가 효율적으로 활용할 수 있는 어법서입니다. 어법이 어렵고 지루해서 중국어에 흥미를 잃어가는 많은 학생들이 이 책을 통하여 생동감 있는 중국어를 접하고 직접 사용해 보며 중국어에 대한 흥미와 열성을 더 높일 수 있기를 바랍니다.

다락원 중국어 출판부

추천의 말

중국어로 대화를 할 때 제때에 제대로 어법을 사용하지 못해 갑갑했던 경험이 모두들 있을 것입니다. 이는 중국어를 듣고 읽고 이해하는 데에만 중점을 두었던 기존 교육의 문제점으로 인해 생겨난 결과이지 않나 생각합니다. 머릿속 생각을 말이나 글로 막힘없이 산출해 내고 싶은 학습자에게, 중국어를 잘 가르치기 위해 고민하는 교사에게 이 책을 꼭 필독하기를 권합니다.

역자 이정민

오랜 시간 중국어 어법과 중국어 교육 연구에 종사해 오신 冯胜利 선생님과 施春宏 선생님 두 분이 264개의 초중급 주요 어법을 뽑아, 제2언어로서의 중국어 교육 어법에서 절대적으로 필요한 '어법 구조'와 '어법 기능', 그리고 '담화 맥락'을 중심으로 일목요연하게 정리한 책입니다. 이 책은 중국어를 학습하는 외국인 학습자와 중국어를 가르치는 내외국인 교사 모두에게 유용한 어법 지침서로서 충분한 가치가 있는 역작입니다. 어떤 말이 어떤 단어들로 구성되어 어떤 의미로 어떤 장소에 적합하게 쓰이는지를 안다면 한 차원 다른 중국어를 학습하고 교육하는 데 큰 도움이 되리라 확신합니다.

감수자 김현철

이 책의 특징

★ **과학적이고 입체적인 삼위일체의 학습법 도입**

외국어 문형의 학습은 전형적으로 '언어 사용 환경에 노출 →해당 문형의 기능을 암시적으로 습득 →문형의 구조 이해'라는 순서로 이루어집니다. 이러한 보편적인 습득 과정을 고려하여, 세 가지 과정 중 어느 하나도 부족하지 않도록, '형태 구조(结构)' '의미 기능(功能)' '사용 환경(语境)'이라는 세 가지 차원에서 입체적으로 어법을 설명합니다.

★ **초중급 학습자를 위한 명확한 정리와 명쾌한 설명**

초중급 단계의 내용에 초점을 맞추어 문형의 형태 구조를 명확하게 정리하고, 의미 기능을 명쾌하게 설명하였습니다. 고급 수준에서 접할 수 있는 내용은 다루지 않았으나, 다루지 않은 다른 의미 기능, 혹은 앞으로 공부하게 될 의미 기능까지 조리 있게 집약할 수 있도록 설명하였습니다.

★ **실용적인 예문을 사용 환경별로 풍부하게 정리 (MP3 파일 제공)**

교육의 근본 목적은 '사용'입니다. 초중급 중국어 학습자가 마주하게 될 가장 전형적이고 대표적인 환경을 선별하여, 사용 환경별로 실용적인 예문을 충분히 제공하였습니다. 언제든 듣고 따라해 볼 수 있도록 찾아 듣기 쉽게 편집된 MP3 파일도 제공합니다.

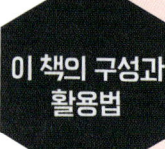

이 책의 구성과 활용법

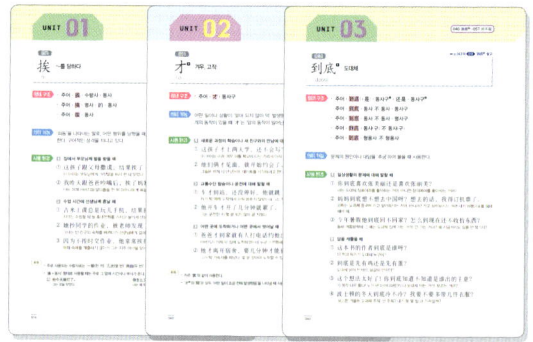

이 책은 초중급 중국어 학습자를 위한 어법서로, 초중급 수준에서 주목해야 하거나, 짚고 넘어가야 하는 어법 항목 '264개'를 선별하여 총 14개의 UNIT에 나누어 담았습니다.

어법 001~264

- 어법 항목 번호이자 음원 트랙 번호입니다.
- 비슷하고 관련 있는 항목을 함께 참고해 보세요.
- 선별된 어법 항목이 문장에서 어떻게 결합하고 배열되는지 명확하게 정리하였습니다.
- 어떤 용도로 쓰이는지 구체적이고 실제적으로 정리하였습니다.
- 형태 구조와 의미 기능이 잘 드러난 예문들을 초중급 단계 학습자들이 자주 접하게 되는 상황별로 정리하였습니다.
- 특별히 추가 설명이 필요한 부분, 초중급 단계에서 틀리기 쉬운 부분에 중점을 두었습니다.

→ p.232의 187 '为了' 참고

186

为❷ ~하기 위해서

wèi

형태 구조
- 주어 + 동사구❶ + 是 + 为 + 동사구❷
- 주어 + 为 + 동사구❶ + 而 + 동사구❷
- 为 + 동사구❶, 주어 + 동사구❷

의미 기능 '행위의 목적'을 이끌어 내는 데 사용하며, 비교적 공식적인 격식체의 색채를 강하게 지니고 있다.

사용 환경

1 목적에 대해 말할 때

① 我学中文是为将来有份好工作。
내가 중국어를 공부하는 것은 미래에 좋은 직업을 갖기 위해서이다.

② 我为让女朋友高兴而给她准备了一份精美的礼物。
나는 여자 친구를 기쁘게 해 주기 위해서 세련된 선물을 하나 준비했다.

③ 为上中央电视台，我准备学习普通话。
중앙방송에 출연하기 위해서 나는 보통화를 공부하려고 한다.

④ 我来中国是为圆妈妈的中国梦。
내가 중국에 온 것은 어머니의 중국꿈을 실현하기 위해서이다.

⑤ 为让家人过上更好的生活，他努力地工作着。
가족들이 더 나은 삶을 살도록 하기 위해 그는 열심히 일을 하고 있다.

2 목표, 이상에 대해 말할 때

① 他为当作家每天都写一个故事。
그는 작가가 되기 위해서 매일 이야기를 한 편씩 쓴다.

② 为实现自己的理想，小张每天都很努力。
자신의 이상을 실현하기 위해서 샤오장은 매일 열심히 노력한다.

주의 • '为❷' 뒤에 '了' '着'를 붙일 수 있으나, 붙이지 않는 경우에 공식적인 격식체의 어감이 좀 더 강해진다.

219

REVIEW & REVIEW 정답

매 UNIT의 마지막 페이지에는 형태 구조를 떠올리며 문제를 풀어보는 REVIEW 코너가 마련되어 있으며, REVIEW 코너의 정답은 책 말미에 수록되어 있습니다. 관련 어법 번호까지 제시되어 있으니, 틀린 문제가 있다면 편리하게 다시 찾아 복습해 보세요.

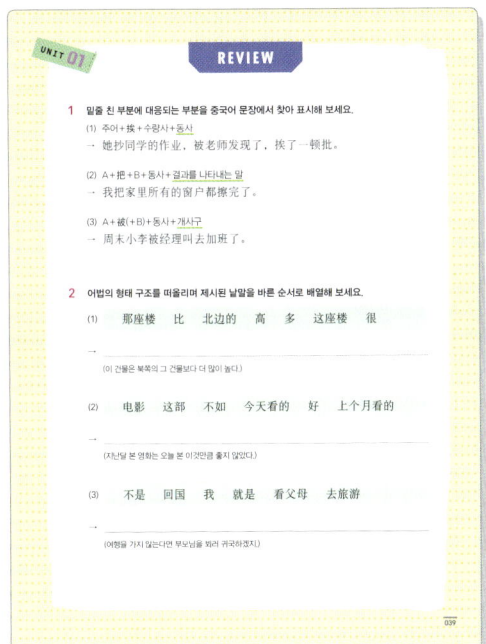

음원

이 책의 음원은 '다락원 홈페이지(www.darakwon.co.kr)'와 '콜롬북스' APP에서 MP3 파일로 무료로 다운로드하거나 실시간 재생할 수 있습니다. 스마트폰으로 QR코드를 스캔하면 MP3 다운로드 및 실시간 재생이 가능한 페이지로 바로 연결됩니다.

차례

UNIT 01

001	挨	16
002	'把'자문	17
003	어기조사 吧❶	18
004	어기조사 吧❷	20
005	'被'자문	21
006	比	22
007	别	23
008	并不 / 并不是 / 并没(有)	25
009	부정부사 不❶	26
010	부정부사 不❷	27
011	부정부사 不❸	29
012	부정부사 不❹	30
013	不……不……	30
014	……不了	31
015	不如	32
016	不是……就是……❶	33
017	不是……就是……❷	34
018	不是……吗?	35
019	不太	36
020	不怎么	37
REVIEW		39

UNIT 02

021	才❶	40
022	才❷	41
023	差点儿	42
024	常常	43
025	……成	44
026	出❶	45
027	出❷	46
028	除了……(以外), 都 / 全 / 没有(不)	47
029	除了……(以外), 还 / 也 / 只	48
030	从	49
031	从(来)不 / 从(来)没	50
032	从……到……	51
033	从……起 / 从……开始	52
034	代	53
035	当……时 / 当……的时候	54
036	到❶	55
037	到❷	56
038	到❸	57
039	到❹	58
REVIEW		59

UNIT 03

040 到底❶	60
041 到底❷	61
042 구조조사 地	62
043 구조조사 的❶	63
044 구조조사 的❷	64
045 구조조사 的❸	65
046 ……的时候	66
047 구조조사 得	67
048 가능보어 得/不	68
049 ……得不错	70
050 ……得多	71
051 得	72
052 동사중첩	73
053 都	74
054 都……了	75
055 对	76
056 ……对不对	77
057 对不起	78
REVIEW	79

UNIT 04

058 对……来说	80
059 对于	81
060 多❶	82
061 多❷	82
062 多大	84
063 ……多了❶	85
064 ……多了❷	85
065 多少	87
066 非……不可	88
067 刚才	89
068 刚刚❶	90
069 刚刚❷	91
070 给❶	92
071 给❷	93
072 给❸	94
073 跟❶	95
074 跟❷	96
075 跟/和/同/与……一样	97
076 跟/和/同/与……相比	98
077 更	99
REVIEW	100

UNIT 05

078	怪……的	101
079	过	102
080	还❶	103
081	还❷	104
082	还是❶	105
083	还是❷	106
084	还是❸	107
085	好❶	108
086	好❷	109
087	好好儿❶	110
088	好好儿❷	111
089	好吗?	112
090	和	113
091	很❶	114
092	형용사의 대비적 의미를 없애는 很❷	115
093	……坏了	116
094	会❶	117
095	会❷	118
REVIEW		119

UNIT 06

096	或者	120
097	……极了	121
098	几	123
099	几点	124
100	几岁	125
101	叫	126
102	就❶	127
103	就❷	128
104	就要……了	129
105	……开	130
106	……看(看)	131
107	看样子	132
108	강조를 나타내는 可	133
109	可……了	134
110	可不能	135
111	可能	136
112	可以❶	137
113	可以❷	138
REVIEW		139

UNIT 07

114	口	140
115	来❶	141
116	来❷	142
117	동태조사 了	143
118	어기조사 了	144
119	……(了)半天	146
120	离	147
121	连……都……/连……也……	148
122	어기조사 吗	149
123	……满	150
124	부정부사 没/没有❶	151
125	부정부사 没/没有❷	152
126	没/没有❸	153
127	没有……不……	154
128	没有……那么/没有……这么	155
129	명사술어구문❶	156
130	명사술어구문❷	158
131	명사술어구문❸	159

REVIEW 160

UNIT 08

132	哪儿/哪里	161
133	那	162
134	那么	163
135	那样	164
136	难道/难道说	165
137	어기조사 呢❶	166
138	어기조사 呢❷	167
139	어기조사 呢❸	168
140	能❶	169
141	能❷	170
142	能❸	171
143	能❹	172
144	能够	173
145	你看……/您看……❶	174
146	你看……/您看……❷	175
147	……起来❶	176
148	……起来❷	177
149	……起来❸	178

REVIEW 179

UNIT 09

150	千万	180
151	亲自	181
152	请	182
153	请问	183
154	去❶	184
155	去❷	185
156	全❶	186
157	全❷	187
158	让	188
159	……上❶	189
160	……上❷	190
161	……上❸	191
162	……上❹	192
163	……上来❶	193
164	……上来❷	194
165	……上去❶	195
166	……上去❷	196
167	谁	197

REVIEW 198

UNIT 10

168	……什么的	199
169	什么地方	200
170	什么时候	201
171	是❶	202
172	是❷	203
173	是……不是……/不是……是……	204
174	是不是……❶	205
175	是不是……❷	206
176	是……的 강조문형	207
177	是……吗？	208
178	……死了	209
179	太……了❶	211
180	太……了❷	212
181	挺……的	213
182	……完	215
183	往	216
184	往往	217
185	为❶	218
186	为❷	219
187	为了	220

REVIEW 221

UNIT 11

188	位	222
189	习惯	223
190	……下❶	224
191	……下❷	224
192	……下来❶	225
193	……下来❷	226
194	……下去❶	228
195	……下去❷	229
196	先……, 再……	230
197	想❶	231
198	想❷	232
199	想❸	233
200	向	234
201	像……似的/好像……似的❶	235
202	像……似的/好像……似的❷	236
203	像……一样	237
204	姓	238
	REVIEW	239

UNIT 12

205	需要	240
206	要❶	241
207	要❷	242
208	要……了	243
209	要是……的话/如果……的话	244
210	也	245
211	……一点儿❶	246
212	……一点儿❷	247
213	一……就……	249
214	……一下(儿)	250
215	(一)些	252
216	以前/以后	253
217	已经……了	254
218	应该	255
219	应该……了	256
220	有❶	257
221	有❷	258
222	有❸	259
223	有的	260
224	有点儿	261
	REVIEW	263

UNIT 13

225	有……那么/有……这么	264
226	有时/有时候	265
227	又❶	266
228	又❷	267
229	又……又……	268
230	……于	269
231	愿意	270
232	越……越……	271
233	在❶	272
234	在❷	273
235	在❸	274
236	在……看来	275
237	在……上	276
238	在……下	277
239	在……中	278
240	再	279
241	怎么❶	280
242	怎么❷	281
243	怎么样❶	282
244	怎么样❷	283
REVIEW		285

UNIT 14

245	找	286
246	这	287
247	这么❶	288
248	这么❷	289
249	这样❶	290
250	这样❷	291
251	동태조사 着❶	292
252	동태조사 着❷	293
253	……着……着	294
254	真	295
255	正/在/正在……呢	296
256	只	297
257	只好	298
258	只要……就……	299
259	只有……才……	301
260	住❶	302
261	住❷	303
262	总/总是	304
263	……走	305
264	最	306
REVIEW		307
REVIEW 정답		308

일러두기

» 중국의 지명 및 건물·기관·관광명소의 명칭은 중국어 발음을 한국어로 표기하는 것을 원칙으로 했습니다. 단, 우리에게 이미 널리 알려진 것에 한하여 익숙한 발음으로 표기하고, 중국어를 병기하였습니다.
  예) 上海 상하이   长城 만리장성(长城)   天安门 천안문(天安门)

» 인명은 각 나라에서 실제 사용하는 발음을 기준으로 하여 한국어로 표기하였습니다. 단, 우리에게 이미 널리 알려진 것에 한하여 익숙한 발음으로 표기했습니다.
  예) 小张 샤오장   杰克 잭   成龙 성룡

» 형태 구조에서 ( )는 생략해도 되는 부분을, [ ]는 주의해야 하는 문장 구성 부분을 표시합니다.
  예) [주어]+ 又 + 동사(+명사구)

UNIT 01

001 挨~020 不怎么

001
挨 ~를 당하다
ái

형태 구조
- 주어 + 挨 + 수량사 + 동사
- 주어 + 挨 + 명사 + 的 + 동사
- 주어 + 挨 + 동사

의미 기능
'피동'을 나타내는 말로, 어떤 행위를 당했을 때, 주로 욕을 먹거나 비난을 받을 때 사용한다. 구어적인 성격을 지니고 있다.

사용 환경

1 집에서 부모님께 벌을 받을 때

① 这孩子跟父母撒谎，结果挨了一顿打。
이 아이는 부모님에게 거짓말을 해서 한 대 맞았다.

② 我昨天跟爸爸吵嘴后，挨了妈妈的骂。
나는 어제 아버지와 말다툼을 한 뒤 어머니에게 욕을 먹었다.

2 수업 시간에 선생님께 혼날 때

① 吉米上课总是玩儿手机，结果挨了老师几次批评。
지미는 수업할 때 늘 휴대전화를 가지고 놀아서 선생님에게 몇 번이나 꾸중을 들었다.

② 她抄同学的作业，被老师发现了，挨了一顿批。
그녀는 반 친구의 숙제를 베끼다가 선생님에게 걸려서 한바탕 야단을 맞았다.

③ 因为不按时交作业，他常常挨批。
제때 숙제를 제출하지 않아서 그는 자주 야단을 맞는다.

주의
- 주로 사용되는 수량사로는 '一顿(한 끼)' '几次(몇 번)' '两回(두 번)' 등이 있다.
- '挨 + 동사' 형태로 사용될 때는 주로 그 앞에 시간사나 부사가 온다.

  예 他今天挨打了。
  그는 오늘 맞았다.

  你怎么又挨骂了？
  너는 왜 또 욕을 먹었어?

002 '把' 자문
ba

형태 구조
- Ⓐ+把+Ⓑ+동사+결과를 나타내는 말
- Ⓐ+把+Ⓑ+동사+개사구

의미 기능   물건의 이동이나 행위가 이끈 '결과'를 나타낼 때 사용한다.

사용 환경

1 이사를 하거나 가구 및 물건을 배치할 때

① 他们把好看的家具都搬走了。
그들은 보기 좋은 가구를 모두 운반해 갔다.

② 他把电视放到了桌子上，把画挂在了客厅里。
그는 텔레비전을 책상 위에 놓고, 그림을 거실에 걸었다.

2 방을 정리하거나 청소할 때

① 女朋友一来，他就把脏衣服都扔到了床底下。
여자 친구가 오자 그는 더러운 옷을 모두 침대 아래에다가 던져 놓았다.

② 桌子上书太乱了，你得去把它们摆整齐了。
책상 위에 책이 너무 어지러우니 너 가서 그것들을 깔끔하게 정리하도록 해.

③ 你把你的房间打扫打扫吧！
네 방을 좀 청소해라!

④ 我把家里所有的窗户都擦完了。
나는 집 안의 모든 창문을 다 닦아 놓았다.

3 물건을 가지고 이동하거나 인편으로 물건을 보낼 때

① 你帮我把那杯茶拿过来。
나를 도와서 그 차를 가지고 와 줘.

② 你把这两张CD带给张明吧。
이 CD 두 장을 장밍에게 가져다 줘.

4 학업이나 업무와 관련된 일에 대해 이야기할 때

① 我把那些作业都写完了。
나는 그 숙제들을 모두 다 했다.

② 我已经把这两本书看完了。
나는 이미 이 책 두 권을 다 읽었다.

③ 小王已经提前把这些工作做完了。
　　샤오왕은 이미 미리 이 일들을 끝냈다.

5 어떤 물건을 빌리거나 갚을 때

① 老张已经把钱还给我们了。
　　라오장은 이미 돈을 우리에게 갚았다.

② 你能把这支笔借给我用用吗?
　　이 펜을 내가 사용하게 빌려줄 수 있어?

주의
- '把'자문에서 목적어는 반드시 청자와 화자가 모두 알고 있는 것을 가리키는 명사(구)여야 하며, 동사는 반드시 '행위'를 나타내는 동사여야 한다.
- 동사 뒤에는 결과를 나타내는 보어가 오거나 개사구가 와야 하며, '동사'와 '결과를 나타내는 보어/개사구' 사이에는 다른 성분이 들어갈 수 없다. 이때, 개사구는 주로 장소 성분의 개사구이다.
- 동사 뒤에 개사구가 쓰이는 경우, '개사'는 '동사 바로 뒤'에 위치하며, 문장 속 '了'는 '개사 뒤'에 와야 한다. 읽을 때는 보통 '개사'나 '개사+了' 뒤에서 끊어 읽는다.

　　예 把书 / 放在 / 桌上。　　　　　　把画 / 挂在了 / 客厅里。
　　　　책을 책상 위에 놓다.　　　　　　그림을 거실에 걸었다.

- 구어에서 개사구를 이끄는 개사가 '在'일 때는 개사를 생략할 수 있다.

　　예 把电视放桌上。　　　　　　　　把画挂客厅里。
　　　　텔레비전을 책상 위에 놓다.　　　그림을 거실에 걸다.

003 어기조사 吧❶
ba

형태 구조
- 문장+**吧**。
- 문장+**吧**?

의미 기능 평서문이나 의문문에 사용하는 표현으로, 어떤 사실에 대해 판단을 내렸으나 완전히 단정 짓지 못할 때 사용한다. 앞서 자신이 제기한 '판단'을 '약화'시키는 기능을 한다. 상대방의 '확인'을 구하고자 할 때도 사용한다.

사용 환경

1 원인을 추측할 때

① 她是因为跟男朋友分手而哭的吧？
그녀는 남자 친구하고 헤어져서 우는 거겠지?

② 他是因为家里穷而放弃上大学的吧？
그는 집이 가난해서 대학 다니는 것을 포기한 거겠지?

2 어떤 사실이나 상황을 추측할 때

① 甲：这些人是谁呀？
갑: 이 사람들은 누구야?

乙：都是学生的家长吧？
을: 모두 학부모겠지?

② 甲：这是老师说的，不会错。
갑: 이거 선생님이 말씀하신 거야. 틀릴 리 없어.

乙：不一定吧。
을: 꼭 그렇지만도 않을 거야.

③ 这套西服真漂亮，新买的吧？
이 양복 정말 예쁘다. 새로 산 건가 봐?

④ 她不是你的女朋友吧？
저 여자가 네 여자 친구는 아니겠지?

⑤ 这么晚了，他今天不会来了吧？
이렇게 늦었으니, 그 사람 오늘 안 오겠지?

주의
- '吧❶'를 사용하면, 사용하지 않을 때보다 판단에 대한 '확신의 정도'가 약해진다.
- 평서문에 사용하나 의문문에 사용하나 크게 차이가 나지 않으므로 문장 끝에는 마침표와 물음표 중 어느 것을 사용해도 괜찮다. 보통은 물음표를 많이 사용하며, 마침표를 사용할 경우에는 확신의 느낌이 좀 더 강하게 나타난다.

004 어기조사 吧²

ba

형태 구조
- 문장+吧!
- 문장+吧。

의미 기능 '상의'하는 듯한 어조를 띠는 말로, 누군가에게 구체적으로 어떤 일을 하도록 건의하거나 재촉할 때, 혹은 다른 사람에게 어떤 일을 하라고 명령할 때 사용한다. '吧'를 사용하면 사용하지 않을 때보다 말투가 부드럽기 때문에 친근한 느낌을 더할 수 있다.

사용 환경

1 어떤 일을 하기 위해 의견을 제시하거나 상대방과 상의하고자 할 때

① 我们去踢球吧，好不好？
우리 축구하러 가자. 어때?

② 孩子：妈妈，我要喝冰水。
아이: 엄마, 저 시원한 물 마실래요.

妈妈：没有冰水了，我们就喝茶吧。
엄마: 시원한 물이 없으니까 우리 차를 마시자.

③ 我们去那家新开的饭馆吃吧，你觉得怎么样？
우리 그 새로 개업한 식당에 가서 먹자. 어떻게 생각해?

④ 让他们去中国旅游吧！这样就有机会多练习练习汉语。
그 사람들에게 중국으로 여행을 가라고 해! 그러면 중국어 연습을 많이 할 기회가 생기잖아.

2 명령하거나 재촉할 때

① 要下雨了，你们快点儿走吧。
비가 오려고 하니 너희 빨리 가렴.

② 你快帮他想想这个问题该如何解决吧！
너 빨리 그 사람을 도와서 이 문제를 어떻게 해결할지 생각 좀 해 봐!

③ 你就别唱了吧，这儿已经够吵的了！
너 노래하지 마. 여기 이미 충분히 시끄러워!

주의 · 문장 끝에 마침표와 물음표 중 어느 것을 사용해도 괜찮다. 느낌표를 사용하면 건의하거나 명령하는 어투가 좀 더 강하게 드러난다.

005 '被' 자문
bèi

형태 구조
- Ⓐ+被(+Ⓑ)+동사+결과를 나타내는 말
- Ⓐ+被(+Ⓑ)+동사+개사구

의미 기능 '어떤 일을 당한 결과'를 나타낸다. 주로 뜻대로 되지 않은 일, 예상하지 못한 일, 일어나기 바라지 않는 일처럼 부정적인 결과를 나타내지만, 일반적이고 평범한 결과도 나타낼 수 있다.

사용 환경

1 물건이 손상을 입었거나 도난 당했을 때

① 甲：我的茶杯呢？
갑: 내 찻잔은?

乙：茶杯被(他)打碎了。
을: 찻잔은 (그 애로 인해) 깨졌어.

② 昨天我的自行车被(人)偷走了。
어제 내 자전거가 (누군가에 의해) 도난 당했다.

2 사기를 당하거나 야단을 맞았을 때

① 我被那个人骗走了一万块钱。
나는 그 사람에게 만 위안을 사기 당했다.

② 她被男朋友骗了。
그녀는 남자 친구에게 속았다.

③ 吉米上课总是打电话，被(老师)批评了好几次。
지미는 수업 시간에 늘 전화를 해서 (선생님에게) 여러 번 야단맞았다.

④ 大卫酒后开车，被(警察)抓起来了。
데이빗은 음주 운전을 해서 (경찰에게) 잡혔다.

3 시끄러워서 깨거나 소환 당했을 때

① 我一大早就被外面的鸟叫声吵醒了。
나는 아침 일찍 밖에 있는 새 울음 소리에 의해 시끄러워 깼다.

② 周末小李被经理叫去加班了。
주말에 샤오리는 사장님에게 근무하라고 불려 갔다.

주의

- 'A+被(+B)+동사+결과를 나타내는 말/개사구'에서 'A'는 동작의 객체로, 지시될 수 있는 확실한 존재물이어야 한다. 'B'는 동작의 주체로, 경우에 따라 생략될 수 있다. 동사는 행위를 나타내는 동작동사여야 한다.

- 만약 '被'자 문형에 동작의 주체인 'B'가 나타나면 동사는 보통 일음절 동사를 사용할 수 없고, 동사 뒤에 보어나 동태조사 등의 기타 성분을 더해서 목적어가 어떤 일을 당했는지 구체적으로 나타내 줘야 한다.

  예 自行车被人偷。(✗)

  自行车被偷。(○)
  자전거를 도둑맞았다.

  自行车被人偷走了。(○)
  자전거를 누군가에 의해 도난 당했다.

  自行车被偷了好几辆。(○)
  자전거 여러 대를 도둑맞았다.

- '被'자 문형과 '叫' '让'자 문형은 피동을 나타내는 문형이다. 이 중, 더 구어적인 표현은 '叫' '让'자 문형으로, '叫' '让'자 문형을 사용할 때는 반드시 뒤에 동작의 주체 'B'가 드러나야 한다.

  예 我刚买的自行车就叫人偷走了，到现在还没找到。
  我刚买的自行车就让人偷走了，到现在还没找到。
  내가 막 산 자전거가 누군가에 의해 도난 당해 지금까지도 찾지 못하고 있다.

006

比 ~보다
bǐ

형태 구조
- Ⓐ+比+Ⓑ+형용사
- Ⓐ+比+Ⓑ+형용사+수량사
- Ⓐ+比+Ⓑ+동사+得+형용사
- Ⓐ+동사+得+比+Ⓑ+형용사

의미 기능 두 종류의 '서로 다른 사물', 혹은 '서로 다른 시기에 동일한 사물'의 성질, 특징, 수량 등을 '비교'할 때 사용한다.

사용 환경

1 사람의 나이, 키 등을 비교할 때

① 我比女朋友大两岁。
나는 여자 친구보다 (나이가) 두 살 많다.

② 他十二岁的时候，就比他爸爸高了。
그는 12살 때 아빠보다도 키가 컸다.

③ 我比去年高了8厘米，你呢？
나는 작년보다 8센티미터 자랐어. 너는?

2 두 물건의 크기, 높이, 장단점 등을 비교할 때

① 这间卧室比那间卧室大一点儿。
이 침실이 그 침실보다 좀 크다.

② 你的狗，眼睛很奇怪，左边的比右边的大。
네 개는 눈이 이상해. 왼쪽이 오른쪽보다 커.

③ 这座楼比北边的那座楼高很多。
이 건물은 북쪽의 그 건물보다 더 많이 높다.

④ 他们学校的教学质量比我们学校的好一点儿。
그들 학교의 교육 질이 우리 학교보다 좀 낫다.

⑤ 她的字写得比你好。
그녀가 글자를 너보다 잘 써.

3 물건의 가격, 무게 등을 비교할 때

① 这家饭馆的菜比那家便宜一些。
이 식당의 음식이 그 집보다 좀 싸다.

② 我的行李箱装的东西太多了，比你的重得多。
내 짐 가방의 물건이 너무 많아서 네 것보다 훨씬 무거워.

4 속도를 비교할 때

① 小明比你走得快多了。
샤오밍이 너보다 훨씬 빨리 걸어.

② 坐飞机比坐火车快，你还是坐飞机吧！
비행기를 타는 게 기차를 타는 것보다 빠르니까 너는 비행기를 타는 게 나을 거야!

007

别 ~하지 마라
bié

형태 구조
- 别 + 동사(구)
- 别 + 형용사

의미 기능 상대방에게 어떤 일을 하지 말라고 권유하거나 일깨워 줄 때, 어떤 행위를 실시하라고 명령할 때, 혹은 위로하거나 인사치레 등의 말을 할 때 사용하는 구어적 표현이다.

사용 환경

1 다른 사람이 담배 피우거나 술 마시는 것을 말릴 때

① 墙上写着"禁止吸烟",你就别吸烟啦。
벽 위에 '흡연 금지'라고 쓰여 있으니 담배를 피우지 마.

② 今天你就别喝酒了,还得开车呢!
오늘 술 마시지 마. 운전도 해야 하잖아.

③ 最近睡眠不好,你别喝咖啡了。
요즘 잠을 잘 못 자니 커피 마시지 마.

2 다른 사람에게 조심하라고 하거나 덤벙대지 말라고 주의를 줄 때

① 过马路时要小心,别闯红灯。
길을 건널 때는 조심해야 해. 빨간불에 건너지 마.

② 做题一定要认真,别马虎!
문제를 풀 때는 반드시 진지해야 해. 대충하지 마!

③ 你小心地滑,别摔着了!
길이 미끄러우니 조심해. 넘어지지 마!

3 다른 사람을 위로할 때

① 你别难过了,他肯定不是故意让你生气的。
괴로워하지 마. 그 사람이 고의로 너를 화나게 한 것은 분명히 아닐 거야.

② 别着急,你的钱包肯定没丢,好好儿找找。
조급해하지 마. 네 지갑은 분명히 잃어버린 게 아닐 테니 잘 찾아봐.

③ 别担心,小文一个人在国外肯定会照顾好自己的。
걱정하지 마. 샤오원 혼자 외국에 있어도 자기 자신을 분명히 잘 챙길 거야.

4 인사치레할 때

① 别客气!这是我应该做的。
아닙니다! 제가 당연히 해야 하는 일인걸요.

② 都是家里人,别不好意思说。
모두 집안사람들이니 부끄러워하지 말고 말해.

주의
- '别抽烟'은 일상생활에서, '请勿抽烟'은 비교적 정식적인 상황에서 사용한다.
- '别'는 '不要'보다 좀 더 어감이 부드러운 표현이다. 두 단어 모두 '~하지 마라'라고 해석되지만, '别'는 어떤 일을 하지 말라고 만류하는 '제지'의 뜻을 가진 말이고, '不要'는 어떤 일을 하지 않도록 금지하는 '요구'의 뜻을 가진 말이므로, 상황에 따라 바꿔 쓸 수 없는 경우가 있으니 분별해 쓰도록 한다.

例 到我家来玩儿啊,别拿东西啊。(O)
到我家来玩儿啊,不要拿东西啊。(X)
우리 집에 놀러 와. 뭐 들고 오지 마.

进入白宫,不要带枪。(O)
进入白宫,别带枪。(X)
백악관 입장 시 총기류 휴대하지 마십시오.

爸爸说不要撒谎,你怎么撒谎呢,以后别说谎了。(O)
爸爸说不要撒谎,你怎么撒谎呢,以后不要说谎了。(X)
아빠가 거짓말하지 말라고 하셨는데, 너 왜 거짓말해. 앞으로 거짓말하지 마.

008 并不/并不是/并没(有)
bìng bù / bìng bú shì / bìng méi(yǒu)

(결코) ~한 것은 아니다

형태 구조
- 주어 + **并不** + 동사구
- 주어 + **并不** + 형용사구
- 주어 + **并不是/并没(有)** + 동사구
- 주어 + **并不是/并没有** + 명사구

의미 기능
'부정(否定)'하는 말로, 사실이나 사람들의 기존 생각에 반대됨을 강조하여 설명할 때 사용한다. 실상을 자세히 설명하고 진술하는 의미를 가지고 있다.

사용 환경

1 해명, 반박할 때

① 大家都觉得我想去国外，其实我并不想去。
모두들 내가 외국에 가고 싶어한다고 생각하는데, 사실 가고 싶은 것은 아니다.

② 我没说出真相，并不是不想告诉他，而是怕他受不了。
내가 진실을 말하지 않은 것은 그에게 알려 주고 싶지 않아서가 아니라 그가 못 견뎌할까 봐 걱정되어서였다.

③ 你的秘密，我并没有告诉任何人。
너의 비밀을 나는 누구에게도 말하지 않았어.

④ 这是妈妈的意思，并不是我的选择。
이것은 엄마의 생각이지 내 선택인 것은 아니다.

2 일반 사람들의 편견에 대해 부정할 때

① 翻译并不比创作容易。
번역이 창작보다 결코 쉬운 것은 아니다.

② 有研究发现，女生数学天赋并不比男生差。
연구 결과 여학생의 수학적 소질이 결코 남학생보다 떨어지는 것은 아닌 것으로 밝혀졌다.

③ 有一项调查认为，贷款买房者并不比租房者感觉更幸福。
한 조사에서는 대출금으로 집을 산 사람이 세입자보다 결코 더 행복한 것은 아닌 것으로 나타났다.

주의
- '并不' '并不是' '并没(有)'는 뒤에 연결될 수 있는 성분이 각각 다르다. '并' 뒤에 어떤 부정사가 오느냐에 따라 뒤에 연결될 수 있는 성분이 결정된다.
- '并非' '并未' '并无'는 문어체로 공식적인 상황에서 사용한다.

  예) 这是妈妈的意思，并非我的选择。
  이것은 어머니의 생각이지 제 선택인 것은 아닙니다.

  对这次外出的要求，大家并未发表不同意见。
  이번 외출에 대한 요구에 대해 모두들 다른 의견을 발언하지는 않았습니다.

  对这件事我们并无矛盾。
  이 일에 대해 우리는 갈등을 빚지 않았습니다.

→ p.151의 **124** '부정부사 没/没有❶' 참고

009 부정부사 不❶
bù

형태 구조
- 주어 + 不 + 동사구

의미 기능
술어를 '부정'하는 데 사용한다. 어느 정도까지 '범위를 제한'하는 것을 나타내거나 '원칙적으로 하지 않는 일'을 나타낼 때 사용한다.

사용 환경

1 어떤 판단이나 사실에 대해 부정할 때

① 他不像一个留学生。
그는 유학생 같지 않다.

② 我不知道寒假什么时候开始。
나는 겨울방학이 언제 시작하는지 모른다.

③ 老张不是老师，他是个律师。
라오장은 선생님이 아니다. 그는 변호사이다.

2 어떤 일을 하지 않으려 할 때

① 妈，你先睡吧，我不睡，明天有考试。
엄마, 먼저 주무세요. 저는 안 자요. 내일 시험이 있거든요.

② 说什么他也不答应，你去劝劝他吧。
뭐라고 말해도 그 사람이 허락을 안 해. 네가 가서 그 사람을 잘 구슬려 봐.

③ 我不想听他的，他的话没一点儿道理。
나는 그 사람 이야기를 듣고 싶지 않아. 그 사람 말은 일리가 하나도 없어.

3 어떤 일을 원칙상 하지 않을 때

① 他从来不乱花钱。
그는 지금까지 돈을 함부로 쓰지 않았다.

② 他是不想吃，我是不吃。
그는 먹고 싶지 않은 것이고, 나는 안 먹는 것이다.

③ 我吃饭时不喝酒。
나는 밥 먹을 때 술을 마시지 않는다.

④ 我是素食主义者，不吃肉。
나는 채식주의자이다. 고기를 먹지 않는다.

> **주의**
> - '不❶'와 '没 / 没有❶' 모두 동작 행위를 나타내는 동사 앞에 사용할 수 있다. 단, '不❶'는 어떤 동작의 '주관적인 의지'나 '원칙'을 부정하고, '没 / 没有❶'는 동작 행위의 '발생', '완성' 등을 부정한다.
>
> 예 我不喝酒，更不吸毒。
> 나는 술을 마시지 않는다. 마약은 더더욱 하지 않는다.
>
> 我没(没有)喝酒，更没(没有)吸毒。
> 나는 술을 마시지 않았다. 마약은 더더욱 하지 않았다.
>
> 我昨天没喝，今天可以喝一点儿。
> 나는 어제 술을 마시지 않아서 오늘은 조금 마실 수 있다.

---

010 부정부사 不❷
bù

➡ p.152의 **125** '부정부사 没/没有❷' 참고

형태 구조 • 주어 + 不 + 형용사

의미 기능 '연속적인 상태'를 '부정'할 때 사용한다. 주로 어떤 상태에 대해 '평가'할 때 사용하는데, 이때 평가를 낳하는 상태는 모두 그 상태가 변할 수 있는 성질의 것이다.

사용 환경 **1** 경치나 기후에 대해 말할 때

① 这儿的秋天，花儿不红，草不青，天空也不蓝。
여기 가을은 꽃도 붉지 않고 풀도 푸르지 않으며 하늘도 파랗지 않다.

② 这个海边城市，夏天不热，冬天不冷。
이곳 해변 도시는 여름에는 덥지 않고 겨울에는 춥지 않다.

2 사람의 외모나 특징에 대해 말할 때

① 她不漂亮，但很有气质。
그녀는 예쁘지 않다. 그러나 기품이 있다.

② 我男朋友不高，但很强壮。
내 남자 친구는 키가 크지 않다. 그러나 건장하다.

③ 他并不笨，是你把他看低了。
그 사람이 멍청한 것은 아니야. 네가 그 사람을 과소평가한 거야.

3 동물에 대해 말할 때

① 他们家的狗不聪明，猫倒不笨。
그 사람 집 개는 똑똑하지 않은데 또 고양이는 오히려 멍청하지 않아.

② 知了不大，叫得却很响。
매미는 크지 않은데, 우는 건 오히려 우렁차다.

4 느낌이나 심리 등의 상태를 말할 때

① 我不舒服，想回宿舍休息。
나는 몸이 좀 불편해서 기숙사에 돌아가서 쉬고 싶어.

② 他听完你的话后有点儿不高兴了。
그 애가 네 이야기를 다 듣고 좀 기분 나빠했어.

③ 妈妈不满意我的这种做法。
엄마는 내 이러한 수법을 못마땅해하셨다.

> **주의**
> - '不❷'와 '没/没有❷'는 둘 다 형용사 앞에 사용할 수 있다. '不❷'는 '성질', '상태'를 부정하고, '没/没有❷'는 '상태의 과정'을 부정한다. 예를 들어, '不红(빨갛지 않다)'은 충분히 빨갛지 않다는 의미가 아니라 '조금도 빨갛지 않다'는 의미이고, '没/没有红'은 '빨갛게 되지 않았다'는 의미이다.
> - 'It is not red.'에 해당하는 중국어는 '它不是红的。'이다.
> - '红彤彤(새빨갛다)' '白花花(새하얗다)' '漆黑(새까맣다)' '雪白(새하얗다)' 등의 표현은 비연속적인 상태를 나타내며 정도의 변화도 없기 때문에 '不❷'와 '很❶'과 함께 사용할 수 없다.

011

부정부사 不❸
bù

형태 구조
- 동사 + 不 + 동사 ?
- 동사 + 不 + 동사 + 동사구 ?
- 형용사 + 不 + 형용사 ?

의미 기능 정반의문을 만드는 부정부사로, 다른 사람에게 '의견'이나 '답'을 구하거나 대답을 '추궁'할 때 사용한다.

사용 환경

1 의견, 생각 등을 물을 때

① 我送你的礼物你喜欢不喜欢？
내가 네게 준 선물이 마음에 들어?

② 你想不想去参加明天的聚会？
내일 모임에 참석하고 싶어?

③ 你愿不愿意告诉我她的电话号码？
그녀의 전화번호를 내게 알려줄 수 있어?

2 추궁해서 물을 때

① 你这么吵，同学们还学习不学习？
네가 이렇게 시끄러우니 반 친구들이 공부를 하겠어?

② 你这么不积极，到底想不想参加比赛了？
이렇게 적극적이지 않다니, 도대체 시합에 참가하고 싶기는 한 거야?

3 날씨 상황을 물을 때

① 你觉得北京冷不冷？
너는 베이징이 추운 것 같아?

② 那里的夏天热不热？
거기 여름이 더워요?

주의 ・ '不❸' 뒤에 중복되어 등장하는 동사나 형용사는 '동사不?' 혹은 '형용사不?'와 같이 생략하여 사용할 수 있다. 동사나 형용사가 만약 이음절일 경우, 구어에서는 종종 첫 번째 음절만을 중복하여 '喜不喜欢' '漂不漂亮'과 같이 사용한다.

012

부정부사 不❹
bù

→ p.068의 **048** '가능보어 得/不' 참고

- 부정부사 不❹의 '형태 구조' '의미 기능' '사용 환경'은 p.068의 '048' 가능보어 '得 / 不'에서 확인할 수 있다.

013

不……不…… ~하지도 ~하지도 않다
bù   bù

형태 구조 • 不 + Ⓐ + 不 + Ⓑ

의미 기능 상반·대비되는 두 성질 'A'와 'B'를 각각 부정함으로써 그 정도가 '적합'하고 '적절'함을 나타낸다.

사용 환경

1 날씨에 대해 말할 때

① 这里的气候真好，不冷也不热，我特别喜欢。
여기 기후가 정말 좋다. 춥지도 않고 덥지도 않아서 특히 마음에 든다.

② 今天气温不高不低，很适合去公园走走。
오늘 기온이 높지도 않고 낮지도 않아서 공원에 가서 좀 걷기에 적합하다.

2 상점에서 옷을 입어 보거나 신발을 신어 볼 때

① 这件衣服不肥不瘦，正合适。
이 옷은 헐렁하지도 않고 끼지도 않고 딱 맞는다.

② 我喜欢妈妈买的鞋，不大不小，刚刚好。
나는 엄마가 산 신발이 마음에 든다. 크지도 않고 작지도 않고 딱 좋다.

3 키, 체형 등에 대해 말할 때

① 我女朋友不高不矮，刚好一米六五。
내 여자 친구는 키가 크지도 않고 작지도 않다. 딱 좋게 165cm이다.

② 他不胖不瘦，身材刚好。
그는 뚱뚱하지도 않고 마르지도 않았다. 몸매가 딱 좋다.

주의
- '不干不净(깨끗하지 않다)' '不清不楚(뚜렷하지 않다)' '不明不白(애매모호하다)'는 한 단어가 해체되어 구성된 것으로, 이 문형과는 다르다.
- 두 번째 '不' 앞에 '也'를 붙여 사용하는 경우도 종종 있다.
- 'A'와 'B'는 보통 모두 형용사이며, 의미가 서로 상반되는 것이나 상대적인 것이어야 한다.

014

······不了 ~할 수 없다
bù liǎo

형태 구조 • 주어+동사+不了(+명사구)

의미 기능 구어에서 사용하는 표현으로, 진술을 '부정'하는 데 사용한다. 능력이 안 되거나 객관적인 조건이 부족하여 '어떤 일을 완성할 수 없음'을 나타낸다.

사용 환경

1 주어진 임무를 완성할 수 없을 때
① 这篇文章太长了，我背不了。
이 글이 너무 길어서 나는 외울 수 없다.
② 这么短的时间做那么多工作，我做不了。
이렇게 짧은 시간 동안 그렇게 많은 일을 하는 것을 나는 할 수 없다.

2 어려움에 부딪쳐서 도움을 구할 때
① 我的腿有点儿麻，动不了啦，你能拉我一把吗?
다리가 좀 저려서 움직일 수가 없어. 나를 좀 끌어당겨 줄 수 있어?
② 这么多书我搬不了，你能帮我一下吗?
이렇게 많은 책을 내가 운반할 수 없어서 그러는데, 나 좀 도와줄 수 있어?

3 어떤 일에 대한 능력이 안 될 때
① 我刚拔牙，吃不了饭啦。
나는 막 이를 뽑아서 밥을 먹을 수 없다.

② 我脑子累了，想不了问题了，我想休息一下。
　　머리가 지쳐서 문제를 생각할 수가 없어. 나는 좀 쉬고 싶어.

③ 妈，你别给我加米饭了，我吃不了那么多。
　　엄마, 밥 더 주지 마세요. 그렇게 많이 먹을 수 없어요.

주의
- '不了'의 '了'는 동사로, 'liǎo'라고 읽어야 한다.
- '不了'는 보어로 쓰여 '어떤 일을 완성할 수 없음'을 나타낸다. 예를 들어 '写不了(글을 쓸 수 없다)' '吃不了(먹을 수 없다)' '动不了(움직일 수 없다)' 등이 있다. '不了'의 반대 의미, 즉 '어떤 일을 완성할 수 있음'은 '能+동사'를 사용해 말한다. 일반적으로 '동사+得了'는 사용하지 않는다.
- 목적어를 수반할 수 있는 동사라면, '동사+不了' 문형에서도 목적어를 수반할 수 있다.

015
不如 ~만 못하다
bùrú

형태 구조
- Ⓐ+不如+Ⓑ(+형용사)
- Ⓐ+不如+Ⓑ+동사+得+형용사
- Ⓐ+동사+得+不如+Ⓑ+형용사
- 명사구, Ⓐ+不如+Ⓑ

의미 기능
'두 개의 사물' 혹은 '다른 시기의 동일한 사물'의 상태를 '비교'할 때 사용한다. 'A不如B'는 'A는 B만 못하다'는 의미를 나타낸다.

사용 환경

1 사람의 외모, 키, 몸매, 성격 등을 평가하여 말할 때

① 他不如你聪明，你不如他帅气。
　　그 사람은 너만큼 똑똑하지 않고 너는 그 사람만큼 잘생기지 않았어.

② 小李不如你高，但比你胖。
　　샤오리는 너만큼 크지 않아. 그런데 너보다 뚱뚱해.

③ 李红不如你苗条。
　　리훙은 너만큼 날씬하지 않아.

④ 他的性格有点儿急，不如你好。
　　그 사람은 성격이 좀 급하지. (성격이) 너만큼 좋지는 않아.

2 날씨, 기후, 경치 등에 대해서 평가하여 말할 때

① 这里的夏天不如北方凉快。
여기 여름은 북쪽 지역만큼 시원하지 않다.

② 这个公园的风景不如我家附近公园的风景好。
이 공원의 경치는 우리 집 근처 공원의 경치만큼 좋지 않다.

3 서예, 그림, 글, 영화, 서적 등에 대해 평가하여 말할 때

① 这幅画不如那幅画画得好。
이 그림은 저 그림만큼 잘 그리지 않았다.

这幅画画得不如那幅画好。
이 그림은 그린 게 저 그림만큼 좋지 않다.

② 他写文章不如你写得好。
그가 쓴 글은 네가 쓴 것만큼 좋지 않다.

③ 上个月看的电影不如今天看的这部好。
지난달 본 영화는 오늘 본 이것만큼 좋지 않았다.

4 서로 다른 시기의 신체, 경제, 생활 상태 등을 비교할 때

① 身体状态他现在肯定不如以前了。
몸 상태가 그는 지금 확실히 이전만 못하다.

② 今年的经济情况不如去年。
올해 경제 상황은 작년만 못하다.

③ 很多人觉得，现在的生活不如过去简单。
많은 사람들이 지금의 생활이 과거만큼 간단하지 않다고 생각한다.

016

不是……就是……❶ ~하지 않으면 ~하다
bú shì   jiùshì

형태 구조
- 주어 + 不是 + 동사구❶, 就是 + 동사구❷
- 不是 + 주어❶ + 동사구❶, 就是 + 주어❷ + 동사구❷
- 주어 + 不是 + 명사구❶, 就是 + 명사구❷

의미 기능 제시된 '두 동작'이나 '사건의 두 방면' 중에서의 '선택'을 나타낼 때 사용한다.

사용 환경

1 계획에 대해 말할 때

① 甲：这个暑假，你打算去哪儿？
갑: 이번 여름방학에 너는 어디에 갈 생각이야?

乙：我不是去旅游，就是回国看父母。
을: 여행을 가지 않는다면 부모님을 뵈러 귀국하겠지.

② 他准备学一门汉语方言，不是北京话，就是广东话。
그는 중국어 방언을 배울 생각이다. 베이징어 아니면 광둥어를 배울 생각이다.

2 시합에 대해 말할 때

① 这场比赛，不是我们打败他们，就是他们战胜我们。
이번 시합에서 우리가 그들을 물리치지 않으면 그들이 우리를 이길 것이다.

② 我猜这场球赛，结果不是2比0，就是0比2。
내 짐작에 이번 시합은 결과가 2:0 아니면 0:2일 것이다.

017

不是……就是……❷ ~하거나 아니면 ~하다
bú shì   jiùshì

형태 구조
- 주어 + 不是 + 동사구❶, 就是 + 동사구❷
- 不是 + 주어❶ + 동사구❶, 就是 + 주어❷ + 동사구❷
- 주어 + 不是 + 명사구❶, 就是 + 명사구❷

의미 기능 대표적인 두 가지의 사건을 통해 어떤 상황이 변화 없이 '계속'해서 '반복'되어 일어남을 나타낸다. 이때 제시되는 두 사건은 하나의 상황을 나타내는 전형적이고 대표적인 것이지, 선택해야 하는 대상이 아니라는 것에 주의하도록 한다.

사용 환경

1 어떤 사람의 행동에 대해 말할 때

① 这孩子，整天不是哭就是笑，实在是太闹了。
이 아이는 하루 종일 울거나 아니면 웃는다. 정말이지 너무 소란스럽다.

② 她不善于跟人相处，有时不是跟同事吵了一架，就是跟邻居闹了矛盾。
그녀는 다른 사람과 잘 지내지 못한다. 어떤 때 보면 동료들과 한바탕 말다툼을 하거나 아니면 이웃과 다툰다.

2 싫어하거나 혐오하는 일에 대해 말하거나 사람에 대해 평가하며 말할 때

① 这个老师太严了，不是让我们做作业，就是让我们考试。
이 선생님은 너무 엄격하다. 우리에게 숙제를 하게 하거나 아니면 시험을 보게 한다.

② 我们学校的饭不好吃，每天不是米饭就是面条。
우리 학교 밥은 맛이 없다. 매일 밥 아니면 국수이다.

018 不是……吗? ~가 아닌가?
bú shì   ma?

형태 구조
- 不是 + 명사(구) + 吗?
- 不是 + 동사구 + 吗?

의미 기능 '확신'을 '강조'하는 문형으로, 어떤 분명한 사실을 주의하도록 일깨워 줄 때 사용한다. 반문을 통해 놀라움, 불만, 비판 등의 어감을 나타내기도 한다.

사용 환경

1 아는 사람에 대해 말할 때

① 你不是小王吗? 我听李老师说起过你。
너 샤오왕 아니니? 리 선생님이 너에 대해 언급한 것을 들은 적이 있어.

② 他不是那个有名的画家吗? 我看过他的画展。
그 사람은 그 유명한 화가 아닙니까? 그의 전시회를 본 적이 있습니다.

2 이미 했던 일에 대해 말할 때

① 你们不是都去过那个地方吗? 那给我们简单介绍介绍吧。
너희 이미 그곳에 간 적이 있지 않아? 우리에게 간단하게 소개 좀 해 줘.

② 他不是学过一年英语吗? 怎么连这么简单的单词都不懂?
그 사람 1년 동안 영어를 배우지 않았던가? 어떻게 이렇게 간단한 단어조차 모르지?

3 상대방을 탓할 때

① 孩子: 妈妈，我想喝咖啡。
아이: 엄마, 저 커피 마시고 싶어요.

妈妈: 我不是告诉过你了吗，小孩子不能喝咖啡。
엄마: 내가 너한테 말하지 않았니? 아이는 커피를 마시면 안 돼.

② 你不是早就知道答案了吗，还来问我?
너 일찌감치 답을 알지 않았어? 그런데도 나한테 묻는 거야?

주의 • 여기에서 '不是'는 한 개의 단어로, 판단구문에서 사용하는 '不＋是'와는 별개이다.

019

→ p.037의 **020** '不怎么' 참고

不太 그다지 ~하지 않다
bú tài

형태 구조
- 주어＋**不太**＋형용사
- 주어＋**不太**＋동사(＋목적어)

의미 기능 '不'의 부정(否定) 정도와 어감을 완화한 표현이다.

사용 환경

1 날씨에 대해 말할 때

① 青岛靠近海边，冬天不太冷，夏天不太热，气候非常好。
칭다오는 해변 가까이 있어서, 겨울에는 그다지 춥지 않고, 여름에도 그다지 덥지 않다. 기후가 매우 좋다.

② 今天风不太大，比昨天好多了。
오늘은 바람이 그다지 세지 않다. 어제보다 훨씬 나아졌다.

2 취향이나 생각에 대해 말할 때

① 大卫只喜欢看书，不太喜欢运动。
데이빗은 책 읽는 것만 좋아한다. 운동을 그다지 좋아하지 않는다.

② 国际象棋我不太会下，只会下中国象棋。
체스를 나는 그다지 잘 두지 못한다. 장기만 둘 줄 안다.

③ 玛丽今晚有点儿累，不太想陪男朋友去看电影。
  마리는 오늘 저녁 좀 피곤해서 남자 친구와 같이 영화 보고 싶은 생각이 별로 없다.

주의
- '今天不冷。(오늘은 춥다.)'의 '不'는 오늘 날씨인 '冷(춥다)'에 대한 부정이고, '今天不太冷。(오늘은 그다지 춥지 않다.)'의 '不'는 '太(매우)'에 대한 부정이다. '不太'는 '不'와 '有点儿' 중간 정도의 의미이다.
- '不太＋동사'에서 동사는 '심리동사'나 '능원동사'이다.

→ p.036의 019 '不太' 참고

020
不怎么 그다지 ~하지 않다
bù zěnme

형태 구조
- 주어＋不怎么＋형용사
- 주어＋不怎么＋동사(＋명사구)

의미 기능 정도가 비교적 '가벼운 부정'을 나타낼 때 사용하는 말로, '不'보다 어감이 부드럽다. 정도가 어느 수준까지 이르지 않았거나 어떤 상황이 아직 충분할 만큼 좋은 것이 아닐 때 사용한다. '不怎么＋형용사'는 주로 다른 사람의 어떤 생각을 부정할 때 사용한다.

사용 환경

1 중국어 학습 상황에 대해 말할 때

① 我跟你想法不一样，我觉得(学)中文不怎么难，你怎么说难呢？
  나는 너와 생각이 달라. 나는 중국어(배우기)가 그다지 어렵지 않다고 생각해. 너는 왜 어렵다고 하는 거야?

② 他一直不怎么会说汉语。
  그는 줄곧 중국어를 그다지 잘하지 못했다.

2 개인적인 선호나 생각에 대해 말할 때

① 虽然我爸爸妈妈是运动员，但是我一直不怎么喜欢运动。
  비록 우리 아빠, 엄마가 운동선수이기는 하지만 나는 줄곧 운동을 그다지 좋아하지 않았다.

② 说实话，我不怎么想学弹钢琴。
  솔직히 말해서 나는 피아노 치는 것을 그다지 배우고 싶지 않다.

3 몸 상태에 대해 말할 때

① 这些天，他一直不怎么舒服，还是让他多休息几天吧。
요 며칠 그 애 계속 몸이 아팠어. 아무래도 그 애를 며칠 쉬게 하는 게 좋겠어.

② 我现在头不怎么疼了，比刚才好多了。
나는 지금 머리가 그다지 아프지 않아. 아까보다 많이 좋아졌어.

4 날씨에 대해 말할 때

① 今天不怎么冷，你怎么还穿着大衣呀？
오늘 별로 안 추운데 너 왜 아직도 외투를 입고 있어?

② 最近天气不怎么好，我们还是别出去旅行了。
요즘 날씨가 별로 안 좋으니 우리 여행하러 나가지 않는 게 좋겠어.

주의
- '不怎么难'은 '难不是事实(어렵다는 것은 사실이 아니다=어렵지 않다)'라는 의미가 강하고, '不太难'은 '难的 程度不大(어려움의 정도가 크지 않다)'는 의미가 강하다.
- '不怎么' 뒤에 동사가 올 경우, 동사는 대체로 '심리동사'나 '능원동사'이다.

REVIEW

UNIT 01

1 밑줄 친 부분에 대응되는 부분을 중국어 문장에서 찾아 표시해 보세요.

(1) 주어+挨+수량사+동사
→ 她抄同学的作业，被老师发现了，挨了一顿批。

(2) A+把+B+동사+결과를 나타내는 말
→ 我把家里所有的窗户都擦完了。

(3) A+被(+B)+동사+개사구
→ 周末小李被经理叫去加班了。

2 어법의 형태 구조를 떠올리며 제시된 낱말을 바른 순서로 배열해 보세요.

(1) 那座楼   比   北边的   高   多   这座楼   很

→ _____
(이 건물은 북쪽의 그 건물보다 더 많이 높다.)

(2) 电影   这部   不如   今天看的   好   上个月看的

→ _____
(지난달 본 영화는 오늘 본 이것만큼 좋지 않았다.)

(3) 不是   回国   我   就是   看父母   去旅游

→ _____
(여행을 가지 않는다면 부모님을 뵈러 귀국하겠지.)

UNIT 02

021 才❶~039 到❶

021
才❶ 겨우, 고작
cái

형태 구조 • 주어 + **才** + 동사구

의미 기능 어떤 일이나 상황이 '얼마 되지 않아 막' 발생함을 나타낼 때 사용한다. '才' 앞뒤로 두 개의 동작이 있을 때 '才'는 '앞의 동작이 일어난 지 얼마되지 않았음'을 강조한다.

사용 환경

1 새로운 과정의 학습이나 새 친구와의 만남에 대해 말할 때

① 这孩子才上两天学，还不会写字呢。
　이 아이는 이제 겨우 이틀 학교에 다닌 거라서 아직 글을 쓸 줄 몰라.

② 他们俩才见面，就开始约会了。
　그들은 이제 막 만났는데, 데이트를 시작하려고 한다.

2 교통수단 탑승이나 운전에 대해 말할 때

① 车才到站，还没停好，他就跳了下去。
　차가 막 역에 도착해서 아직 멈추지 않았는데 그는 뛰어내렸다.

② 他开车才开了几分钟就累了。
　그는 운전한 지 몇 분 되지 않아 곧 지쳤다.

3 어떤 곳에 도착하거나 어떤 곳에서 벗어날 때

① 爸爸才到家就有人打电话约他出去。
　아버지가 이제 막 집에 도착하셨는데 누군가 전화해서 나오라고 불러냈다.

② 他才离开宿舍，要几分钟才能到。
　그가 막 기숙사를 떠났다. 몇 분 있어야 도착할 수 있다.

주의
- 자주 '就'와 같이 사용한다.
- '才❶'와 '刚'은 모두 '어떤 일이 조금 전에 발생했음'을 나타낼 때 사용한다. 좀 더 구어적인 표현은 '才❶'이다.

022

才² 그제야, ~해서야
cái

→ p.128의 **103** '就²' 참고

형태 구조 • 주어 + 시간사 + **才** + 동사구

의미 기능 동작이 발생한 시간이 '예상한 시간보다 늦음'을 나타낼 때 사용한다.

사용 환경

1 휴식에 대해 말할 때

① 他睡得很晚，每天晚上十二点多才睡觉。
그는 늦게 잔다. 매일 저녁 12시가 넘어서야 잠을 잔다.

② 一到周末，我就睡到吃午饭的时候才起床。
주말만 되면 나는 점심을 먹을 때가 되어서야 일어난다.

2 공부나 일에 대해 말할 때

① 考试开始后半个小时了，他才跑进教室。
시험 시작 후 30분이 되자 그는 그제야 교실에 뛰어 들어왔다.

② 老师今天又拖堂了，过了十五分钟才下课。
선생님이 오늘 또 수업을 늦게 끝내셔서 15분이 지나서야 수업이 끝났다.

③ 这项工程这个月才完成，比计划晚了两个星期。
이 프로젝트는 이번 달에서야 완성되어 계획보다 2주일이 늦었다.

3 파티, 연회 등에 참석할 때

① 今天周末，路上车很多，客人九点钟才到。
오늘은 주말이라 길 위에 차가 많아서 손님은 9시가 되어서야 도착했다.

② 会议八点开始，他八点半才到。
회의는 8시에 시작했는데, 그는 8시 반이 되어서야 도착했다.

023 差点儿 (하마터면/거의) ~할 뻔했다
chàdiǎnr

형태 구조
- 주어 + 差点儿 + 동사구
- 주어 + 差点儿 + 没 + 동사구

의미 기능 실현되지 않기를 바라던 일이 일어날 뻔했으나 다행히 일어나지 않았을 때, 혹은 실현되기를 바라던 일이 거의 일어나지 않았을 뻔했으나 다행히 마침내 일어났을 때 사용한다. '다행'의 의미를 가지고 있다.

사용 환경

1 공부나 시험에 대해 말할 때

① 昨天没好好儿复习，今天上课老师提问，我差点儿答错了。
어제 복습을 제대로 하지 않아서 오늘 수업 시간에 선생님이 질문했을 때 나는 하마터면 틀리게 대답할 뻔했다. (→ 제대로 대답했다)

② 要不是写错一个字，我差点儿就考满分了。
한 글자만 틀리지 않았다면 나는 거의 만점을 받을 뻔했다. (→ 만점을 받지 못했다)

③ 幸亏我检查了两遍，要不然差点儿没及格。
내가 두 번 검사했기 망정이지 안 그랬다면 통과하지 못할 뻔했다. (→ 통과했다)

2 교통수단 탑승에 대해 말할 때

① 真可惜，我们差点儿就坐上末班地铁了。
진짜 아쉽다. 우리 지하철 막차 거의 탈 뻔했는데. (→지하철 막차를 타지 못했다)

② 今天起晚了，差点儿没赶上去日本的飞机。
오늘 늦게 일어나서 하마터면 일본에 가는 비행기를 못 탈 뻔했다. (→비행기를 탔다)

3 약속이나 만남에 대해 말할 때

① 他第一次跟女朋友约会就差点儿迟到。
그는 처음으로 여자 친구와의 데이트에 늦을 뻔했다. (→늦지 않았다)

② 幸好你还没回国，我差点儿就见不着你了。
네가 귀국하지 않아서 다행이다. 하마터면 너를 못 만날 뻔했다. (→만났다)

주의
- '差点儿得冠军。(1등을 할 뻔했다.)'은 아쉽게도 1등을 못했다는 의미이고, '差点儿没得冠军。(1등을 못할 뻔했다.)'는 다행히도 일등을 했다는 의미이다.
- '差点儿'과 '几乎'는 의미가 비슷하다. 그러나 '差点儿'은 구어에서 더 많이 사용하고, '几乎'는 비교적 공식적인 상황에서 많이 사용한다.

024 常常 자주
chángcháng

→ p.217의 **184** '往往' 참고

형태 구조 • 주어 + **常常** + 동사구

의미 기능 '습관적'으로 '자주' 하는 행위를 나타낼 때 사용한다. 동작이나 사건의 발생 횟수가 많고 시간 간격이 길지 않음을 나타낼 때 사용한다.

사용 환경

1 평소나 휴일의 활동에 대해 말할 때

① 约翰平时常常去图书馆看书。
존은 평소 자주 도서관에 가서 책을 본다.

② 她常常去那家咖啡馆喝咖啡。
그녀는 자주 그 커피숍에 가서 커피를 마신다.

③ 甲: 你周末喜欢去哪儿?
갑: 주말에 어디 가는 것을 좋아해?

乙: 我周末常常去钓鱼。
을: 나는 주말에 자주 낚시하러 가.

2 일에 대해 말할 때

① 老板常常要我们加班，真累。
사장님은 자주 우리에게 야근하라고 하신다. 정말 피곤하다.

② 他平时很努力，常常工作到深夜。
그는 평소에 열심히 일해서 자주 늦은 밤까지 일을 한다.

주의
- '常常'의 부정 형태는 '不常常'이 아니라 '不常'이다.
  예) 他虽然写小说，但不常看小说。
  그는 소설을 쓰지만 소설을 자주 보지 않는다.

025

……成 ~로 (되다)
cheng

형태 구조 • 주어+동사+成+목적어

의미 기능 동작 행위의 '목표'나 '결과'를 나타낼 때 사용한다.

사용 환경

1 사람의 성장이나 신분의 변화에 대해 말할 때

① 几年没见，马丁的孩子已经长成一个大人了。
몇 년 못 만난 사이 마틴의 아이가 벌써 어른으로 성장했다.

② 妈妈是演员，她也想把我培养成演员。
엄마는 배우이시다. 엄마는 나도 배우로 키우고 싶어하신다.

2 변화, 발전에 대해 말할 때

① 在《西游记》里，孙悟空把自己变成了一个漂亮的女孩儿。
「서유기」에서 손오공은 자신을 예쁜 여자아이로 변신시켰다.

② 我们要把母校办成一所世界有名的大学。
우리는 모교를 세계 유명 대학으로 만들어야 한다.

026

……出⁰
chū

형태 구조
- 주어 + 동사 + 出 + 장소
- 주어 + 从 + 시작점 + 동사 + 出 (+ 명사구)

의미 기능 사람이나 사물이 동작에 의해 어떤 장소에서 '외부로 이동함'을 나타낼 때 사용한다.

사용 환경

1 어떤 장소에서 벗어날 때

① 下班了，他走出了办公室。
   퇴근해서 그는 사무실에서 나갔다.

② 火车已经从广州开出了。
   기차는 이미 광저우에서 출발했다.

③ 今天从码头运出了一批货。
   오늘 선착장에서 물건이 반출되었다.

2 은행에서 돈을 찾거나 지갑, 주머니, 서랍 등에서 물건을 꺼낼 때

① 他从银行里取出了几千块钱。
   그는 은행에서 몇 천 위안의 돈을 찾았다.

② 他竟然从书包里拿出了一个玩具。
   그는 뜻밖에도 가방 안에서 장난감 하나를 꺼냈다.

③ 妈妈从口袋里掏出了一把钥匙。
   엄마는 주머니 안에서 열쇠 하나를 꺼냈다.

④ 小明从抽屉里翻出了一张小时候的照片。
   샤오밍은 서랍 안에서 어릴 때 사진 한 장을 꺼냈다.

027

……出²
chū

형태 구조 • 주어＋동사＋**出**＋명사구

의미 기능 기본 의미에서 파생된 의미로 '사고(思考)를 거쳐 머릿속에서 나온 결과'임을 나타낼 때 사용한다.

사용 환경

1 방법을 생각해 낼 때

① 我已经想出了一个好办法。
나는 이미 좋은 방법을 하나 생각해 냈다.

② 他突然想出了一个好主意。
그는 돌연 좋은 생각이 하나 떠올랐다.

2 해답을 낼 때

① 他已经算出了每道题的结果。
그는 이미 모든 문제의 결과를 계산해 놓았다.

② 一道题，他们竟然得出了五个答案。
첫 번째 문제에 대해 그들은 놀랍게도 다섯 개의 답안을 내놓았다.

3 추측할 때

① 他虽然看起来神秘，但我已经猜出了他的身份。
그는 비록 신비스럽게 보이지만 나는 그의 신분을 이미 알아챘다.

② 她看起来很年轻，所以大家都猜不出她的实际年龄。
그녀는 젊어 보여서 모두들 그녀의 실제 나이를 알아맞히지 못한다.

028

除了……(以外), 都/全/没有(不)
chúle (yǐwài), dōu quán méiyǒu (bù)

~를 제외하고 모두

형태 구조
- 除了 + Ⓐ (以外), 주어 + 都/全/没有(不) + 동사구
- 주어 + 除了 + Ⓐ (以外), 都/全/没有(不) + 동사구

의미 기능 전체 중에서 'A'를 제외하고 나머지 부분만 남기려고 할 때 사용한다. 양자 간의 대립이 두드러지게 나타난다. 이때 'A'는 '명사구'나 '동사구'나 '형용사구'로 이루어진다.

사용 환경

1 공부나 일에 대해 말할 때

① 这些题，除了最后一道以外，我都会做。
이 문제들은 마지막 문제를 제외하고 내가 다 풀 줄 안다.

② 除了约翰没走，其他同学全回国了。
존만 안 가고 나머지 반 친구들은 모두 귀국했다.

③ 我们部门除了小王以外，其他同事都完成任务了。
우리 부서는 샤오왕을 제외하고 다른 동료들은 모두 임무를 완성했다.

2 취향에 대해 말하거나 장단점을 평가하며 말할 때

① 除了喜欢看书，这孩子没有别的爱好。
독서를 좋아하는 것 외에 이 아이는 별다른 취미가 없다.

② 这家饭馆儿除了价格贵了点儿，别的都不错。
이 집 식당은 가격이 좀 비싼 것을 제외하고 다른 것은 다 괜찮다.

③ 老李这个人，除了性格有点儿急，别的都很好。
라오리 이 사람은 성격이 좀 급한 것을 제외하고 다른 것은 다 좋다.

3 어떤 일을 하는 것에 대해 말할 때

① 今天上午我除了上网，别的什么都没做。
오늘 오전에 나는 인터넷한 거 외에 다른 일은 아무것도 하지 않았다.

② 玛丽除了不会打篮球以外，其他什么球都会打。
마리는 농구 못하는 것 외에 다른 것 어떤 공이든 다 다룰 줄 안다.

029

除了……(以外), 还/也/只 ~외에도
chúle (yǐwài) hái yě zhǐ

형태 구조
- 除了 + Ⓐ (+ 以外), 주어 + 还/也/只 + 동사구
- 주어 + 除了 + Ⓐ (+ 以外), 还/也/只 + 동사구

의미 기능
'A' 외에 또 다른 부분이 더 있음을 나타낼 때 사용한다. 전체 부분을 두 부분으로 나누어 말하는데, 보통 뒤의 상황이 더 강조되어 나타난다. 이때 'A'는 '명사구'나 '동사구'로 이루어진다.

사용 환경

1 예를 들 때

① 我们班会唱京剧的人不少，除了他，还有王强和李冰。
우리 반에 경극을 할 줄 아는 사람이 적지 않다. 그 사람 외에도 왕치앙과 리빙이 있다.

② 今天晚会上他表演了很多节目，除了唱歌以外，还说了相声，跳了芭蕾舞。
오늘 저녁 파티에서 그는 많은 퍼포먼스를 공연했다. 노래 부르는 것 외에 만담도 했고 발레도 했다.

2 교통수단에 대해 말할 때

① 从这儿到天安门有很多路线，除了坐地铁以外，也可以坐公共汽车。
여기에서 천안문(天安门)까지 많은 노선이 있다. 지하철을 타는 것 외에 버스도 탈 수 있다.

② 从北京到纽约，除了坐飞机，就只能坐船了。
베이징에서 뉴욕까지 비행기 타는 것을 제외한다면 배를 타는 수밖에 없다.

3 숙박이나 자리 예약에 대해 말할 때

① 除了801这间房，只有902、908这两个房间了。
801호 방을 제외하면 902호, 908호 두 방만 있습니다.

② 甲：请问，还有靠窗的座位吗？
갑: 실례지만 창가 쪽 자리가 더 있나요?

乙：除了最后一排以外，19排还有一个。
을: 가장 뒷 줄을 제외하고 19번째 줄에 하나 더 있습니다.

030

从 ~에서부터
cóng

형태 구조
- 주어 + 从 + 시간사 + 동사구
- 주어 + 从 + 장소사 + 동사구

의미 기능 '공간의 이동'이나 '시간의 변동' '변화의 시작' 등을 나타낼 때 사용한다.

사용 환경

1 여행이나 길 안내 등에 대해 말할 때

① 我明天放假，想从北京坐火车去香港。到香港后，打算从六月底一直玩儿到九月初。
나는 내일 방학인데, 베이징에서부터 기차를 타고 홍콩에 가고 싶다. 홍콩에 도착한 후 6월 말부터 9월 초까지 계속 놀 계획이다.

② 去王府井，从这儿一直走到下一个十字路口，就到了。
왕푸징에 가려면, 여기에서 다음 사거리까지 쭉 가면 바로 도착한다.

2 공부하거나 일하는 중에 어떤 일을 공지하거나 임무를 배정할 때

① A班的口语课从明天开始上。
A반의 말하기 수업은 내일부터 시작하겠습니다.

② 同学们，大家从第二段开始读起。
여러분, 두 번째 단락부터 읽으세요.

③ 从下个月起，这项工作计划必须要实施起来。
다음 달부터 이번 업무 계획을 반드시 실행해야 합니다.

3 발전이나 변화에 대해 말할 때

① 这些年，中国从一个没有私人汽车的国家变成了一个常常堵车的国家。
요 몇 년 사이 중국은 자가용이 없던 국가에서 자주 차가 막히는 국가로 바뀌었다.

② 这几年，他从一个没有任何工作经验的毛头小伙子变成了一个处事沉稳、拥有丰富工作经验的销售经理。
요 몇 년 사이 그는 어떤 업무 경험도 없던 애송이 젊은이에서 일처리가 듬직하고 풍부한 일 경험을 가진 판매 부장으로 바뀌었다.

031
从(来)不 / 从(来)没 지금까지 ~한 적이 없다
cóng(lái) bù　　　　cóng(lái) méi

형태 구조
- 주어 + 从(来)不 + 동사구
- 주어 + 从(来)没 + 동사구

의미 기능　어떤 행위가 과거부터 현재 말하는 시점까지 '일어난 적이 없음'을 확신할 때 사용한다.

사용 환경

1 다른 사람을 칭찬하거나 자화자찬할 때

① 我很遵守交通法规，从不闯红灯，更别说酒后开车了。
나는 교통 규칙을 잘 준수한다. 지금까지 빨간불에서 길을 건넌 적이 없다. 음주 운전은 더 말할 것도 없다.

② 马丁从(来)没迟到过，这点值得所有人学习。
마틴은 지금까지 지각한 적이 없다. 이 점은 모든 사람이 배울 만하다.

③ 文化课上，我的老师从不批评别国的文化。
문화 수업에서 우리 선생님은 지금까지 다른 나라 문화를 비판한 적이 없다.

2 공부나 일에 대해 말할 때

① 玛丽是个好学生，她考试从不作弊，哪怕考不及格。
마리는 훌륭한 학생이다. 그녀는 시험에 불합격할지언정 지금까지 시험에서 커닝한 적이 없다.

② 他上课从(来)不回答问题。
그는 지금까지 수업 시간에 문제에 대답한 적이 없다.

③ 在工作中，小王从不马虎。
일을 할 때 샤오왕은 지금껏 대충한 적이 없다.

④ 我从来没从事过这种工作。
나는 이런 일에 종사해 본 적이 없다.

3 일상생활 습관에 대해 말할 때

① 我爸爸从不吸烟。 우리 아버지는 지금껏 담배를 피우신 적이 없다.

② 他从来没自己洗过衣服。 그는 지금껏 스스로 옷을 빨아 본 적이 없다.

주의
- '他不吸毒。(그는 마약을 하지 않는다.)'는 그의 원칙성을 강조하고, '他从不吸毒。(그는 지금까지 마약을 하지 않았다.)'는 그의 원칙 역사를 강조하며 '他从(来)没吸过毒。(그는 마약을 한 적이 없다.)'는 그에게 그러한 경험이 없음을 강조한다.

032 从……到…… ~부터 ~까지
cóng   dào

형태 구조
- 从 + Ⓐ + 到 + Ⓑ, 동사구
- 从 + Ⓐ + 동사 + 到 + Ⓑ

의미 기능 '어떤 시작점(A)에서 어떤 종착점(B)까지'를 나타낼 때 사용한다. 이 시작점과 종착점은 구체적인 시간·장소가 될 수도 있고, 추상적인 등급·범위·발전된 변화 등이 될 수도 있다.

사용 환경

1 위치 이동에 대해 말할 때

① 从北京到上海，有多少公里？
베이징에서 상하이까지 몇 킬로미터나 되지?

② 从我家到公司，开车需要半个小时。
우리 집에서 회사까지 운전해서 30분이 소요된다.

2 하루 동안 어떤 일을 했는지에 대해 말할 때

① 你从早到晚都忙什么呢？
너는 아침부터 저녁까지 뭐 하느라 바빠?

② 这部小说，他从早看到晚，终于看完了。
이 소설을 그는 아침부터 저녁까지 봐서 마침내 다 읽었다.

3 일의 발전과 변화에 대해 말할 때

① 他很努力，半年时间，英文就从听不懂提高到能够对话的水平了。
그는 열심히 노력해서 반년 사이 영어를 못 알아듣는 데서 시작해서 대화를 할 수 있는 수준까지 끌어올렸다.

② 我把事情的各个方面从坏处到好处都跟他说了一遍。
나는 일의 각 방면을 나쁜 면부터 좋은 면까지 그에게 한번 쭉 설명하였다.

033 从……起 / 从……开始 ~에서부터 시작해서

cóng　　qǐ　　cóng　　　kāishǐ

형태 구조
- 从 + 시간사 + 起 + 문장
- 从 + 시간사 + 开始 + 문장

의미 기능　어떤 동작이나 일을 '시작한 시간'을 나타낼 때 사용하며, 이 시간이 지나고 어떤 상황이 발생하거나 어떤 규정이 실현되기 시작함을 나타낸다.

사용 환경

1 공부나 일에 대해 말할 때

① 你想从什么时候起学中文?
너는 언제부터 중국어를 공부하고 싶었어?

② 你想从什么时候开始练书法?
너는 언제부터 서예 연습을 하고 싶었어?

③ 从今天起，为了尽快完成那个任务，我要开始加班了。
오늘부터 그 임무를 되도록 빨리 완성하기 위해서 나는 야근을 시작하려고 한다.

2 규정 실행의 시작 시간을 말할 때

① 从明年起，所有小学生都可以免费上学。
내년부터 모든 초등학생들이 무료로 학교에 다닐 수 있다.

② 从下个月开始，上班不准穿拖鞋了。
다음 달부터 근무할 때 슬리퍼를 신어서는 안 된다.

③ 从明天起，所有的汉语课都只能说中文。
내일부터 모든 중국어 수업 시간에는 중국어로만 말할 수 있다.

034

代 대신하다
dài

형태 구조 • Ⓐ + 代 + Ⓑ + 동사구

의미 기능 다른 사람(B)을 대신해서 어떤 일을 함을 나타낼 때 사용한다.

사용 환경

1 대신 수업을 하거나 당번을 설 때

① 张老师病了，今天李老师代他上了两节课。
장 선생님이 병이 나셔서 오늘 리 선생님이 대신 2교시의 수업을 하셨다.

② 李大夫累倒了，我代他值了好几天的班。
리 의사 선생님이 과로로 쓰러져서 내가 대신 며칠 동안 당직을 맡았다.

2 대신 책을 돌려주거나 돈을 갚을 때

① 我今天有事，请你代我把这本书还给他。
오늘 일이 있어서 그러는데, 네가 내 대신 이 책을 그 애에게 돌려줘.

② 他有事来不了，让我代他把这50块钱还给李华。
그는 일이 있어서 못 온다고 나보고 대신 50위안을 리화에게 갚아 달라고 하였다.

3 대신 안부를 묻거나 사과할 때

① 你如果见到小张，请代我向他问个好。
너 만약 샤오장을 만나면 내 대신 그 애에게 안부를 전해 줘.

② 我哥哥知道错了，不好意思来见你，让我代他向你道个歉。
우리 오빠가 자기 잘못을 깨달았대. 너를 만나기 부끄럽다고 나보고 대신 네게 사과를 전해 달라고 했어.

주의 • '代替'와 '代'의 의미는 기본적으로 같으나 '代替'가 좀 더 공식적인 상황에서 잘 쓰인다.

035 ➜ p.066의 **046** '……的时候' 참고

当……时 / 当……的时候 ~할 때
dāng shí dāng de shíhou

형태 구조
- 当 + 문장❶ + 时, 문장❷
- 当 + 문장❶ + 的时候, 문장❷

의미 기능 어떤 일이 발생했다는 것을 나타냄과 동시에 그 당시 또 다른 더 중요한 일은 어떤 상황이었는지를 나타낼 때 사용한다. 말하는 사람은 뒤에 사건을 강조하기 위해 이 표현을 사용한다.

사용 환경

1 일상생활 중에 발생한 일에 대해 말할 때

① 当我回家的时候，他已经睡着了。
내가 집에 돌아갔을 때 그는 이미 잠이 들어 있었다.

② 当我经过那家蛋糕店时，我忍不住进去给自己买了个生日蛋糕。
나는 그 제과점을 지나갈 때 참지 못하고 들어가서 나 자신을 위한 생일 케이크를 샀다.

2 시간에 쫓길 때

① 当我赶到现场时，演出已经结束了。
내가 현장에 서둘러 도착했을 때 공연은 이미 끝나 있었다.

② 当我跑到剧场的时候，节目都演完了。
내가 극장에 뛰어서 도착했을 때는 프로그램이 모두 끝나 있었다.

3 돌발 상황이 일어났을 때

① 当听到孩子出事的消息时，她一下子就倒在了地上。
아이에게 일이 생겼다는 소식을 들었을 때 그녀는 돌연 바닥에 쓰러졌다.

② 当听到儿子考上北大的时候，她高兴得跳了起来。
아들이 베이징대학에 합격했다는 소식을 들었을 때 그녀는 팔짝 뛸 정도로 기뻐했다.

주의
- '当……时'와 '当……的时候'의 의미는 기본적으로 같다. 그러나 '当……时'가 더 공식적인 상황에 잘 쓰인다. 상대방과 대화를 하는 상황에서 '当……时'를 사용하는 것은 자연스럽지 않다. 일반적으로 구어에서 사용하는 형식은 '当'을 사용하지 않은 '동사구+的时候'이다.

예 吃饭的时候不能说话，说话的时候不能吃饭。
밥 먹을 때는 말을 하면 안 되고, 말할 때는 밥을 먹으면 안 된다.

想家的时候，就给爸爸妈妈打个电话。
집이 그리울 때면 아빠, 엄마한테 전화해.

036

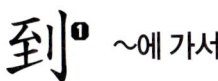 ~에 가서

형태 구조 • 주어 + 到 + 장소 + 동사구(+了)

의미 기능 '어떤 장소에 가서' 어떤 일을 하거나 어떤 계획을 실현함을 나타낼 때 사용한다.

사용 환경

1 어떤 곳에 출장을 가거나 휴가를 갈 때

① 今年暑假，你到中国去做什么?
이번 여름방학에 중국에 가서 뭐 할 거야?

② 他到北京开会去了，下个礼拜才回来。
그는 베이징에 회의하러 가서 다음 주가 되어서야 돌아온다.

③ 圣诞节前后很多人都到国外去度假。
크리스마스 무렵에 많은 사람들이 외국에 휴가를 보내러 간다.

2 어떤 곳에 가서 물건을 살 때

① 妈，你到超市去买什么?
엄마, 슈퍼에 가서 뭐 살 거예요?

② 你知道吗，有时到国外买东西比国内还便宜呢。
너 알아? 어떤 때는 외국에 가서 물건을 사는 게 국내(에서 사는 것)보다 훨씬 싸.

3 어떤 곳에 손님으로 가거나 모임, 회식, 행사 등에 참석할 때

① 今天晚上我要到李东家做客。
오늘 저녁에 리동 집에 손님으로 가려고 한다.

② 他们打算周末到那个饭馆聚餐。
그들은 주말에 그 식당에서 회식을 할 계획이다.

037 到² dào

형태 구조 • 주어 + 동사 + 到 + 장소사

의미 기능 사람이나 물건이 동작을 통해 '어떤 장소로' 이동함을 나타낼 때 사용한다.

사용 환경

1 무언가를 타고 어떤 곳에 도착할 때

① 为了参观故宫，我们坐火车到了北京。
자금성(故宫)을 참관하기 위해 우리는 기차를 타고 베이징에 갔다.

② 如果坐飞机，明天就可以飞到成都了。
만약 비행기를 타면 내일 청두에 도착할 수 있다.

2 걷거나 뛰어서 어느 곳에 도달했을 때

① 一下课，大家就走到了操场上。
수업이 끝나자 모두들 운동장으로 걸어 나왔다.

② 电影快开始了，他一口气跑到了电影院。
영화가 곧 시작하려고 해서 그는 단숨에 영화관으로 뛰어왔다.

3 물건을 어떤 곳에 둘 때

① 你这两本书，放到书架上吧。
이 책 두 권 책장에다가 넣어라.

② 这些画儿贴到哪儿？贴到墙上行吗？
이 그림들을 어디에다가 붙일까? 벽에 붙여도 돼?

③ 把这个花瓶装到箱子里吧。
이 꽃병을 박스 안에 넣어라.

주의
• '동사+到²'는 결합해서 하나의 형태를 이루며, 이때 동사는 '이동 동사'여야 한다.

038

到³ ~할 때까지 하다
dào

형태 구조
- 주어＋[동사❶＋목적어]＋동사❶＋到＋시간
- 주어＋[동사❶＋목적어]＋동사❶＋到＋문장

의미 기능 어떤 일이 지속돼서 시간이 어느 시점까지 도달하거나 어떤 상태가 일어나도록 야기하였을 때 사용한다.

사용 환경

1 긴 시간 동안 공부, 일, 식사 등을 할 때

① 昨天他看书看到几点啊？现在眼睛还红着呢。
  어제 그 사람은 책을 몇 시까지 본 거야? 지금도 눈이 빨갛던데.

② 我在电脑上看电视剧看到眼睛疼才睡觉。
  나는 컴퓨터로 드라마를 눈이 아플 때까지 보고서야 잠을 잤다.

③ 昨天晚上跟朋友一起出去吃饭，我们一直吃到饭馆关门才走。
  어제저녁에 친구와 같이 나가서 밥을 먹었는데, 우리는 식당 문을 닫을 때까지 먹고서야 나왔다.

2 연습하거나 훈련할 때

① 快比赛了，他每天都练太极拳练到半夜。
  곧 시합이라서 그는 매일 태극권 연습을 한밤중까지 한다.

② 这些天，汤姆唱京剧唱到嗓子都快哑了。
  요 며칠 톰은 경극을 목이 거의 쉬도록 불렀다.

039
到❹
dào

형태 구조 • 주어 + 동사 + **到** + 목적어

의미 기능 동작이 기대한 목표에 이르러 '결과'가 생겼을 때 사용한다.

사용 환경

1 어떤 물건을 사거나 찾았을 때

① 找了很多书店，我才买到这本书。
많은 서점을 찾아다녀서 겨우 이 책을 샀다.

② 已经买不到那种邮票了，你能帮我找到吗？
이제 그 우표는 살 수 없게 됐어. 나를 도와서 찾아줄 수 있어?

③ 找了半天，我才找到了手机。
나는 한참을 찾다가 겨우 휴대전화를 찾아냈다.

2 맛있는 음식을 맛보았을 때

① 甲：在北京你都吃到了什么特色菜啊？
갑: 베이징에서는 어떤 특색 있는 요리를 맛보았어?

乙：导游带我们去了全聚德，我们吃到了北京烤鸭。
을: 여행 가이드가 우리를 취안쥐더에 데려가 줘서 우리는 베이징오리구이를 먹어 봤어.

② 在四川，你可以吃到地道的麻辣火锅。
쓰촨에서 너는 정통 마라훠궈를 맛볼 수 있어.

주의

• 부정 형태는 '동사+不+到❹'와 '没+동사+到❹'이다. 예를 들어 '买不到'는 '不能买到(살 수 없다)'라는 의미이고, '没买到'는 '没有买到(못 샀다)'라는 의미이다.

예 在美国吃不到北京烤鸭，太遗憾了。
미국에서는 베이징오리구이를 먹을 수 없다. 너무 아쉽다.

这次去北京没吃到北京烤鸭，太遗憾了。
이번에 베이징에 가서 베이징오리구이를 먹지 못했다. 너무 아쉽다.

UNIT 02

REVIEW

1 밑줄 친 부분에 대응되는 부분을 중국어 문장에서 찾아 표시해 보세요.

(1) 除了+A(+以外), 주어+都/全/没有(不)+동사구
→ 除了喜欢看书，这孩子没有别的爱好。

(2) 除了+A(+以外), 주어+还/也/只+동사구
→ 除了801这间房，只有902、908这两个房间了。

(3) 주어+从+시간사+동사구
→ A班的口语课从明天开始上。

2 어법의 형태 구조를 떠올리며 제시된 낱말을 바른 순서로 배열해 보세요.

(1) 迟到　约会　他　跟女朋友　差点儿　第一次　就

→ _____

(그는 처음으로 여자 친구와의 데이트에 늦을 뻔했다.)

(2) 火车　广州　出了　从　开　已经

→ _____

(기차는 이미 광저우에서 출발했다.)

(3) 上了两节课　病了　他　今天李老师　张老师　代

→ _____

(장 선생님이 병이 나셔서 오늘 리 선생님이 대신 2교시의 수업을 하셨다.)

UNIT 03

040 到底❶～057 对不起

→ p.061의 041 '到底❷' 참고

040
到底❶ 도대체
dàodǐ

형태 구조
- 주어 + 到底(+是) + 동사구❶ + 还是 + 동사구❷
- 주어 + 到底 + 동사 不 동사 + 동사구
- 주어 + 到底 + 동사 不 동사 + 명사구
- 주어 + 到底 + 동사(구) 不 동사(구)
- 주어 + 到底 + 형용사 不 형용사

의미 기능 문제의 원인이나 대답을 '추궁'하여 물을 때 사용한다.

사용 환경

1 일상생활의 문제에 대해 말할 때

① 你到底喜欢张美丽还是喜欢张丽美?
너는 도대체 장메이리를 좋아하는 거야, 아니면 장리메이를 좋아하는 거야?

② 妈妈到底想不想去中国呀? 想去的话, 我得订机票了。
엄마는 도대체 중국에 가고 싶어하시는 거야, 아니야? 가고 싶어하시는 거면 내가 비행기표를 예매해야 해.

③ 今年暑假他到底回不回家? 怎么到现在还不收拾东西?
올해 여름방학에 그 애는 도대체 집에 가는 거야, 안 가는 거야? 왜 지금까지도 짐을 안 챙기지?

2 답을 캐물을 때

① 这本书的作者到底是谁呀?
이 책의 작가가 도대체 누구야?

② 到底是先有鸡还是先有蛋?
도대체 닭이 먼저야, 달걀이 먼저야?

③ 这个想法太好了! 你到底知道不知道是谁出的主意?
이 생각 너무 좋다! 누가 낸 아이디어인지 너 도대체 아는 거야, 모르는 거야?

④ 波士顿的冬天到底冷不冷? 我要不要多带几件衣服?
보스턴 겨울은 도대체 추워, 안 추워? 내가 옷 몇 벌 더 가져갈까?

→ p.060의 **040** '到底❶' 참고

041

到底❷ 도대체
dàodǐ

형태 구조
- 주어 + 到底(+是) + 동사구❶ + 还是 + 동사구❷
- 주어 + 到底 + 동사 不 동사 + 동사구
- 주어 + 到底 + 동사 不 동사 + 명사구
- 주어 + 到底 + 동사(구) 不 동사(구)
- 주어 + 到底 + 형용사 不 형용사

의미 기능 애매모호한 상대방의 태도나 의견 때문에 '못마땅한 심정'을 나타낼 때 사용한다.

사용 환경

1 어떤 일에 대한 다른 사람의 태도를 물을 때

① 他这样做是什么意思？到底是想帮我们还是想骗人？
너 이렇게 한 건 무슨 의도인 거야? 도대체 우리를 돕고 싶은 거야, 아니면 속이고 싶은 거야?

② 都三年了，你也不见我父母一面，你到底想不想结婚？
벌써 3년이 됐어. 우리 부모님 한번 안 뵀잖아. 너 도대체 결혼하고 싶은 거야, 아니야?

③ 你们到底同意不同意呀？得给个话呀！
너희는 도대체 동의하는 거야, 아니야? 말을 해 줘!

2 어떤 상황인지 추궁할 때

① 都半小时了，怎么还没有算出答案？你到底会不会算呀？
벌써 30분이 지났는데, 왜 아직도 답을 못 내는 거야? 너 도대체 계산할 줄 아는 거야, 모르는 거야?

② 波士顿的冬天到底冷不冷？你说了半天也没有说清楚。
보스턴의 겨울은 도대체 추운 거야, 안 추운 거야? 네가 한참을 얘기했어도 분명하게 말을 안 했잖아.

주의
- '到底❶'는 상대방이 몇 가지 선택 항목 중에서 구체적인 대답을 하길 바라며 질문할 때 사용하며, 이때는 '到底❶' 뒤에 제시된 선택 항목에 강세를 두어 읽는다.
- '到底❷'는 명확한 결과를 알기를 바라며 질문할 때 사용하며, 종종 '질책'하는 의미를 내포하고 있다. 이때는 '到底❷' 그 자체에 강세를 두어 읽어야 한다.

042
구조조사 地
de

형태 구조
- 형용사 + 地 + 동사구
- 동사 + 地 + 동사구

의미 기능 동사구 앞에 쓰여, 동작의 '진행' '발생 방식'이나 '태도' 등을 나타낸다.

사용 환경

1 공부나 일을 하는 방식이나 태도에 대해 말할 때

① 工作要讲究方式，大家要合理地安排作息时间。
일은 방식에 주의해야 합니다. 모두들 합리적으로 휴식 시간을 배정해야 합니다.

② 我又一步一步地算了一遍，还是那个答案。
내가 다시 한 단계 한 단계 쭉 계산했는데도 여전히 그 답이다.

③ 你再仔细地查查，看有什么问题没有。
다시 꼼꼼하게 잘 검사해 봐. 어떤 문제가 있는지 없는지 봐.

④ 他学习态度很好，每次都能认真地完成作业。
그는 학업 태도가 아주 좋아서 매번 숙제를 성실하게 완성할 수 있다.

2 말하거나 웃는 방식이나 상태에 대해 말할 때

① 她非常兴奋地告诉我："我找到男朋友啦！比我还小两岁呢。"
그녀는 매우 흥분하며 내게 말했다. "나 남자 친구 생겼어! 나보다 두 살이나 어려."

② 听到这个好消息，吉米的妈妈开心地笑了。
이 좋은 소식을 듣고 지미의 엄마는 즐거워하며 웃었다.

3 자연현상에 대해 말할 때

① 雨不停地下着，已经下了一整天了。
비가 그치지 않고 내린다. 벌써 하루 종일 내렸다.

② 大风呼呼地刮了一天一夜了，到现在还没停。
센 바람이 쌩쌩 온종일 불었다. 지금까지도 멈추지 않고 있다.

043
구조조사 的❶
de

형태 구조
- 대명사 + 的 + 명사
- 명사 + 的 + 명사

의미 기능 '소유 관계'를 나타내는 명사를 이끌어 내기 위해서 사용한다.

사용 환경

1 자기소개를 할 때

① 我的家庭很幸福，我的母亲是一位医生，我的父亲是一名工人。
우리 가족은 아주 행복합니다. 어머니는 의사이시고 아버지는 생산직 근로자이십니다.

② 我的理想是当一名演员。
나의 꿈은 배우가 되는 것이다.

2 사람이나 물건의 특징, 혹은 집안의 물건을 묘사할 때

① 姐姐的头发很长。
누나의 머리는 길다.

② 他的腿有点儿疼。
그는 다리가 조금 아프다.

③ 狗的眼睛大还是猫的眼睛大？
개의 눈이 커, 아니면 고양이 눈이 커?

④ 昨天夜里，房间的窗户一直开着。
어젯밤에 방 창문이 줄곧 열려 있었다.

3 소속이 있는 사물이나 지역 등을 소개할 때

① 北京的小吃很特别。
베이징의 먹거리는 특별하다.

② 小明的房间在321。
샤오밍의 방은 321호이다.

③ 他打翻了桌子上的杯子，杯子里的水洒了一地。
그가 책상 위의 컵을 뒤엎어서 컵 안의 물이 온 바닥에 쏟아졌다.

주의

- '대명사+的+명사'의 구조에서는 경우에 따라 '的'를 생략하기도 하는데, '的'가 생략되면 의미와 용법이 약간 달라진다. 예를 들어 '我的父亲(나의 아버지)'처럼 '的'를 사용할 때가 있고, '我爸爸(우리 아빠)'처럼 '的'를 사용하지 않을 때가 있다. '的'를 사용하면 두 사람 간의 관계에 거리감이 생기고, '的'를 생략하면 두 사람 간의 거리가 좁혀진다. '父亲'은 문어이고, '爸爸'는 구어이므로, '我'와 '父亲' 사이의 거리는 '我'와 '爸爸' 사이의 거리보다 더 멀게 느껴진다.

- '我的爸爸跟他的爸爸不一样，在家什么都不做，只看电视。(우리 아빠는 너희 아빠랑 달라, 집에서 아무것도 안 하고 텔레비전만 봐.)'처럼 비교 대상이 있어 강조의 의미가 있을 때는 '的'를 사용해 '我的爸爸'라고 나타내지만, '在家的时候，我爸爸什么都不做，就看电视。(집에 있을 때 우리 아빠는 아무것도 안 하고 텔레비전만 봐.)'처럼 쓸 때는 비교의 의미가 없기 때문에 '的'를 사용할 수 없다.

044 구조조사 的 ❷
de

형태 구조
- 형용사 + 的 + 명사

의미 기능
'수식되는 성분'을 이끌어 내는 데 사용한다.

사용 환경

1 어떤 사람이나 사물에 대해 평론할 때

① 艾米是一个聪明的人，什么东西都一学就会。
에이미는 똑똑한 사람이다. 어떤 것이든 배우기만 하면 바로 할 줄 안다.

② 做人就要做一个像他那样诚实勇敢的人。
훌륭한 사람이 되려면 그와 같이 진실하고 용감한 사람이 되어야 한다.

2 가족의 의식주에 대해 말할 때

① 今天是妈妈的生日，她穿了一件很漂亮的衣服。
오늘이 엄마 생신이라 엄마가 예쁜 옷을 입으셨다.

② 爸爸每天都能买到便宜的水果。
아빠는 매일 싼 과일을 살 수 있다.

③ 我不吃肉只吃菜，而且只吃新鲜的蔬菜。
나는 고기는 안 먹고 야채만 먹는다. 게다가 신선한 야채만 먹는다.

주의
- 1음절 형용사는 일반적으로 '的'를 사용하지 않고도 '红花(붉은 꽃)' '新问题(새로운 문제)'처럼 명사를 수식할 수 있다.
- 2음절 형용사의 경우, '的'를 사용하여 '伟大的人(위대한 사람)' '伟大的人物(위대한 인물)'처럼 명사를 수식하는 경우가 일반적이다. '2음절형용사+的+2음절형용사' 형태가 비교적 많이 쓰이는데, 특히 공식적인 상황에서 사용된다.
- '的'를 사용하지 않고 2음절 형용사만으로 명사를 수식할 수 있는 경우를 구분하는 것은 매우 복잡하고 어렵다. '老实人(성실한 사람)' '伟大人物(위대한 인물)'라는 표현은 사용하지만 '伟大人' '高大人物'라는 표현은 사용하지 않는다. '2음절 형용사+1음절명사' 형태는 구어에서 자주 사용되는 몇 개뿐이며, 대부분 1음절 명사 '人'과 결합한 '残疾人(장애인)' '自由人(자유인)' 정도이다.

045 구조조사 的³
de

형태 구조
- 동사+목적어+的+명사
- 주어+동사+的+명사

의미 기능 뒤의 명사를 제한할 때 사용한다. 특징, 속성, 조건 등 여러 방면을 '구체화'하고 '개별화'할 수 있다.

사용 환경

1 사람에 대해 구체적으로 묘사할 때

① 甲：你喜欢什么样的老师？
갑: 너 어떤 선생님을 좋아해?

乙：我喜欢戴眼镜的老师。
을: 나는 안경 쓴 선생님을 좋아해.

甲：他喜欢什么老师？
갑: 그 사람은 어떤 선생님을 좋아해?

乙：他喜欢我喜欢的老师。
을: 그 사람은 내가 좋아하는 선생님을 좋아해.

② 我们班昨天来了个说法语的女孩儿，今天又来了一个教法语的老师。
우리 반에 어제 불어를 하는 여자아이가 왔는데, 오늘은 또 불어를 가르치는 선생님이 한 분 오셨다.

③ 小王是个特别喜欢开玩笑的人。
샤오왕은 특히 농담하는 것을 좋아하는 사람이다.

2 물건에 대해 구체적으로 묘사할 때

① 玛丽喜欢看的那本书你不一定喜欢。
마리가 보기 좋아하는 그 책을 너는 좋아하지 않을 수도 있어.

② 妈妈做菜的法子很特别，我特别爱吃妈妈做的菜。
엄마가 요리하는 방법은 특별하다. 나는 특히 엄마가 한 요리를 잘 먹는다.

046

➡ p.054의 **035** '当……时 / 当……的时候' 참고

……的时候 ~할 때
de shíhou

형태 구조
- 주어＋동사구❶＋**的时候**, 동사구❷
- 동사구❶＋**的时候**, 주어＋동사구❷
- 주어❶＋동사구❶＋**的时候**, 주어❷＋동사구❷

의미 기능 두 동작이나 상황이 '동시'에 '발생'함을 나타내며, 그중 배경이 되는 동작이나 상황이 '동사구＋的时候' 형태로 쓰인다.

사용 환경

1 공부나 업무에 대해 말할 때

① 我工作的时候，不喜欢别人打扰；他念书的时候，喜欢听音乐。
나는 일할 때 다른 사람이 방해하는 것을 싫어한다. 그는 책을 읽을 때 음악 듣는 것을 좋아한다.

② 儿子写作业的时候总喜欢把房间的门关上。
아들은 숙제를 할 때 늘 방문 닫는 것을 좋아한다.

2 새로운 장소, 새로운 느낌에 대해 말할 때

① 刚到北京的时候，我对一切都很好奇。
베이징에 막 도착했을 때 나는 모든 것에 대해 궁금해했었다.

② 刚认识他的时候，我很不喜欢他，现在我们却成了好朋友。
막 그를 알았을 때 나는 그를 좋아하지 않았었는데, 지금은 오히려 친한 친구가 되었다.

3 집이나 어떤 다른 곳에 돌아가서 자신이 본 것에 대해 말할 때

① 他开门的时候，听见屋里有人说话；进屋的时候，看到妈妈正在看电视。
그가 문을 열었을 때 집 안에서 누군가 이야기하는 것이 들렸다. 집 안에 들어갔을 때 어머니가 텔레비전을 보고 있는 것이 보였다.

② 我回宿舍的时候，大家还没睡，正在聊天呢。
내가 기숙사에 돌아갔을 때 모두들 아직 안 자고 이야기를 하고 있었어.

주의 • '当……时' '当……的时候'는 비교적 공식적인 상황에서 사용한다.

047 구조조사 得
de

형태 구조
- 동사+得+형용사(구)
- 동사+得+문장

의미 기능 동작의 실제 '결과'나 '상태'를 나타내기 위해서 사용한다.

사용 환경

1 다른 사람이 어떤 방면에 지닌 특징을 평가해서 말할 때

① 我妹妹长得漂亮，歌儿也唱得好。
내 여동생은 예쁘게 생겼고, 노래도 잘 부른다.

② 约翰的字写得不好看，可是文章写得很好。
존은 글씨는 안 예쁘게 쓰지만 글은 잘 쓴다.

③ 老师讲课讲得特别快，我常常听不清他在说什么。
선생님이 강의하는데 말하시는 게 너무 빨라서, 나는 자주 선생님이 뭐라고 말하시는지 분명하게 못 듣는다.

2 어떤 객관적인 상황이나 결과에 대해서 평가할 때

① 这些小房子建得真漂亮。
이 작은 집은 정말 예쁘게 지었다.

② 今天雨下得真大，地下室都进水了。
오늘 비가 정말 많이 내려서 지하실에도 물이 들어왔다.

③ 昨天房间里还乱得很，今天就被她收拾得干干净净。
어제만 해도 방이 정말 어수선했는데, 오늘은 그녀에 의해 깨끗하게 치워졌다.

3 학습이나 시험 결과에 대해 이야기할 때

① 我的听力很好，可是口语说得不太好。
나는 듣기 실력은 좋으나 말하기 실력은 그다지 좋지 않다.

② 他的作业写得太乱，所以总是得不到高分。
그는 숙제를 너무 난잡하게 해서 늘 높은 점수를 얻지 못한다.

③ 每次考完后，艾米总觉得自己考得不错，可是常常不及格。
매번 시험을 보고 나면 에이미는 늘 자신이 괜찮게 봤다고 생각하곤 한다. 그러나 자주 떨어진다.

4 피곤하거나 화가 나거나 상심한 상태를 묘사할 때

① 跑完三千米，大家累得上气不接下气。
3000미터를 뛰고 나서 다들 호흡이 곤란할 정도로 힘들어했다.

② 有人骂他是骗子，气得他脸色都变了。
누군가 그가 사기꾼이라고 욕을 해서 그는 얼굴색이 변할 정도로 화가 났다.

③ 看到自己考了59分，她伤心得大哭了一场。
자신이 59점을 받은 것을 보고 그녀는 상심해서 한바탕 크게 울었다.

> **주의** · 보어에 형용사구나 문장의 형태가 아닌, 하나의 형용사만 사용된 때는 '비교'의 의미를 가지고 있다.
> 예 他跑得快，你跑得慢。 그는 빨리 달리는데, 너는 느리게 달린다.

048

→ p.030의 **012** '부정부사 不' 참고

가능보어 得/不
de   bu

형태 구조
- 동사 + 得/不 + 형용사 (+ 명사구)
- 동사 + 得/不 + 결과를 나타내는 말 (+ 명사구)
- 동사 + 得 + 형용사 + 동사 不 형용사

의미 기능 '가능'이나 '불가능'을 나타낼 때 사용하는 표현으로, 동작을 통한 어떤 결과의 실현 가능 유무를 나타낸다. 의문문이나 부정문에 많이 쓰이며, 평서문에는 잘 쓰이지 않는다.

사용 환경

1 의식주와 관련된 행위에 대해 말할 때

① 刚喝了两杯咖啡，我睡不着。
　　막 커피 두 잔을 마셔서 잠을 잘 수 없다.

② 哥哥送我的这件球衣有点儿小，我穿不上。
　　형이 선물로 내게 준 이 운동복은 좀 작아서 입을 수 없다.

③ 这个房间挺大的，你们两个人住得下。
　　이 방은 아주 커서 너희 두 사람이 묵을 수 있다.

④ 这么晚了，还要出去，回得来吗？
　　이렇게 늦었는데 나가려고? 돌아올 수 있겠어?

2 독서, 학업, 업무에 대해 말할 때

① 他很聪明，一定学得好中文。
　　그는 똑똑해서 분명히 중국어를 잘 배울 수 있을 거야.

② 这本书到处都是生字，我看不懂。
　　이 책은 온통 다 모르는 글자라서 나는 봐도 이해할 수 없다.

③ 作业太多了，我就是不睡觉也做不完。
　　숙제가 너무 많아서 내가 잠을 안 잔다고 해도 다 끝낼 수 없다.

④ 她视力真好，那么小的字都看得清。
　　그녀는 시력이 정말 좋아서 그렇게 작은 글씨도 분명하게 볼 수 있다.

⑤ 今天的工作不多，我做得完。
　　오늘 일이 많지 않아서 다 끝낼 수 있다.

3 물건을 들거나 운반할 때

① 甲：行李太多，你拿得动拿不动？
　　갑: 짐이 너무 많은데, 네가 들고 움직일 수 있겠어?

　　乙：没问题，我拿得动。
　　을: 문제 없어요. 들 수 있어요

② 这箱书太重了，我搬不动。
　　이 책 상자가 너무 무거워서 나는 운반할 수 없다.

4 시간에 쫓길 때

① 甲：还有一个小时会议就要开始了，咱们赶得到会场吗？
　　갑: 한 시간 있으면 곧 회의가 시작되는데, 우리가 회의장에 도착할 수 있을까?

　　乙：放心吧，半小时就能赶到会场。
　　을: 걱정 마. 30분이면 회의장에 도착할 수 있어.

② 别跑啦，反正坐不上这班火车了。坐下一班吧。
뛰지 마. 어차피 이번 기차는 탈 수 없어. 다음 기차 타자.

> **주의** · '跑得快'만 보아서는 '능력'을 나타낸다고도 할 수 있고, '결과'를 나타낸다고도 할 수 있다. 둘 중 무엇을 나타내는지 구분하기 위해서는 부정 형태를 보면 된다. '능력'을 나타낼 때 부정 형태는 '不+동사+得+형용사'가 아니라 '동사+不+형용사'이고, '결과'를 부정할 때 부정 형태는 '동사+得+不+형용사'이다.
> 예 他跑得快跑不快? (능력)　　　　　　他跑得快不快? (결과)
> 　　그는 빠르게 뛸 수 있어, 뛸 수 없어?　　그는 뛰는 게 빨라, 안 빨라?

049 ……得不错 ~한 정도가 괜찮다
de búcuò

형태 구조 · 주어 + 동사 + **得不错**

의미 기능 사람이나 물건에 대해 비공식적으로 긍정적인 평가를 할 때 사용한다.

사용 환경

1 학생, 부하, 아이 등을 칭찬할 때

① 听导演说，那个女孩儿长得不错，演这个角色很合适。
감독한테 들었는데, 그 여자아이가 생긴 것도 괜찮고 이 배역을 연기하기에도 잘 어울린다고 하더라.

② 老师说小芳的歌儿唱得不错，这次一定能得奖。
선생님이 샤오팡이 노래를 괜찮게 불러서 이번에 꼭 상을 받을 수 있을 거라고 하셨어.

③ 每次写作文，他都写得不错，这次为什么这么不好?
매번 작문할 때마다 그 애는 다 괜찮게 썼었는데, 이번에는 왜 이렇게 별로야?

④ 老板称赞小明的照片拍得不错，小明美死了。
사장님께서 샤오밍이 사진을 잘 찍었다고 칭찬하자 샤오밍이 매우 기뻐했다.

2 다른 사람에게 어떤 장소나 물건을 추천할 때

① 那家饭馆儿的菜做得不错，你一定要去尝尝。
그 집 식당이 음식을 괜찮게 만들어. 꼭 맛보러 가 봐.

② 我觉得这本书写得不错，你读一下看看。
나는 이 책이 잘 쓰여졌다고 생각해. 너 한번 읽어 봐 봐.

> **주의**
> - 평가 대상이 어떤 사람일 경우, 보통 지위나 연륜이 '높은' 사람이 지위나 연륜이 상대적으로 '낮은' 사람을 비공식적으로 칭찬할 때 많이 사용한다. 공식적인 인정을 피하기 위한 목적이 있다.

050 ……得多 훨씬 ~하다
de duō

형태 구조
- Ⓐ(+比+Ⓑ)+형용사+得多

의미 기능
'비교의 정도'를 나타낼 때 사용한다. 일반적인 상황과 비교해서 그 정도가 '매우 큼'을 의미한다.

사용 환경
— 두 개의 물건을 비교할 때

① 俄罗斯比印度大得多，我们为什么不到那儿去旅游？
러시아가 인도보다 훨씬 큰데, 우리 왜 거기 가서 여행을 안 하는 거지?

② 那儿的条件比这儿的条件要好得多。
거기 조건은 여기 조건보다 훨씬 더 좋아.

③ 比起A班，B班的水平要差得多。
A반에 비해 B반 수준이 훨씬 떨어져.

> **주의**
> - '多'는 1성으로 강조해서 읽는 것이 좋다.
> - '형용사+得多'는 비교의 정도를 나타낼 때 사용하는데 '형용사+多了'는 상태를 묘사할 때 사용한다.
>   예 比起A班，B班的水平要差多了。
>   A반과 비교해서 B반의 수준이 한참 떨어지지.

051
得 ~해야 한다
děi

형태 구조
- 주어 + 得 + 동사구
- 주어 + 得 + 형용사구
- 주어 + 得 + 문장
- 주어 + 得 + 수량

의미 기능 도리상 혹은 사실상 '해야 하는 일'임을 나타내는 구어 표현이다.

사용 환경

1 다른 사람이 어떤 일을 하도록 권고하거나 일깨워 줄 때

① 你得早点儿睡觉，否则明天又要迟到了。
너 일찍 자야 해. 안 그러면 내일 또 지각할 거야.

② 遇到问题得自己解决，不要总是问别人。
문제에 부딪히면 스스로 해결해야 해. 늘 다른 사람에게 묻지 마.

③ 这个工作得你来做，别人做不了。
이 일은 네가 와서 해야 해. 다른 사람은 할 수 없어.

2 출장, 여행, 쇼핑할 때

① 小王，明天你得去一趟上海，找张经理把那份合同签了。
샤오왕, 내일 너 상하이에 가서 장 사장을 만나 이 계약서를 체결해야 해.

② 去北京，吃一顿饭，至少得二三十块钱。
베이징에 가면 밥 한 끼 먹는 데 최소한 20~30위안이 들어.

③ 看人工景点，一般都得买门票。
인공 개발 관광지를 보려면 보통 입장권을 사야 해.

④ 在这个商场买双皮鞋，至少得花一千块呢。
이 상점에서 구두를 사려면 최소한 1000위안이 들어.

주의
- '得'를 사용하지 않으면 '권유' '상의' '경고' 등의 의미가 약해진다.

  예) 遇到问题得自己解决。　　　　遇到问题自己解决。
　　　문제에 부딪히면 스스로 해결해야 한다.　　문제에 부딪히면 스스로 해결한다.

052 동사중첩

형태 구조 • 동사❶ 동사❶ (+목적어)

의미 기능 '좀 ~하다'로 해석되며, '시험삼아' 혹은 '내키는 대로' 어떤 일을 해 본다는 의미를 나타낸다. 보통 구어에서, 동작이 지속되는 시간이 짧고 동작의 횟수도 적을 때 사용한다.

사용 환경

1 다른 사람에게 소개하거나 설명할 때

① 小王，你刚来，先给大家简单介绍介绍自己吧！
샤오왕, 이제 막 왔으니 우선 모두에게 간단하게 자기소개를 한번 해 보게!

② 刚才到底是怎么回事？你给我说明说明情况吧！
아까 도대체 어떻게 된 일이야? 나한테 상황을 좀 설명해 줘 봐!

2 어떤 일을 해 보려고 시도할 때 (문제 해결 등)

① 他想了大半天还没想明白，大家帮他分析分析吧。
그가 한참을 생각했는데도 모르겠다고 하니 모두들 그를 도와서 분석 좀 해 줘 봐.

② 这个问题大家都解决不了，要不你来试试？
이 문제는 모두가 해결할 수 없었단다. 네가 한번 해 볼래?

③ 谁的话他都不听，要不你来劝劝？
누구의 말도 그 애는 듣지 않아. 네가 한번 타일러 볼래?

3 독서, 여행, 수다 등 내키는 대로 편하게 하는 일을 말할 때

① 周日休息的时候，我总是在家读读书，练练字，过得很自在。
주말에 쉴 때 나는 늘 집에서 책을 읽거나 글씨 연습을 하면서 매우 자유롭게 보낸다.

② 我想跟你谈谈我最近的一些想法，可以吗？
나는 너한테 최근 내 생각들에 대해 이야기를 좀 하고 싶어. 괜찮아?

③ 到一个新的地方，吃吃当地的小吃，跟街上的人聊聊天儿，看看电影，欣赏欣赏当地的建筑，参观参观博物馆，好好儿放松放松。
새로운 곳에 가면 현지 먹거리도 먹고 길에서 사람들과 수다도 떨고 영화도 보고 현지 건축물도 감상하고 박물관도 참관하면서 푹 쉬어.

주의
- 만약 동사가 일음절이면 중첩할 때 가운데 '一'를 넣을 수 있고, 첫 번째 동사와 '一' 사이에 '了'도 넣을 수 있다. 단, 동사가 이음절일 때는 모두 불가능하다.

  예) 练一练毛笔字。(○) 붓글씨를 좀 연습하다.　　练了(一)练毛笔字。(○) 붓글씨를 좀 연습했다.
  清一清嗓子。(○) 목을 좀 가다듬다.　　清了(一)清嗓子。(○) 목을 좀 가다듬었다.
  眨了眨眼睛。(○) 눈을 깜빡거렸다.　　眨么一眨么眼睛。(×)

- '좀 ~해보다'와 같이 어떤 일을 시도해 본다는 의미로 동사중첩 뒤에 '看'을 덧붙일 수 있다.

  예) 你来说说看。네가 한번 말해 봐라.

→ p.187의 **157** '全❷' 참고

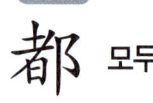

053

都 모두
dōu

형태 구조
- 복수를 나타내는 명사구 + 주어 + **都** + 동사구
- (명사(구)❶、명사(구)❷、……、명사(구)❶), 주어 + **都** + 동사구
- 복수 주어 + **都** + 동사구
- 주어 + 把 + 명사구 + **都** + 동사구

의미 기능　앞에 제시된 항목들을 모두 가리켜, '항목들 각각이 예외 없이 어떠함'을 나타낸다. '都'의 앞 부분에는 자주 수량이 제시되거나 구체적인 내용이 열거된다.

사용 환경　─ 본 것, 먹어 본 것, 가 본 곳 등에 대해 다른 사람에게 말해 줄 때

① 这些书我都看过了，没什么意思。
이 책들은 전부 내가 본 적이 있는데, 별로 재미없어.

② 中国菜、美国菜、日本菜，我都喜欢吃。
중국 음식, 미국 음식, 일본 음식 다 좋아해.

③ 那两个城市我都住过，一个人多狗少，一个人少狗多。
그 두 도시 모두 내가 머문 적이 있어. 한 곳은 사람이 많고 개가 적은데, 한 곳은 사람이 적고 개가 많아.

④ 他去过很多地方，亚洲、欧洲、非洲、大洋洲，甚至南极洲，他都去过。
그는 많은 곳에 가 봤다. 아시아, 유럽, 아프리카, 오세아니아 심지어 남극까지 다 가 봤다.

⑤ 我把整个书架都翻了一遍，还是没找到那本书。
내가 모든 책장을 모조리 한번 다 뒤집어 봤는데도 그 책을 찾아내지 못했다.

주의
- '我们都给她送了一朵花儿。(우리는 모두 그녀에게 꽃 한 송이를 주었다.)'는 '우리 모두가 각자 그녀에게 꽃을 한 송이씩 주었다'는 의미이지 우리 모두가 합쳐서 그녀에게 한 송이의 꽃을 주었다는 의미가 아니다. 대부분의 교재와 사전에는 '都'가 '모든 것을 합쳐서 총괄한다'는 의미로 나와 뜻을 오해하기 쉬운데, 주의하여 구분할 필요가 있다.
- '都'의 특수한 용법 중 한 가지로, '都' 뒤에 '什么' '哪些'와 같은 의문대사를 써서 '추궁'해서 캐묻는 의미의 의문문 문장을 만들 수 있다. 이때, 부사 '到底'를 추가로 사용한다면 '추궁'하는 어감을 더 강조할 수 있다.

예)
昨天你都买了什么书?
어제 너 무슨 책을 샀어?
昨天你到底买了什么书?
어제 너 도대체 무슨 책을 샀어?

你都看过哪些电影?
너 어떤 영화들을 본 적이 있어?
你到底没出过国?
너 도대체 출국한 적이 있어, 없어?

054

都……了 이미, 벌써 ~하다
dōu   le

형태 구조
- 都 + 수사/명사/형용사/동사 + 了, 문장

의미 기능
다른 사람에게 '현재의 시간이나 상황 등이 이미 어느 정도에 이르렀음'을 일깨우거나 상기시킬 때 사용한다.

사용 환경
— 다른 사람을 재촉하거나 일깨울 때, 비판할 때

① 都九点了，你怎么还不起床!
벌써 9시인데, 왜 아직도 안 일어나는 거니!

② 你都大学生了，还不会用电脑?
대학생이나 되었으면서 아직도 컴퓨터를 사용할 줄 몰라?

③ 我们赶快去上学吧，都已经晚了。
우리 빨리 학교에 가자. 이미 늦었어.

④ 我都会背了，老师还要我再读几遍。
나는 벌써 다 외웠는데 선생님은 다시 몇 번 더 읽으라고 하신다.

주의
- '都……了'에 들어가는 말은 보통 일반적이고 정상적인 정도와 대립되는 '특수하거나 비정상적인' 상황을 나타내는 말이어야 한다.

055

对 ~에 대해서
dui

형태 구조
- 주어 + 对 + 명사구 + 형용사구
- 주어 + 对 + 명사구 + 동사구
- 对 + 명사구, 주어 + 형용사구
- 对 + 명사구, 주어 + 동사구

의미 기능 동작, 감정 등의 '대상'을 이끌어 낼 때 사용한다.

사용 환경

1 어떤 태도에 대해서 평가할 때

① 主人对所有的来宾都很热情。
주인은 모든 손님들에게 다 친절했다.

② 有的城里人对民工很不礼貌。
어떤 도시인은 농민 근로자에게 매우 무례하다.

③ 对任何人，我们都要有起码的尊重。
누구한테든 우리는 최소한의 존중을 갖춰야 한다.

2 어떤 감정이나 의견을 표현할 때

① 我们对你的做法有很大意见。
우리는 네 방법에 대해 큰 의견 차이가 있다.

② 对这种人，我只想说两个字：真棒！对那种人，我应该怎么办？
이런 사람한테는 딱 두 글자를 말하고 싶어. 真棒!(정말 대단하네!) 그런 사람한테는 어떻게 해야 할까?

③ 对他们提出的请求，我从来都尽力而为。
그들이 제기한 부탁에 대해 나는 지금까지 최선을 다했다.

주의
- 동사가 원래 목적어를 취할 수 있는 동사라면, '对'를 사용하지 않고 '对' 뒤의 명사구를 목적어로서 동사 뒤에 위치시킬 수 있다. 다만, 두 경우에 강조하는 대상이 서로 다르며, '对'를 사용한 문장이 좀 더 공식적인 상황에서 쓰인다.
  - 예) 我一直很讨厌这种人。나는 이런 사람을 줄곧 싫어했다. (→ 싫어하는 대상이 더 강조됨)
    对这种人，我一直很讨厌。이런 사람을 나는 줄곧 싫어했다. (→ 싫어하는 행위가 더 강조됨)
- '对 + 명사구, 주어 + 형용사구/동사구'처럼 '对 + 명사구'가 맨 앞에 위치하는 문형은 비교적 공식적인 상황에서 사용한다.

056 ……对不对 ~맞지요?
dùi bu dùi

형태 구조 • 문장, 对不对?

의미 기능 화자가 청자에게 '확신'과 '확인'을 구할 때 사용한다.

사용 환경

1 신분이나 습관 등을 확인할 때

① 你是刘云，对不对？我找你半天了。
   너 리우윈 맞지? 내가 너를 한참 찾았어.

② 我找王教授。这是中文系，对不对？
   저는 왕 교수님을 찾는데요. 여기 중문과 맞지요?

③ 吃中国菜要用筷子，对不对？
   중국 음식을 먹을 때는 젓가락을 사용해야 한다는데, 맞나요?

④ 你是来找工作的，对不对？这是我们的经理，你跟他谈吧。
   당신 일을 구하러 온 거 맞지요? 이쪽이 우리 사장님이니 이 분에게 이야기하세요.

2 다른 사람에게 일리를 따지거나 주의할 사항을 일깨워 알려 줄 때

① 做错了事一定要承认，对不对？你怎么不承认呢？
   잘못을 했으면 반드시 인정하는 게 맞지? 너는 왜 인정을 안 하는 거야?

② 每个人都应该有爱心，对不对？你怎么不关心人呢？
   모든 사람은 사랑하는 마음이 있어야 하는 게 맞지? 너는 왜 다른 사람에게 무관심해?

주의
• 일반적으로 '对不对'는 내림조로 강하게 읽지만, 상대방에게 어떤 일의 당위성에 대해 일깨우며 비판할 때는 올려서 읽는다.
  예) 你是记者，对不对？我没看错。 당신이 기자 맞지요? 내가 맞게 봤네. (→ '확신'의 의미, 내려 읽음)
      你是记者，对不对？怎么做这种事! 당신이 기자 맞아? 어떻게 이런 일을 할 수 있어! (→ '비판'의 의미, 올려 읽음)

• 상대방에게 확인을 구하는 표현인 '对吧'와 '对不对' 중 보다 확신의 정도가 약하며, 더 구어적인 표현은 '对吧'이다. '对吧'는 청자가 자신의 생각에 동의해 주기를 바랄 때 자주 사용한다.

057 对不起 미안하다, 죄송하다
duìbuqǐ

형태 구조
- **对不起**, [주어]+동사구
- [주어]+동사구, **对不起**

의미 기능 자신이 해서는 안 되는 일을 했거나 물어서는 안 되는 것을 물은 것에 대해 상대방에게 '사과'할 때 사용하는 관용어이다. 미안한 마음이 내포되어 있다.

사용 환경

1 공공장소에서

① 对不起，打扰了。
방해해서 죄송합니다.

② 对不起，踩你脚了。
발을 밟아서 죄송해요.

③ 对不起，让你久等了。
오래 기다리게 해서 죄송해요.

2 친구 사이에서

① 真是对不起，我忘了今天是你的生日。
정말 미안해. 오늘 네 생일인 것을 깜빡했어.

② 是我不小心弄错了，真对不起。
내가 부주의해서 잘못했어. 정말 미안해.

주의
- 영어의 'sorry'와 비교할 때, '对不起'가 가지는 미안한 마음의 정도가 'sorry'보다 더 크다. 'sorry'는 그저 마음의 불편함, 괴로움을 나타낼 뿐 상대방에게 불편함을 끼친 데 대해 책임지려는 마음은 없다. '사과'를 나타내는 '对不起'는 영어의 'to apologize' 'make an apology'에 더 가깝다. 양심의 가책이 담기지 않은 영어의 'sorry'는 '不好意思'와 더 비슷하다. '不好意思'는 구어에서 많이 사용한다.

UNIT 03 REVIEW

1 밑줄 친 부분에 대응되는 부분을 중국어 문장에서 찾아 표시해 보세요.

(1) 동사+得/不+<u>결과를 나타내는 말</u>(+명사구)
→ 刚喝了两杯咖啡，我睡不<u>着</u>。

(2) (<u>명사(구)❶、명사(구)❷、……、명사(구)❸</u>), 주어+都+동사구
→ <u>中国菜、美国菜、日本菜</u>，我都喜欢吃。

(3) 주어+对+<u>명사구</u>+동사구
→ 我们对<u>你的做法</u>有很大意见。

2 어법의 형태 구조를 떠올리며 제시된 낱말을 바른 순서로 배열해 보세요.

(1) 先有鸡　到底　是　还是　先有蛋

→ _____
(도대체 닭이 먼저야, 달걀이 먼저야?)

(2) 不同意　你们　同意　呀　到底

→ _____
(너희는 도대체 동의하는 거야, 아니야?)

(3) 小房子　建得　真　这些　漂亮

→ _____
(이 작은 집은 정말 예쁘게 지었다.)

058 对……来说~077 更

058

对……来说 ~에게 있어서, ~의 입장에서 말한다면
duì　　lái shuō

형태 구조
- 对 + 명사 + 来说, 문장
- 주어 + 对 + 명사 + 来说 + 형용사구
- 주어 + 对 + 명사 + 来说 + 동사구

의미 기능 '어떤 사람의 관점·입장이나 어떤 일의 각도'에서 상황이나 문제에 대해 '관련지어' 이야기할 때 사용한다.

사용 환경

1 여행에 대해 말할 때

① 对来北京的游客来说，长城是一定要去的地方。
베이징에 오는 관광객에게 있어서 만리장성(长城)은 꼭 가야 하는 곳이다.

② 对登山旅游来说，身体一定要特别好。
산행에 있어서는 몸 건강이 꼭 특히 좋아야 한다.

2 사람이나 물건에 대해 평가해서 말할 때

① 这份礼物，对我来说很珍贵。
이 선물은 내게 있어 매우 귀중하다.

② 对你来说，做菜不难；对我来说，做菜太难了。
너한테는 요리하는 게 어렵지 않겠지만 나한테는 요리하는 게 너무 어려워.

③ 对有的人来说，看书是乐趣；对另一些人来说，看书是难事。
어떤 사람에게는 독서가 즐거움이겠지만 또 다른 어떤 사람들에게 독서는 힘든 일이다.

④ 能够认识那么多中国朋友，对他来说已经相当不容易了。
그렇게 많은 중국 친구를 사귈 수 있었던 건 그에게 있어 이미 상당히 쉽지 않은 일이었다.

⑤ 对中国人来说，西藏很神圣；对美国人来说，西藏很神秘。
중국인에게 있어 시장(西藏)은 신성한 곳이고, 미국인에게 있어 시장(西藏)은 신비로운 곳이다.

⑥ 对外语学习来说，听说读写都非常重要。
외국어 학습에 있어서 듣기, 말하기, 읽기, 쓰기는 매우 중요하다.

주의 • '对……来说'에서 '对'는 '对于'와 바꿔 쓸 수 있다. '对于'가 공식적인 상황에서 더 많이 사용된다.

> 예 对于来京游客来说，长城是必游之地。
> 베이징에 오는 여행객에게 만리장성(长城)은 꼭 여행해야 하는 곳이다.

059
对于 ~에 대해서
duìyú

형태 구조
- 주어 + **对于** + 명사구 + 동사구
- **对于** + 명사구, 문장

의미 기능 일, 태도 등이 관련된 '대상'을 이끌어 내는 데 사용한다. 공식적인 격식체의 색채가 강하다.

사용 환경

1 관점을 제시하거나 태도, 의견 등을 표현할 때

① 对于这个工作，他一直不太喜欢。
이 일에 대해 그는 줄곧 그다지 좋아하지 않았다.

② 我对于"的"的用法还没有完全学会。
나는 '的'의 용법에 대해서 여전히 완전히 학습하지 못했다.

③ 对于学校的决定，我们都有不同的意见。
학교의 결정에 대해 우리는 다른 의견을 가지고 있다.

④ 我们对于老师提出的考试方法都表示同意。
우리는 선생님이 제시한 시험 방식에 동의를 표하였다.

2 인상이나 느낌에 대해 말할 때

① 对于北京，每个人都有不同的感觉。
베이징에 대해 모든 사람은 다른 느낌을 가지고 있다.

② 对于他的话，在场的很多人可能会有相同的感受。
그의 말에 대해 그곳에 있던 많은 사람들이 아마 같은 느낌이었을 것이다.

③ 对于云南丽江，去过的人都有很深的印象。
윈난의 리장에 대해 가 본 사람은 모두 깊은 인상을 받았다.

060

多¹ 더, 많이
duō

형태 구조 • 주어 + 多 + 동사 + 수량사 (+ 명사구)

의미 기능 기존의 수량보다 더 '증가'했음을 나타낼 때 사용한다.

사용 환경

1 다른 사람에게 먹거나 사라고 권유할 때

① 你多吃点儿水果，少吃点儿肉，身体才能健康。
너 과일을 많이 먹고 고기는 조금만 먹어. 그래야 몸이 건강해질 수 있어.

② 今天的菜很新鲜，多买几斤吧。
오늘 야채가 싱싱하니 몇 근 더 사자.

2 작업량의 크기를 비교할 때

① 他今天比昨天多卖了十几个西瓜。
그는 오늘 어제보다 십여 근의 수박을 더 팔았다.

② 下班后，他又多工作了半个小时。
퇴근 후에도 그는 30분을 더 일했다.

3 주의 사항을 말해 줄 때

① 他昨晚喝醉了，让他多睡一会儿吧。
그 애는 어젯밤에 취했으니 좀 더 자게 해 줘라.

② 外面风大，你要多穿一些衣服。
바깥 바람이 세니 옷을 좀 더 많이 입어야 한다.

061

多² 얼마나
duō

형태 구조 • 주어 + (有 +) 多 + 형용사?

의미 기능 '수량'이나 '정도'를 물을 때 사용한다.

사용 환경

1 거리나 시간 등을 물을 때

① 甲: 你家离学校有多远啊?
갑: 너희 집은 학교에서 얼마나 멀어?

乙: 不远, 就3里地。
을: 멀지 않아. 1500미터 거리야.

② 你来中国多久了? 怎么还不会用筷子呀?
너 중국에 온 지 얼마나 됐지? 왜 아직도 젓가락을 사용할 줄 몰라?

2 높이, 길이, 넓이 등을 물을 때

① 那座楼有多高?
이 건물이 얼마나 높아?

② 你看, 她的头发有多长啊? 都到腰了。
네가 볼 때 그녀의 머리가 얼마나 긴 것 같아? 허리까지 닿아.

③ 甲: 你知道中国的长江多宽吗?
갑: 중국 양쯔강이 얼마나 넓은지 알아?

乙: 不知道, 听说很宽。
을: 잘 몰라. 넓다고 들었어.

3 정도를 물을 때

① 甲: 我听说你们家乡很热, 有多热呀?
갑: 네 고향이 아주 덥다고 들었는데, 얼마나 더워?

乙: 最热的时候有40多度吧。
을: 가장 더울 때는 40도 될 걸.

② 甲: 你上个周末去的那个城市有多漂亮啊?
갑: 지난 주말에 갔던 그 도시가 얼마나 예뻐?

乙: 反正是非常漂亮, 去了你肯定不会失望的。
을: 어쨌든 엄청 예뻐. 가면 너도 분명히 실망하지 않을 거야.

주의

- '多⁰'는 일음절 형용사와 주로 쓰이지만, '漂亮(예쁘다)' '干净(깨끗하다)'과 같은 이음절 형용사와도 결합해 수량이나 정도에 대해 질문할 수 있다. 뒤의 글자는 보통 경성으로 읽는데, '英俊(재능이 출중하다)' '伟大(위대하다)'와 같이 구어도 아니고 경성도 아닌 글자까지 경성으로 읽어서는 안 된다.

- '高(높다)' '大(크다)' '长(길다)' '宽(넓다)' '远(멀다)' '厚(두껍다)' '久(오래되다)'와 같이 비교적 의미가 적극적이고 큰 계열의 형용사를 사용해야 한다.

062

多大 몇 살이에요
duō dà

➡ p.125의 **100** '几岁' 참고

형태 구조 • 주어 + 多大 + 了?

의미 기능 '나이'를 물을 때 사용한다. 상대방은 보통 자신보다 나이가 어리거나 비슷한 사람이어야 한다.

사용 환경 — 친구의 아이나 형제자매의 나이를 물을 때

① 你儿子这么高了，今年多大了?
네 아들이 이렇게 키가 크다니, 올해 몇 살이나 됐지?

② 你妹妹多大了? 快工作了吧。
네 여동생 몇 살이야? 취업할 때 다 됐지?

주의
- 중국에서는 대체로 상대방에게 나이를 묻는 것을 실례라고까지 여기지는 않는다. 다만, 이런 질문을 반가워하지 않는 여성들이 더러 있기도 하다.
- 나이가 많은 어르신에게는 공손한 표현으로 연세를 물어야 한다. '올해 연세가 어떻게 되세요?'에 걸맞는 표현으로는 '您今年多大年纪啦?' '您今年高寿?' '老人家高寿?' 등이 있다.
- '几岁'는 일반적으로 어린아이에게만 사용할 수 있는 데 반해 '多大'는 어린아이뿐만 아니라 성인에게 나이를 물을 때도 사용할 수 있다. '你几岁了?'라는 질문에 대답할 때는 '我八岁啦。(8살이에요.)'나 '快十岁了。(10살 다 돼 가요.)'처럼 확실한 나이를 말하면 된다. '你多大了?'라는 질문에 대답할 때는 '我十六啦。(16살이에요.)'처럼 확실한 나이를 말해도 되고, '我都中学生了。(중학생이에요.)' '我已人到中年了。(이미 중년이 됐어요.)' '我快退休了。(곧 은퇴해요.)' 등과 같이 연령대의 어느 단계를 말해도 된다.

063

······ **多了** ❶ 많이 ~하다
duō le

> **형태 구조**
> - 주어＋(동사＋명사구＋)동사＋**多了**
> - 명사구＋동사＋**多了**

> **의미 기능** 동작 행위의 정도가 '적당한 정도'를 '초과'했음을 나타낼 때 사용한다.

> **사용 환경** 물건을 사거나 음식을 먹은 정도가 지나칠 때

① 他买水果买多了，吃了一个星期还没吃完。
그가 과일을 많이 사서 일주일을 먹어도 다 못 먹을 것이다.

② 今天中午我吃多了，到了晚上还是不饿。
오늘 점심에 나는 많이 먹어서 저녁이 되었는데도 배고프지 않다.

③ 别喝了，酒喝多了会伤身体。
그만 마셔. 술을 많이 마시면 몸이 상할 거야.

064

······ **多了** ❷ 훨씬 더 ~하다
duō le

> **형태 구조**
> - 주어＋형용사＋**多了**
> - Ⓐ＋比＋Ⓑ＋동사＋得＋형용사＋**多了**
> - Ⓐ＋和/跟＋Ⓑ＋比起来＋형용사＋**多了**

> **의미 기능** 비교한 정도의 '차이'가 '큼'을 나타낼 때 사용한다.

사용 환경

1 사람의 연령, 키, 외모 등 특징을 비교할 때

① 他比他妻子大多了，怪不得他妻子看起来那么年轻。
그는 그의 아내보다 나이가 훨씬 많아. 어쩐지 그의 아내가 그렇게 어려 보인다 했어.

② 小王比小李高多了。
샤오왕은 샤오리보다 키가 훨씬 크다.

③ 我觉得李丽比张红漂亮多了。
나는 리리가 장홍보다 훨씬 더 예쁘다고 생각해.

2 물건의 크기, 높이, 장단점 등을 비교할 때

① 这个杯子比那个杯子大多了。
이 컵은 그 컵보다 훨씬 크다.

② 学校的饭菜跟家里比起来差多了。
학교 음식은 집(음식)에 비하면 훨씬 형편없다.

3 속도를 비교할 때

① 李伟比张强跑得快多了。
리웨이는 장치앙보다 뛰는 게 훨씬 빠르다.

② 我的电脑比起刚买回来时慢多了。
내 컴퓨터는 막 사 왔을 때보다 훨씬 느리다.

4 물건의 가격, 품질, 무게 등을 비교할 때

① 这种手机比那种贵多了，但质量也好多了。
이 휴대전화는 저것보다 훨씬 비싸지만 품질도 훨씬 낫다.

② 我的行李箱比你的重多了。
내 짐 가방이 네 것보다 훨씬 무거워.

5 태도나 컨디션 등을 비교할 때

① 学习汉语，马克比艾米认真多了。
중국어를 공부할 때 마크는 에이미보다 훨씬 성실하다.

② 休息了一会儿，我的精神比刚才好多了。
좀 쉬었더니 기력이 아까보다 훨씬 좋아졌다.

065

→ p.123의 **098** '几' 참고

多少 얼마
duōshao

형태 구조 • 주어＋**多少**＋(양사＋)명사

의미 기능 '수량'을 물을 때 사용한다.

사용 환경

1 사람이나 물건의 수량을 물을 때

① 你们公司一共多少人？
당신 회사에는 모두 몇 명이 있어요?

② 甲：这门课让我们读了很多书。
갑: 이 수업은 우리에게 너무 많은 책을 읽게 해.

乙：多少本？
을: 몇 권?

甲：二三十本。
갑: 20~30권.

2 가격을 물을 때

甲：听说故宫门票很贵了。现在多少钱一张？
갑: 듣자 하니 자금성(故宫) 입장권이 비싸다면서? 지금 한 장에 얼마야?

乙：都一百块了。
을: 100위안이나 돼.

066 非……不可 ~하지 않으면 안 되다
fēi bù kě

형태 구조
- 非 + 동사 + 不可
- 非 + 명사 + 동사 + 不可

의미 기능 '반드시 이러해야 한다'거나 '어떤 일이 반드시 일어나야 함'을 나타낼 때 사용 한다. '강조'를 나타내는 구어식 표현이다.

사용 환경

1 나쁜 습관을 고치도록 권할 때

① 你这种坏习惯，非改不可。
이런 나쁜 습관은 고치지 않으면 안 된다.

② 你要想身体好起来，非把烟戒掉不可。
몸이 건강해지려면 담배를 끊지 않으면 안 된다.

2 다른 사람에게 모임에 참석하도록 권하거나 다른 사람의 도움을 구할 때

① 你是班长，这次同学聚会你非来不可。
너는 반장이니까 이번 동기 모임에 네가 안 오면 안 돼.

② 你俩关系好，要想请他来，非你出面不可。
너희 둘 사이가 좋잖아. 그 애를 초대하려면 네가 나서지 않으면 안 돼.

3 건의 사항이나 의견을 말할 때

① 要想学好一门外语，非下功夫不可。
하나의 외국어를 마스터하려면 공을 들이지 않으면 안 된다.

② 这些话你非说不可，不然他永远不知道你在爱他。
이 말들은 네가 말하지 않으면 안 돼. 안 그럼 그는 영원히 네가 그를 사랑하고 있다는 걸 모를 거야.

→ p.090의 **068** '刚刚' 참고

067
刚才 방금, 아까
gāngcái

형태 구조
- 주어 + 刚才 + 동사구
- 주어 + 刚才 + 형용사구
- 刚才 + 주어 + 동사구
- 刚才 + 주어 + 형용사구

의미 기능 '지나간 지 얼마 안 되는 시간'을 가리킬 때 사용하는 시간명사이다.

사용 환경

1 사람을 찾을 때

① 你刚才干什么去了？我到处找你都找不着。
너 아까 뭐 하러 갔었어? 내가 여기저기 찾아다녔는데, 못 찾았어.

② 刚才我还看见他呢，怎么突然就不见了？
아까만 해도 내가 그 애를 봤었는데, 왜 갑자기 사라졌지?

2 얼마 안 되는 시간 전에 어떤 일을 했거나 어떤 일이 발생했을 때

① 他刚才吃了安眠药，现在睡着了。
그는 방금 수면제를 먹고 지금 잠이 들었다.

② 别担心听写成绩，刚才老师还表扬了你写的字呢。
받아쓰기 성적은 걱정하지 마. 아까 선생님이 네가 쓴 글씨도 칭찬하셨잖아.

③ 灯光刚才还很亮，怎么突然就变暗了？
조명이 아까까지만 해도 밝았는데, 왜 갑자기 어두워졌지?

④ 刚才这里发生了一起严重的交通事故。
방금 전에 이곳에서 심각한 교통사고가 일어났다.

⑤ 刚才你的手机响了，不知道是谁打的电话。
아까 네 휴대전화 울리던데 누가 전화한 건지는 모르겠어.

→ p.089의 **067** '刚才' 참고

068
刚刚❶ 지금 막
gānggāng

형태 구조
- 주어 + 刚刚 + 동사구
- 刚刚 + 주어 + 동사구

의미 기능 '얼마 안 되는 시간 전에 어떤 일이 발생함'을 가리킬 때 사용한다. 때로는 '어떤 다른 동작이 일어나기 바로 전에 발생한 일'을 가리키며, 뒤이어 다른 상황이 발생한다.

사용 환경

1 사람이 막 떠났거나 막 도착했을 때

① 他刚刚出去了，你进来时怎么没碰着他？
그 사람 이제 막 나갔는데 너 들어올 때 왜 그를 못 만났어?

② 刚刚他还在这儿，现在不知到哪儿去了。
방금 전까지만 해도 그 사람 여기 있었는데 지금은 어디로 갔는지 모르겠다.

③ 吉米刚刚走了不到两分钟，你能追上他。
지미가 막 나간 지 2분이 안 됐으니까 그 애를 따라잡을 수 있을 거야.

④ 客人刚刚来了一会儿。
손님이 방금 전에 잠시 왔었다.

2 식사, 수면 등 일상생활에 대해 말할 때

① 我刚刚吃了药，不能马上吃饭。
나는 이제 막 약을 먹어서 바로 밥을 먹을 수가 없다.

② 妈妈刚刚睡着，大家动作轻一点儿。
엄마가 이제 막 잠이 드셨으니 모두들 살살 움직여라.

③ 他刚刚坐下，外面就有人来找他了。
그가 앉은 지 얼마 안 돼서 밖에 누군가 그를 찾아왔다

주의
- '刚刚❶'은 주어 앞뒤에 올 수 있으며, 주어 뒤에 쓰인 '刚刚❶'은 '刚'과 바꿔 쓸 수 있다. 그러나 주어 앞에 쓰인 '刚刚❶'은 '刚'과 바꿔 쓸 수 없다.
- '刚刚❶'과 '刚才' 두 단어 모두 '말하는 시점으로부터 얼마 지나지 않은 시간'을 가리킨다. '刚才'는 말하는 시점 직전의 얼마 되지 않은 시간을 가리킬 뿐이지만, '刚刚'은 동작이 발생한 지 얼마 안 됐음을 나타낸다.

069 刚刚❷ 마침, 꼭
gānggāng

형태 구조
- 刚刚 + 동사구
- 刚刚 + 형용사구
- 刚刚 + 수량

의미 기능 크기, 시간, 공간, 수량 등이 많지도 않고 적지도 않고 '딱 적당하다'는 것을 의미한다.

사용 환경

1 크기, 수량, 길이 등이 딱 맞을 때

① 还是妈妈会买，这件大衣刚刚合适，不大也不小。
역시 엄마가 뭘 사실 줄 아신다니까. 이 외투는 딱 맞아서 크지도 않고 작지도 않아.

② 今天晚会的水果刚刚够吃，不多也不少。
오늘 저녁 만찬의 과일이 먹기 딱 적당하다. 많지도 않고 적지도 않다.

③ 会场的椅子刚刚够，正好80把。
회의장 의자가 딱 충분하다. 마침 딱 80개이다.

④ 这条裤子不长也不短，刚刚合适。
이 바지는 길지도 않고 짧지도 않고 딱 맞다.

2 시간이 딱 맞을 때

① 我到学校时，刚刚两点半，正好赶上上课。
내가 학교에 도착했을 때 마침 딱 두 시 반이어서 수업 시간을 딱 맞출 수 있었다.

② 到达机场时，刚刚九点，还好能赶上飞机。
공항에 도착했을 때 딱 9시여서 다행히도 비행기를 탈 수 있었다.

3 연령, 신장, 성적 등의 특징이 딱 표준치나 요구치에 달했을 때

① 她身高一米七五，刚刚达到模特的标准。
그녀는 신장이 175cm로 딱 모델 기준에 달한다.

② 今天他刚刚过了十八岁生日，可以喝点儿酒了。
오늘 그는 딱 18살 생일을 지냈기 때문에 술을 좀 마실 수 있게 되었다.

③ 他的分数刚刚过了大学的录取分数线，他高兴极了。
그의 점수가 딱 대학 합격선을 넘어서 그는 아주 기뻐했다.

4 면적, 공간 등에 대해 말할 때

① 这个房子的面积刚刚是那个房子的两倍。
이 집의 면적은 딱 그 집의 두 배이다.

② 这个游乐场不大，刚刚够这些孩子在里面转圈。
이 놀이공원은 크지 않다. 이 아이들이 안에서 한 바퀴 돌기에 딱 좋다.

070

给❶ ~에게 주다
gěi

형태 구조
- 주어 + 给 + Ⓐ + Ⓑ
- Ⓑ + 주어 + 给 + Ⓐ

의미 기능 상대방(A)으로 하여금 어떤 것(B)을 얻게 했음을 나타낼 때 사용한다.

사용 환경 ― 물건을 줄 때 사용한다.

① 我给了儿子一张光盘，作为他的生日礼物。
나는 아들에게 생일선물로 CD 한 장을 주었다.

② 那本书，我已经给了孩子了。
그 책을 나는 이미 아이에게 주었다.

③ 上学的时候，爸爸给我钱；工作以后，我给爸爸钱。
학교에 다닐 때는 아버지가 내게 돈을 주셨다. 취업하고 나서는 내가 아버지에게 돈을 드린다.

④ 过节的时候，中国人喜欢给红包，外国人喜欢给礼物。
명절을 쇨 때 중국인은 돈이 든 붉은 봉투를 주는 것을 좋아하고 외국인은 선물 주는 것을 좋아한다.

071

给❷ ~에게
gěi

형태 구조
- 주어＋给＋Ⓐ＋동사＋Ⓑ
- 주어＋동사＋Ⓑ＋给＋Ⓐ
- 주어＋동사＋给＋Ⓐ＋Ⓑ

의미 기능 받아들인 대상(A)이 누구인지 나타낼 때 사용한다.

사용 환경 — 선물을 줄 때

① 过生日时，妈妈给他寄来了一件珍贵的礼物。
생일 때 어머니가 그에게 귀한 선물을 부쳐 보냈다.

② 老师送了一本《论语》给他。
선생님이 『논어』 한 권을 그에게 주었다.

③ 老师送给了他一本《论语》。
선생님이 『논어』 한 권을 그에게 주었다.

072

给❸ ~를 위하여, ~를 대신하여
gěi

형태 구조 • 주어+给+명사구+동사+목적어

의미 기능 다른 사람을 '대신하거나 도와서' 어떤 일을 해 주었음을 나타낼 때 사용한다. 동작의 수혜 '대상'을 이끌어 낼 때 사용한다.

사용 환경

1 다른 사람을 대신해서 일을 할 때

① 我外出时，他给我看家。
내가 외출할 때면 그가 우리 집을 봐 준다.

② 张老师病了，你是研究生，能不能给张老师代两节课？
장 선생님이 병이 나셨어요. 당신은 대학원생이니까 장 선생님 대신 2교시의 수업을 해 주실 수 있을까요?

2 다른 사람을 도와서 일을 할 때

① 这个医生一直在给穷人治病。
이 의사는 가난한 사람들 병을 계속 치료해 주고 있었다.

② 小时候都是妈妈给我做饭，所以我到现在都不会做。
어릴 때 늘 엄마가 밥을 해 주셔서 나는 지금까지도 밥을 할 줄 모른다.

③ 我的钱包不知道哪儿去了，你们给我找一找。
내 지갑이 어디 갔는지 모르겠어. 너희들이 좀 찾아봐 줘.

073

跟❶ ~한테
gēn

형태 구조 ・ Ⓐ + 跟 + Ⓑ + 동사(+ 목적어)

의미 기능 'A'가 'B'로부터 무엇인가를 '얻었음'을 나타낼 때 사용한다.

사용 환경

1 물건을 빌릴 때

① 这本书我没有，你跟他去借吧。
이 책은 나한테 없으니 그 사람한테 가서 빌려.

② 我父母从来不让我跟别人借钱。
부모님은 지금까지 내게 다른 사람의 돈을 빌리지 못하도록 하였다.

2 상황을 물을 때

① 我跟你打听一件事，你知道校长什么时候退休吗?
내가 너한테 뭐 하나 물어볼게. 너 교장 선생님이 언제 은퇴하시는지 알아?

② 你的中文这么好，跟谁学的?
너 중국어 정말 잘한다. 누구한테 배웠어?

주의 ・ '跟❶'과 '向'은 같은 의미이다. 문어에서 더 많이 사용되는 표현은 '向'이다.

074

跟 ❷ ~와, ~하고
gēn

형태 구조 · Ⓐ + 跟 + Ⓑ + 동사구

의미 기능 'A'와 'B'가 함께 '공동'으로 어떤 일을 하거나 함께 어떤 상황에 있음을 나타낼 때 사용한다.

사용 환경

1 출장, 여행 등에 대해 말할 때

① 甲：我刚从美国出差回来。
갑: 나 이제 막 미국 출장에서 돌아왔어.

乙：跟谁去的?
을: 누구하고 갔었어?

甲：我跟老王一块儿去的。
갑: 라오왕하고 같이 갔었어.

② 今年暑假，我要跟爸爸去巴黎度假。
올해 여름방학에 나는 아빠와 파리에 휴가를 보내러 가려고 한다.

2 물건 배치에 대해 말할 때

① 微波炉跟电视机不能放在一起。
전자레인지와 텔레비전은 같이 놓아서는 안 된다.

② 这套沙发跟那个茶几放在一起比较搭配。
이 소파를 그 탁자와 같이 두면 비교적 잘 어울리겠어요.

3 두 사람이나 두 물건의 공통점, 차이점을 말할 때

① 约翰跟汤姆都是美国人，都喜欢吃饺子。
존과 톰은 모두 미국 사람인데, 모두 물만두 먹는 것을 좋아한다.

② 学校跟公司不一样，学校有寒暑假，而公司没有。
학교와 회사는 다르다. 학교는 겨울방학과 여름방학이 있지만 회사는 없다.

③ 今天的天气跟昨天不一样，今天有点儿冷，昨天有点儿热。
오늘 날씨는 어제와 다르다. 오늘은 좀 춥지만 어제는 좀 더웠다.

주의

· 跟❷'과 '和'는 의미가 같다. 구어에서 더 많이 사용되는 표현은 '跟❷'이다.

075 跟/和/同/与……一样 ~와 같다
gēn　hé　tóng　yǔ　　　yíyàng

형태 구조 • Ⓐ + **跟/和/同/与** + Ⓑ + **一样** + 형용사

의미 기능 '동등하게 비교함'을 나타내거나 '두 개가 서로 같음'을 나타낼 때 사용한다.

사용 환경 — 높이, 크기, 장단점 등을 비교할 때

① 这孩子跟他爸爸一样高了。
　　이 아이는 아버지와 같이 키가 크다.

② 这幅古画跟(/和/同/与)那件古董一样值钱。
　　이 옛날 그림은 그 골동품과 같이 값어치가 있다.

③ 口语跟(/和/同/与)书面语一样重要。
　　구어는 문어와 같이 중요하다.

④ 历史和(/与)现实有时惊人地相似。
　　역사와 현실은 가끔 놀랍도록 비슷하다.

주의 • '跟……一样'과 '和……一样' '同……一样' '与……一样'의 의미는 모두 같다. '跟'은 구어체이고, '和'는 비교적 공식적인 상황에 쓰이며, '同'은 매우 공식적인 상황에 쓰인다. '与'는 매우 공식적인 격식체이다.

076 跟/和/同/与……相比 ~와 비교하다
gēn hé tóng yǔ   xiāngbǐ

형태 구조
- Ⓐ + 跟/和/同/与 + Ⓑ + 相比, 동사구
- Ⓐ + 跟/和/同/与 + Ⓑ + 相比, 형용사구
- 跟/和/同/与 + Ⓑ + 相比, 문장

의미 기능 두 개를 '비교'할 때 사용한다.

사용 환경

1 서로 다른 사람이나 사물, 사건의 특징을 비교할 때
① 小王跟小李相比矮了一些。 샤오왕은 샤오리와 비교하면 좀 작은 편이다.
② 和他老婆相比，他还小五岁呢。 그는 부인에 비해서 5살이 더 어리다.
③ 同他相比，我在工作经验方面还有很多不足。
    그와 비교하면 나는 업무 경력 방면에서 아직 많이 부족하다.
④ 和南方相比，北方的天气干燥多了。
    남쪽 지역에 비해서 북쪽 지역의 날씨는 많이 건조하다.
⑤ 法国跟中国相比，小多了。
    프랑스는 중국에 비해서 훨씬 작다.
⑥ 与北京相比，这个小县城的马路太窄了。
    베이징과 비교할 때 이 소도시의 길은 너무 좁다.
⑦ 写诗跟写小说相比，更需要在用字上下功夫。
    시를 쓰는 것은 소설을 쓰는 것에 비해서 글자 사용면에서 더 많은 공을 들일 필요가 있다.

2 동일한 사물이나 상황을 서로 다른 시기별로 비교할 때
① 他的口语水平和上学期相比，进步大多了。
    그의 말하기 실력은 지난 학기에 비해서 많이 발전했다.
② 跟刚出院时相比，他现在的身体好多了。
    막 퇴원했을 때와 비교하면 그의 현재 몸은 많이 좋아진 것이다.
③ 与十年前相比，中国的经济有了难以让人相信的变化。
    10년 전과 비교할 때 중국의 경제에는 믿기 힘들 정도의 변화가 있었다.

077

更 더욱
gèng

형태 구조
- 更+형용사
- 更+동사구

의미 기능 두 대상 간에 '정도가 더 심한 비교'를 나타낼 때 사용한다.

사용 환경

1 날씨를 비교할 때

① 北京的冬天很冷，哈尔滨的冬天比北京更冷。
베이징의 겨울은 춥다. 하얼빈의 겨울은 베이징보다 더 춥다.

② 北京的冬天有风沙，但春天的风沙更大。
베이징은 겨울에 모래 바람이 있는데, 봄의 모래 바람이 더 세다.

2 학업을 비교할 때

① 耶鲁学生睡得很少，哈佛学生睡得更少。
예일대학의 학생들은 잠을 조금 자는데, 하버드대학의 학생들은 더 적게 잔다.

② 你喜欢中文，我更喜欢。
너 중국어를 좋아하지. 나는 (너보다) 더 좋아해.

3 난이도를 비교할 때

① 我觉得拉小提琴比弹钢琴更难。
나는 바이올린을 켜는 것이 피아노를 치는 것보다 더 어렵다고 생각한다.

② 这种病比那种病更难治疗。
이 병은 그 병보다 더 치료하기 어렵다.

주의
- 중국어이 비교문형에서는 보통 '更'을 사용하지 않고, '汉语比英语难学。(중국어는 영어보다 배우기 어렵다.)'처럼 사용한다. 만약 '汉语比英语更难学。(중국어는 영어보다 더 배우기 어렵다.)'와 같이 사용했다면 '영어도 어려우나, 다만 비교했을 때는 중국어가 더 어렵다'는 의미를 내포한다.

UNIT 04

REVIEW

1 밑줄 친 부분에 대응되는 부분을 중국어 문장에서 찾아 표시해 보세요.

(1) 주어+<u>多</u>+동사+수량사(+명사구)
→ 你<u>多</u>吃点儿水果，少吃点儿肉，身体才能健康。

(2) 주어+<u>给</u>+A+B
→ 我<u>给</u>了儿子一张光盘，作为他的生日礼物。

(3) A+<u>跟/和/同/与</u>+B+相比, 동사구
→ 他的口语水平<u>和</u>上学期相比，进步大多了。

2 어법의 형태 구조를 떠올리며 제시된 낱말을 바른 순서로 배열해 보세요.

(1) 外语学习   重要   听说读写都   来说   非常   对

→ _____

(외국어 학습에 있어서 듣기, 말하기, 읽기, 쓰기는 매우 중요하다.)

(2) 慢   我的电脑   刚买回来时   多了   比起

→ _____

(내 컴퓨터는 막 사왔을 때보다 훨씬 느리다.)

(3) 你   班长   这次同学聚会   你是   来   非   不可

→ _____

(너는 반장이니까 이번 동기 모임에 네가 안 오면 안 돼.)

UNIT 05

078 怪……的~095 会 ②

078

怪……的 매우 ~하다
guài   de

형태 구조
- 주어 + 怪 + 형용사 + 的
- 주어 + 怪 + 동사 + 的

의미 기능 가볍게 평가하는 말투로, '비교적 정도가 심함'을 나타낼 때 사용한다.

사용 환경

1 어떤 사람이나 사물에 대해 평가할 때

① 这人怪讨厌的，总在背后说人坏话。
　이 사람 정말 얄미워. 늘 사람 뒤에서 뒷담화를 해.

② 这件衣服怪好看的，谁给你买的?
　이 옷 엄청 예쁘다. 누가 너한테 사 준 거야?

③ 这件衣服还没穿就过时了，怪可惜的。
　이 옷은 아직 입어 보지도 못했는데 유행이 지났네. 너무 아쉽다.

④ 这个房间怪脏的，等我打扫干净了你再进来吧。
　이 방은 너무 지저분하니 내가 깨끗하게 청소한 후에 들어와.

2 어떤 심리 상태를 표현할 때

① 好长时间没见他了，我怪想他的。
　오랜 시간 동안 그를 못 봐서 그가 매우 보고 싶다.

② 你刚才到底去哪儿了，弄得我怪担心的。
　너 아까 도대체 어디 갔었어? 날 엄청 걱정하게 만들고 말이야.

③ 这个孩子看起来让人怪心疼的。
　이 아이는 보는 사람을 매우 안쓰럽게 만든다.

주의
- '怪'와 '挺'은 의미가 같다. 모두 구어에서 사용하는데 '怪'의 구어적 색채가 더 강하다.

101

079

过 ~한 적이 있다
guo

형태 구조
- 동사 + 过
- 형용사 + 过

의미 기능 '과거'에 경험한 일이 '현재'에 '영향'을 미치거나 '의미'가 있을 때 그것을 '강조'하기 위해 사용한다.

사용 환경

1 해 본 일, 가 본 장소 등을 말할 때

① 我看过那部电影，挺有意思的。
나는 그 영화를 본 적이 있다. 매우 재미있었다.

② 这本书我去年就看过了，您还有别的书吗?
이 책은 내가 작년에 본 적이 있어. 다른 책 또 없어?

③ 我不但去过欧洲、非洲，我还去过南极洲。做导游，我的经历还不够吗?
나는 유럽, 아프리카뿐만 아니라 남극에도 가 본 적이 있어. 여행 가이드를 하는 데 내 경력이 아직도 부족해?

④ 他上午来过，现在在哪儿我可不知道。
그가 오전에 왔었는데, 지금은 어디에 있는지 모르겠다.

2 과거와 현재를 비교할 때

① 她小时候胖过，现在可苗条了。
그녀는 어릴 때 뚱뚱했었는데 지금은 아주 날씬해졌다.

② 前两天热过一阵子，今天又突然冷了下来。
엊그저께는 한참 덥더니 오늘은 또 갑자기 추워졌다.

주의

- 조사 '过'는 '어떤 동작이 이전에 발생한 적이 있거나 어떤 상태가 일찍이 존재했었음'을 나타낼 때 사용한다. 그 목적은 과거의 동작이나 상태만을 말하는 데 있지 않고 언급한 과거의 동작이나 상태가 '지금 현재 이야기하고 있는 일이나 화제와 관련이 있다는 것에 주목하도록' 하는 데 있다. 다시 말해, 현재 대화에 영향을 미치는 화제가 아니라면 '过'를 사용할 수 없다는 것이다. 예를 들어 '我读过那本书，可是内容已经忘得干干净净了。(나 그 책을 읽은 적이 있어. 그런데 내용은 이미 깨끗하게 잊어버렸어.)'라는 문장은 앞 문장의 내용이 뒤 문장의 내용과 관련이 있으므로 가능한 문장이지만, '我昨天晚上读过书就睡觉了。'라는 문장은 틀린 문장이다. 어젯밤에 책을 읽은 것과 잠을 잔 것은 서로 관련된 일이 아니라 시간의 순서대로 일어난 일이기 때문이다.

- 부정형태는 '没(有)'를 사용한다.
  예) 我学过汉语，没学过日语。나는 중국어를 배운 적이 있다. 일본어를 배운 적은 없다.
  我们都没有去过黄山。우리는 황산에 가 본 적이 없다.

- '吃过(guo)了'와 '吃过(guò)了'의 의미는 다르다. 전자는 '이미 무언가를 먹어서 현재 더 먹을 필요가 없다'는 뜻이고, 후자는 '많이 먹었다'는 뜻이다.

→ p.105의 **082** '还是❶' 참고

080

还❶ 아직

hái

형태 구조
- 주어 + 还 + 동사구
- 주어 + 还 + 형용사구

의미 기능
동작이나 상태가 계속 '지속'되어 변화가 발생하지 않았음을 나타낼 때 사용한다. 우선 어떤 동작의 존재나 상황의 발생이 배경으로서 앞에 제시되고, 예정된 규정이나 평소 상황대로 어떤 경험이나 행동이 끝났어야 함을 내포하는 말이 이어진다.

사용 환경

1 예상한 시간보다 지난 행위

① 都十点了，他还在图书馆看书。
벌써 10시인데 그는 도서관에서 아직도 책을 본다.

② 放学都三个钟头了，小米怎么还没回家?
학교가 끝난 지 3시간이나 됐는데, 샤오미는 왜 아직도 집에 안 오는 거야?

③ 他虽然年过七十，可身体还是那么好，每天还坚持跑三千米。
그는 비록 70살이 넘었지만 몸이 여전히 아주 좋다. 매일 3000미터 조깅도 꾸준히 하고 있다.

2 기대한 상황이 일어나지 않거나 기대한 대로 변화하지 않았을 때 (기후, 심정 등)

① 虽然是春天了，但天气还很冷。
비록 봄이 되었지만 날씨는 여전히 춥다.

② 跟女朋友分手都两年了，他的心情还不太好。
여자 친구와 헤어진 지 2년이나 되었는데, 그의 기분은 여전히 별로다.

081
还❷ 훨씬 더
hái

형태 구조 · Ⓐ+比+Ⓑ+还(要)+형용사구

의미 기능 '정도'가 '증가'함을 나타낼 때 사용한다. 어떤 일이나 상황이 더 깊이 발전되거나 진행됨을 나타낸다. 종종 감탄의 어감을 띤다.

사용 환경

1 사람의 키, 사물의 외관 등을 평가해서 말할 때

① 十岁的孩子比他爸爸还(要)高，真让人难以相信。
10살 아이가 아빠보다 더 키가 크다니 정말 믿기 힘들다.

② 黄山比想象的还(要)美十倍，真是无法想象。
황산은 상상보다 10배 더 아름다웠다. 정말 상상조차 못했다.

2 공간의 크기, 물건의 무게 등에 대해 평가해 말할 때

① 那间教室只能坐十个人，这间教室竟然比那间还(要)小。
이 교실은 10명만 앉을 수 있다. 이 교실은 의외로 그 교실보다 더 작다.

② 他房间里的书堆得比小山还高。
그의 방 안의 책은 동산보다 더 높게 쌓여 있다.

③ 这个箱子看起来不大，竟然比我的还重。
이 트렁크는 보기에는 커 보이지 않지만 의외로 내 것보다 훨씬 무겁다.

3 정도를 비교할 때

① 你说你能吃苦，他比你还(要)能吃苦。
너는 네가 고생을 견딜 줄 안다고 하는데, 그 사람이 너보다 더 고생을 견딜 줄 알아.

② 你已经很认真了，她比你还认真。
너는 이미 열심히 했겠지만 그녀가 너보다 더 열심히 했어.

주의
- '还❷' 대신에 '还要'를 써도 된다. '还❷' 뒤에 '要'가 오면 더 강한 어감을 띠며, 여기에서 '要'는 음절 수를 맞추는 역할을 하기도 한다.

→ p.103의 080 '还❶' 참고

082 还是❶ 여전히
háishì

형태 구조
- 주어 + 还是 + 동사구
- 주어 + 还是 + 형용사구

의미 기능 상식이나 예기된 것에 위반되는 동작이나 상태가 '지속'되어 변하지 않음을 나타낼 때 사용한다.

사용 환경

1 학업, 업무 등에 대해 말할 때

① 在中国待了半年了，他的口语还是没有多大的进步。
중국에 머문 지 반년이 되었는데 그의 말하기 실력은 여전히 그다지 큰 발전이 없다.

② 我把作文又改了一遍，可还是不满意。
나는 글짓기한 것을 또 한 차례 고쳤지만 여전히 만족스럽지 않다.

③ 他还是像以前那样，工作特别忙。
그는 여전히 이전처럼 그렇게 일이 매우 바쁘다.

2 기후에 대해 말할 때

① 都已经是冬天了，可她还是穿着短裙。
벌써 겨울이 되었지만 그녀는 여전히 짧은 치마를 입고 있다.

② 五月的波士顿还是下着鹅毛大雪。
5월의 보스톤은 아직도 함박눈이 내리고 있다.

③ 都已经秋天了，天气还是那么热。
벌써 가을이 되었지만 날씨는 여전히 너무 덥다.

3 품질, 수량 등에 대해 말할 때

① 这件衣服穿了很多年了，还是像新的一样。
이 옷은 입은 지 오랜 세월이 지났지만 여전히 새것과 똑같다.

② 虽然今年很少下雨，但玉米的产量还是那么高。
비록 올해 비가 조금 왔지만 옥수수 생산량은 여전히 매우 많다.

4 어떤 상태의 불변에 대해 말할 때

① 多年不见，你还是那么年轻。
여러 해 못 만났는데, 너는 아직도 매우 젊구나.

② 这双鞋都洗了两遍了，还是有点儿脏。
이 신발은 두 번이나 닦았는데, 아직도 좀 더럽다.

주의
- '还是❶'와 '还❶' 둘 다 기본적인 용법은 같다. 그러나 '还是❶'가 '还❶'보다 더 강조하는 의미가 있다.

➡ p.120의 **096** '或者' 참고

083

还是❷ 아니면
háishì

형태 구조
- (是)＋동사구＋还是＋동사구
- 명사구＋还是＋명사

의미 기능 비교하고 생각한 끝에 '두 항목' 중 하나를 '선택'할 때 사용한다.

사용 환경 **1** 수업, 수업 외 활동, 방학 계획 등을 말할 때

① 你(是)学中文还是学日文？
너는 중국어를 공부해, 아니면 일본어를 공부해?

② (是)练毛笔字还是练钢笔字，你自己决定吧。
붓글씨를 연습할래, 아니면 펜글씨를 연습할래? 네가 결정해.

③ 下了课，我们(是)去操场还是去宿舍？
수업 끝나고 우리 운동장에 갈까, 아니면 기숙사에 갈까?

④ 暑假(是)回国还是去旅游，你自己拿主意吧。
여름방학에 귀국할지 아니면 여행할지 네가 정해.

2 교통수단, 용품, 음식 등의 문제에 대해 말할 때

① 去中国，你(是)坐飞机还是坐轮船？
중국에 갈 때 너는 비행기를 타, 아니면 배를 타?

② 我不知道，吃中国饭(是)用筷子还是用叉子，你能告诉我吗？
나는 중국 음식을 먹을 때 젓가락을 사용하는지 아니면 포크를 사용하는지 잘 몰라. 나한테 가르쳐 줄 수 있어?

③ 你喜欢吃什么？米饭还是面条？
너는 뭘 먹는 걸 좋아해? 밥 아니면 국수?

3 상대방의 의견, 태도 등을 물을 때

① 对于这个计划，你是同意还是不同意？
이 계획에 대해서 너는 동의해, 아니면 동의하지 않아?

② 明天的会议是老王去还是老李去？你觉得谁去比较好？
내일 회의는 라오왕이 가, 아니면 라오리가 가? 너는 누가 가는 게 더 낫다고 생각해?

> **주의**
> - 자주 '是'와 함께 쓰여 '是……还是……'와 같이 사용한다. '是'는 보통 생략할 수 있다.
> - 보통 선택을 묻는 의문문에 사용한다. 평서문에 사용된다고 하더라도 의문의 의미를 지닌다.

---

084 还是 ❸ ~하는 게 낫다
háishì

형태 구조
- 还是 + 동사구
- 还是 + 문장

의미 기능
비교하고 생각한 끝에 비교적 합리적이고 알맞은 것을 '제안'할 때 사용한다.

사용 환경

1 소풍, 여행에 대한 의견을 제시할 때

① 我看还是去动物园吧，植物园太远了。
내가 보기에 동물원에 가는 게 낫겠어. 식물원은 너무 멀어.

② 咱们还是去泰国度假吧，欧洲太贵了。
우리 태국에 가서 휴가를 보내는 게 낫겠어. 유럽은 너무 비싸.

2 학업, 업무에 대한 의견을 제시할 때

① 你还是自己找个语伴练习口语吧，这比光听录音效果好。
너는 혼자 언어 파트너를 구해서 말하기 연습을 하는 게 낫겠어. 그게 녹음만 듣는 것보다 효과가 좋을 거야.

② 就快考试了，我们还是不要去玩儿了，好好儿复习吧。
곧 시험인데, 우리 놀러 가지 않는 게 좋겠어. 열심히 복습하자.

③ 还是让他自己总结吧，这样会记得牢一些。
그 스스로 총정리하게 두는 게 좋겠어. 그러면 좀 확실하게 기억할 수 있을 거야.

④ 你今晚别睡了，还是赶快把工作做完吧。
너 오늘 밤 자지 마. 되도록 빨리 일을 끝내는 게 좋겠어.

3 식사, 휴식 등의 일상생활 활동에 대해 의견을 제시할 때

① 大家还是少吃点儿辣的吧，对胃不好。
모두들 매운 것을 좀 덜 먹는 게 좋겠어. 위에 안 좋아.

② 你还是早点儿睡吧，明天还得上早班呢。
너는 좀 일찍 자는 게 좋겠어. 내일 또 일찍 출근해야 하잖아.

→ p.121의 **097** '……极了', p.295의 **254** '真' 참고

085

好❶ 꽤
hǎo

형태 구조
- 好 + 형용사!
- 好 + 형용사 + 的 + 명사구

의미 기능 '정도'가 비교적 '심함'을 나타낼 때 사용한다. 감탄의 어감을 많이 띠고 있다.

사용 환경 — 어떤 사람이나 물건에 대해 칭찬할 때

① 这棵树长得好高啊！ 이 나무는 꽤 높이 자랐다!
② 好大的广场！ 정말 큰 광장이다!
③ 今天街上好热闹！ 오늘 길이 꽤 시끌벅적하다!
④ 这小姑娘，长得好漂亮哟！ 이 꼬마 아가씨 꽤 예쁘게 생겼다!

주의
- '好❶+형용사'는 뒤에 수식어를 가지고 올 수 있지만 '真+형용사'는 뒤에 수식어를 가지고 올 수 없다. 예를 들어, '好大的胆子。(아주 큰 담이로세)'라고는 사용할 수 있지만, '真大的胆子。'라고는 사용할 수 없다.

086
好❷
hǎo

➜ p.215의 **182** '……完' 참고

형태 구조 • 주어+동사+好(了)+명사구

의미 기능 동작의 행위가 이미 완료되어 '기준이나 요구 조건에 달했음'을 나타낼 때 사용한다.

사용 환경

1 숙제나 업무 등을 말할 때

① 我们已经做好了所有的作业。
우리는 이미 모든 숙제를 다 끝냈다.

② 工作(我们)已经做好了。
일은 (우리가) 이미 다 끝냈다.

③ 五号教学楼上个月已经建好了。
5호 강의실 건물은 지난달에 이미 다 지었다.

2 집안 정리, 요리 등 집안일을 말할 때

① 客人就要来了，我们得把房间收拾好。
손님이 곧 오실 테니 우리가 방을 깔끔히 치워야 해.

② 你铺好床以后把脏衣服都拿去洗一洗。
너 잠자리를 다 정리한 후에 지저분한 옷을 가져가서 좀 빨아라.

③ 午饭做好了，快来吃吧!
점심 다 해 놓았으니 빨리 와서 먹어!

주의
- '好❷'는 '훌륭하다'라는 의미 없이, '완료'만을 나타낸다. 그러나 '好❷'가 나타내는 '완료'는 '完'과는 또 다르다. '(做作业)做完了。'는 숙제하는 '과정의 완성'만을 의미하는 데 반해 '(做作业)做好了'는 '숙제하는 과정이 이미 끝났다는 것뿐만 아니라 요구 기준에 달했다'는 의미를 나타낸다.

087 好好儿 ❶ 제대로, 잘
hǎohāor

형태 구조 • 주어 + 好好儿

의미 기능 어떤 일의 방식이나 상태를 '강조'할 때 사용한다.

사용 환경

1 학업, 업무 태도 등에 대해 말할 때

① 母亲：快考试了，你得好好儿复习功课。
어머니: 곧 시험이니까 학과목을 열심히 복습해야 한다.

孩子：行。不过考试以后，我得好好儿地玩儿几天。
아이: 네. 그런데 시험 이후에는 저 며칠 실컷 놀 거예요.

② 你刚来公司，一定要好好儿表现。
너는 이제 막 회사에 들어왔으니 반드시 잘해야 한다.

2 집안일, 휴식 등 일상 활동에 대해 말할 때

① 太累了，我想好好儿休息几天。
너무 피곤해서 며칠 푹 쉬고 싶다.

② 别着急，大家好好儿想想先做什么后做什么。
서두르지 말고 모두들 먼저 뭘 하고 다음에 뭘 할 것인지 잘 생각해 보세요.

3 의사소통, 담화 방식, 태도 등을 말할 때

① 你们俩好好儿说话，别整天吵个不停。
너희 둘 제대로 대화를 해. 하루 종일 끊임없이 싸우지 말고.

② 你好好儿跟他商量一下，看看他是怎么想的。
그 사람과 잘 상의해 봐. 그가 어떻게 생각하는지 봐 봐.

4 방법을 생각할 때

① 大家再好好儿想想，看看有什么办法。
모두들 다시 잘 생각해 보세요. 어떤 방법들이 있을지 좀 보세요.

② 他提的建议，我们再好好儿考虑一下。
그가 제기한 건의에 대해 우리 다시 잘 고려해 봅시다.

주의 • '好好儿❶'에서 강세는 두 번째 음 '好(hǎo)'에 있다. 이러한 형식의 단어로 '慢慢儿(mànmānr, 천천히)' 등이 있다.

예 你慢慢儿说，别着急，时间有的是。
천천히 말해. 서두르지 말고. 있는 게 시간이야.

学汉字得一笔一划地慢慢儿写，快了，字就乱了。
한자를 배울 때는 또박또박 천천히 써야 해. 빠르면 글자가 흐트러져.

088
好好儿❷ 좋다, 멀쩡하다
hǎohāor

형태 구조
- 주어+好好儿的
- 好好儿的+명사구
- 주어+동사+得+好好儿的

의미 기능 물건이나 상황이 '정상적'이고 '완벽함'을 나타낼 때 사용하며, 이어지는 뒤 문장에는 종종 의외의 상황이 등장한다. 구어적 색채가 강한 표현이다.

사용 환경

1 기후가 이상하게 변할 때

① 刚才天还好好儿的，这会儿却下起雨来了。
아까까지만 해도 날씨가 좋더니 지금은 도리어 비가 오기 시작해.

② 你看，好好儿的天气，说变就变，真奇怪。
봐 봐, 좋던 날씨가 그 말이 떨어지기 무섭게 변하네. 정말 이상하다.

2 의복, 기구, 물품 배치 등에 변화가 생기거나 온전한 데서 문제가 발생했을 때

① 好好儿的一件大衣，让你烧了个洞，真可惜。
멀쩡한 옷 한 벌이 너로 인해 다시 구멍이 나다니, 정말 아깝다.

② 好好儿的一部新手机让你弄坏了，真是的!
멀쩡한 새 휴대전화 한 대가 너로 인해 망가지다니, 참!

③ 那些报纸和书刚才还放得好好儿的，一转身你就给弄乱了。
그 신문과 책들이 아까까지만 해도 잘 놓여 있었는데, 내가 돌아서기 무섭게 네가 흐뜨려 놓았구나.

주의 • '他们一直站得好好儿的。(그들은 계속 잘 서 있었다.)'처럼 상황이 계속 지속되고 매우 정상적일 때도 사용할 수 있다. 이때는 주로 '주어+동사+得+好好儿的' 문형이 사용된다.

089

好吗? ~할래요?
hǎo ma?

형태 구조 • 문장 + 好吗?

의미 기능 상대방에게 '건의'하거나 '의견을 물을 때' 사용한다. 부드러운 어감을 띤다.

사용 환경

1 같이 행동하자고 건의할 때

① 大家都累了，我们一起去吃饭好吗？我请客。
다들 피곤하지. 우리 같이 밥 먹으러 갈까? 내가 쏠게.

② 星期天你陪我去新华书店好吗？
일요일에 나랑 같이 신화서점에 갈래?

③ 下午5点去踢球，好吗？
오후 5시에 축구하러 가자. 어때?

2 교환, 매매 등을 할 때

① 玛丽，我们换一下房间好吗？我父母要来住几天。
마리야, 우리 서로 방 바꿀래? 우리 부모님이 와서 며칠 머무르실 거야.

② 这件衣服便宜点儿卖给我，好吗？
이 옷을 제게 싸게 파세요. 네?

주의 • '好吗?' 앞에서 잠시 멈추었다 말하면 '부드러운 어감'에서 '간청'하는 어감으로 바뀌게 된다.

090

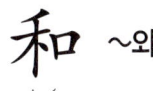 ~와
hé

형태 구조
- 명사구❶ 和 명사구❷
- 명사구❶、명사구❷、……和 명사구ⓝ

의미 기능 '명사 성분'을 '병렬'하여 연결할 때 사용한다.

사용 환경

1 장소에 대해 말할 때

① 吉林和辽宁我都去过。
지린성과 랴오닝성은 내가 모두 가 본 적이 있다.

② 我不但去过纽约、华盛顿和波士顿，还去过多伦多和温哥华。
나는 뉴욕, 워싱턴 그리고 보스턴도 가 본 데다 토론토와 밴쿠버도 가 본 적이 있다.

2 사람에 대해 말할 때

① 昨天教师节，我去看望了赵老师和王老师。
어제는 스승의 날이어서 나는 쟈오 선생님과 왕 선생님을 찾아뵈었다.

② 小布什和奥巴马的就职演说，我都听过。
부시와 오바마의 취임사를 나는 모두 들어 봤다.

3 취향에 대해 말할 때

① 爷爷特别喜欢游泳和围棋。
할아버지는 여행과 바둑을 특히 좋아하신다.

② 排球、篮球、网球和气球，我什么球都玩儿过。
배구, 농구, 테니스, 풍선 등 나는 어떤 공이든 다 가지고 놀아 본 적이 있다.

4 색깔, 복식 등에 대해 말할 때

① 我喜欢黑色、蓝色和黄色。
나는 검은색, 파란색, 노란색을 좋아한다.

② 她平时经常穿牛仔裤和运动鞋。
그녀는 평소에 청바지와 운동화를 자주 착용한다.

주의
- 연결되는 내용이 세 개 이상이 될 때는 '和'를 가장 마지막 항목 앞에 한 번만 위치시킨다.
  - 예) 北京、上海、天津和重庆都是中国的直辖市。
    베이징, 상하이, 텐진, 충칭 모두 중국의 직할시이다.
- 일반적으로 '和'는 대부분 명사 성분들을 연결하지만, 공식적인 상황에서는 동사 성분들도 연결할 수 있다. 단, 이때 동사는 이음절 동사여야 하며, 공동으로 수식하는 성분이나 배치되는 성분이 있어야 한다.
  - 예) 昨天领导组织大家买和看了新版宪法。(×)
    昨天领导组织大家购买和阅读了新版宪法。(○)
    어제 임원이 여러분을 그룹으로 데리고 가서 새 헌법을 구매해서 읽게 했습니다.

→ p.306의 **264** '最' 참고

091
很❶ 매우, 아주
hěn

형태 구조
- 很 + 형용사
- 很 + 동사구

의미 기능 '심한 정도'를 나타낼 때 사용한다.

사용 환경 — 다른 사람이나 물건을 칭찬할 때

① 这间屋子很大，足够我们五个人住了。
이 방은 아주 커서 우리 다섯 명이 묵기 충분하다.

② 他刚才讲了一个很有趣的故事，我们都笑得睡不着了。
그가 방금 매우 재미있는 이야기를 해서 우리는 잠을 못 잘 정도로 웃었다.

③ 张老师的课我很喜欢，每个学期我都选。
나는 장 선생님의 수업을 아주 좋아해서 매 학기마다 항상 선택한다.

④ 我对你的经历很感兴趣，我能给你写传记吗?
저는 당신의 경험에 대해 관심이 많습니다. 제가 당신에게 전기를 써 드려도 될까요?

주의
- '很❶+동사구'에서 동사는 '심리상태'를 나타내는 동사여야 한다. 예를 들어 '喜欢(좋아하다)' '讨厌(싫어하다)' '感兴趣(흥미를 느끼다)' 등이 있다.
- '很❶+동사구'에서 동사구는 '有+명사구' 형태가 될 수도 있다. 예를 들어 '有趣(재미있다)' '有钱(부유하다)' '有想法(생각이 있다)' 등이 있다.

092 형용사의 대비적 의미를 없애는 很

hěn

형태 구조 • 很 + 형용사

의미 기능 원래 형용사는 수식어 없이 단독으로 쓰이면 '어떤 것보다 어떠하다'라는 '대비'의 의미를 지니지만, '很'이 형용사 앞에 붙어 '很+형용사' 형태가 되면 형용사가 지닌 '대비'의 의미가 없어진다. 그리고 이때 '很'이 가진 본래 의미인 '매우'라는 뜻도 없어진다.

사용 환경

1 날씨나 물품에 대해 말할 때

① 昨天天气冷，但今天很热。
어제는 날씨가 추웠는데, 오늘은 덥다.

② 他家的餐桌很大，可书桌有点儿小。
그의 집 식탁은 큰데, 책상은 좀 작다.

2 사람이나 동식물에 대해 말할 때

① 这个演员很漂亮，大家都很喜欢她。
그 배우는 예뻐서 모두들 그녀를 좋아한다.

② 我喜欢猴子，因为猴子很聪明；我也喜欢狗，因为狗很忠诚；但我不喜欢大象，因为大象很笨。
나는 원숭이를 좋아한다. 왜냐하면 원숭이는 똑똑하기 때문이다. 나는 개도 좋아한다. 왜냐하면 개는 충성스럽기 때문이다. 그러나 나는 코끼리는 싫어한다. 왜냐하면 코끼리는 멍청하기 때문이다.

③ 我去过他们国家，那个地方树很多。
나는 그들 나라에 가 본 적이 있다. 그곳에는 나무가 많다.

주의

• '这间屋子很大。(이 방은 크다.)'라는 문장을 읽을 때, 강세를 '大'에 두면 '很'은 형용사가 가지는 '대비성'을 없애는 역할을 한다. '很'에 강세를 두면 '非常大(아주 크다)'라는 의미가 강조된다.

093
……坏了 매우 ~하다
huài le

형태 구조
- 주어 + 형용사 + 坏了
- 형용사 + 坏了 + 명사구

의미 기능 '부정적인 결과가 극에 달했음'을 나타낼 때 사용한다. 구어적 색채기 강한 표현이다.

사용 환경

1 어떤 심리적인 상태에 대해 말할 때

① 孩子肚子痛，爸爸找不到医生，急坏了。
아이가 배가 아픈데 아빠는 의사를 찾을 수 없어 몹시 애가 탔다.

② 这孩子，常常撒谎，可把妈妈气坏了。
이 아이는 자주 거짓말을 해서 엄마를 몹시 화나게 했다.

2 어떤 행동으로 인한 안 좋은 결과에 대해 말할 때

① 今天来的病人特别多，忙了一天，把护士们都忙坏了。
오늘 온 환자가 특히 많아서 하루 종일 바빴다. 간호사들을 몹시 지치게 했다.

② 饿坏了你没事，饿坏了孩子可不得了。
네가 굶어서 힘든 거야 괜찮지만 애를 굶겼다가는 큰일 난다.

③ 忙了一天，把我累坏了。
하루 종일 바빴다. 나를 몹시 지치게 했다.

주의
- '坏了'라는 글자가 늘 여기에서 다룬 것처럼 '정도'를 나타내지는 않는다. '他把门踢坏了。(그들은 문을 차서 망가뜨렸다.)'라는 문장 속 '坏了'는 '坏'가 '망가지다'라는 본래의 의미를 지니면서 '了'와 결합한 경우이다.
- 정도를 나타낼 때의 '坏了' 앞 동사나 형용사는 '사동'의 의미를 가진다. 예를 들어 '急(급하다)' '气(화가 나다)' '饿(배고프다)' '忙(바쁘다)' 등이 있다. '慢(느리다)' '短(짧다)'처럼 사동의 의미가 없는 단어는 이 문형을 사용할 수 없다.

094

会① ~할 줄 안다
hui

➡ p.169의 **140** '能①' 참고

형태 구조
- 주어 + 会 + 동사구
- 주어 + 会 + 명사

의미 기능 '재능'이나 '능력'을 가지고 있거나 어떤 일에 '능숙함'을 나타낼 때 사용한다.

사용 환경

1 학업 능력이나 어떤 방면의 기술에 대해 말할 때

① 他会说英语，也会说汉语。
그는 영어를 말할 줄 알고 또한 중국어도 말할 줄 안다.

② 我会说中文，但不会写汉字。
나는 중국어는 말할 줄 알지만 한자는 쓰지 못한다.

③ 你会不会计算机？帮我个忙好不好？
너 컴퓨터 할 줄 알아? 나 좀 도와줄래?

④ 爸爸不仅会修电脑，还会修手机呢！
아빠는 컴퓨터도 수리하실 수 있는 데다 휴대전화도 수리하실 수 있어!

2 식사, 집안일 등 일상생활에 대해 말할 때

① 他会做饭，而且做得很好吃。
그는 밥을 할 줄 아는데, 아주 맛있게 만들기까지 한다.

② 这种人很会过日子。
이런 사람들이 아주 잘 산다.

3 운동에 대해 말할 때

① 别看他天天谈足球，自己根本就不会踢足球。
그 애는 매일 축구 얘기만 하는데 보는 것과 달리 그 애는 전혀 축구를 할 줄 모른다.

② 我不会游泳，咱俩比长跑吧。
나는 수영을 할 줄 몰라. 우리 오래달리기 시합을 하자.

095

会 ❷ ~할 것이다, ~했을 것이다
huì

형태 구조 • 주어 + 会 + 동사구

의미 기능 사건이 발생하거나 실현되거나 존재할 '가능성'이 '있음'을 나타낼 때 사용한다. 보통 '미래'의 일에 사용하지만, '과거'나 '현재'의 일에도 사용할 수 있다.

사용 환경

1 협상이나 교섭을 할 때

① 不管你提什么要求，他都会答应。
네가 어떤 요구를 하든 그 사람은 다 들어줄 거야. (미래의 가능성)

② 要是去年，我会答应你的要求，但今年不行。
만약 작년이었다면 내가 너의 요구를 들어줬겠지만 올해는 안 돼. (과거의 가능성)

2 장소나 사람을 찾을 때

① 别着急，他们有地图，会找到车站的。
조급해하지 마. 그들은 지도를 가지고 있으니까 정류장을 찾을 수 있을 거야. (미래의 가능성)

② 现在爸爸不会在家里，他可能在办公室呢。
지금 아버지는 집에 안 계실 거야. 아마 사무실에 계실걸. (현재의 가능성)

3 학업에 대해 말할 때

① 你们的学生会不会到我们学校来念书？
너희 학생이 우리 학교에 와서 다니지는 않을까? (미래의 가능성)

② 这个句型老师会教我们的，你别着急。
이 문형은 선생님이 우리에게 가르쳐 주실 거야. 조급해하지 마. (미래의 가능성)

③ 你怎么会自己学过汉语拼音，而且发音还这么标准呢？
너 어떻게 한어병음을 혼자 배울 수 있었어? 게다가 발음도 이렇게 정확하고 말이야. (과거의 가능성)

주의 • '会❷'는 '발생할 가능성이 큼'을 의미한다. 따라서 '如果太阳会从西边出来，我就嫁给你。(만약 태양이 서쪽에서 뜨면 내가 너한테 시집갈게.)'와 같은 문장은 그다지 자연스럽지 않다.

REVIEW

1 밑줄 친 부분에 대응되는 부분을 중국어 문장에서 찾아 표시해 보세요.

(1) 주어+怪+<u>형용사</u>+的
→ 这件衣服怪<u>好看</u>的，谁给你买的？

(2) 주어+<u>동사</u>+好(了)+명사구
→ 我们已经<u>做</u>好了所有的作业。

(3) <u>형용사</u>+坏了+명사구
→ <u>饿</u>坏了你没事，<u>饿</u>坏了孩子可不得了。

2 어법의 형태 구조를 떠올리며 제시된 낱말을 바른 순서로 배열해 보세요.

(1) 高   小山   他房间里的书   比   还   堆得

→ _____
(그의 방 안의 책은 동산보다 더 높게 쌓여 있다.)

(2) 学中文   学日文   你是   还是

→ _____
(너는 중국어를 공부해, 아니면 일본어를 공부해?)

(3) 经常   运动鞋   穿   牛仔裤   和   她平时

→ _____
(그녀는 평소에 청바지와 운동화를 자주 착용한다.)

096 或者~113 可以 🅑

→ p.106의 083 '还是🅐' 참고

096

或者 혹은
huòzhě

형태 구조
- Ⓐ + 或者 + Ⓑ
- 或者 + Ⓐ, 或者 + Ⓑ

의미 기능 '선택'을 나타낼 때 사용한다. 두 개의 항목 중에 하나를 선택하도록 하는 것이 일반적이나, 여러 개 항목 중에서 선택하도록 하는 것도 가능하다.

사용 환경

1 언어 사용, 수업 선택 등에 대해 말할 때

① 英语或者法语，在这儿都可以作为工作语言。
영어나 불어가 여기에서는 모두 업무상 공용어가 될 수 있다.

② 你可以选中文或者选法文，这两门课都可以拿语言必修课的学分。
너는 중국어를 선택해도 되고 프랑스어를 선택해도 된다. 이 두 과목 모두 언어 필수 과목 학점을 받을 수 있다.

2 식당이나 음식을 선택할 때

① 去中餐馆或者西餐馆都行，你自己决定吧。
중국 음식점에 가든 양식집에 가든 모두 괜찮으니까 네가 결정해.

② 或者茶，或者牛奶，喝什么都行。
차든 우유든 뭘 마셔도 된다.

3 방 배치에 대해 말할 때

① 这幅名画，或者挂在卧室，或者挂在客厅。
이 명화는 침실에 걸거나 아니면 거실에 걸자.

② 这个房间，或者你用，或者给妹妹用，你们自己商量吧。
이 방을 네가 사용할지 아니면 여동생이 사용할지 너희들이 알아서 상의해라.

4 시합에 대해 말할 때

① 任何比赛只有三种结果：或者赢，或者输，或者不输不赢，平了。
어떤 시합이든 세 가지 결과만 있을 뿐이다. 이기는 것 혹은 지는 것 아니면 이기지도 지지도 않고 비기는 것이다.

② 每个人只能参加一种比赛，乒乓球或者篮球。
모든 사람은 탁구나 농구 중 한 가지 시합에만 참가할 수 있다.

주의 • '或者'와 '还是❷' 모두 '선택'과 관련된 연결사이다. '或者'는 평서문이나 명령문에서 사용하고, '还是❷'는 의문문에서만 사용한다.

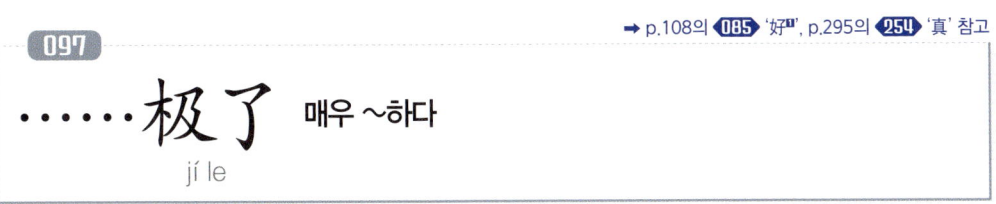

→ p.108의 085 '好❶', p.295의 254 '真' 참고

097 ······极了 매우 ~하다
jí le

형태 구조
• 형용사 + 极了
• 동사 + 极了

의미 기능 '정도의 심함'을 나타내는 구어적 표현으로, 과장하는 의미가 있어서 감탄할 때 많이 사용한다.

사용 환경

1 가정생활에 대해 말할 때

① 爸爸，你做的饭好吃极了，我还想再吃一点儿。
아버지, 아버지가 만든 음식이 너무 맛있어서 좀 더 먹고 싶어요.

② 他平时不爱干净，但今天把房间收拾得干净极了，因为女朋友要来。
그는 평소에 깨끗하지 않지만 오늘은 방을 엄청 깨끗하게 정리했다. 여자 친구가 올 것이기 때문이다.

③ 昨天晚上我睡得好极了，一觉睡到天亮。
어젯밤에 나는 잠을 엄청 잘 잤다. 날이 밝을 때까지 잤다.

2 **새로운 일에 대해 말할 때**

① 现在的火车快极了，有的1小时跑350多公里。
오늘날 기차는 엄청 빨라졌다. 어떤 것은 1시간에 350여 킬로미터를 달린다.

② 现在微信的传播速度快极了，有些消息很快大家就知道了。
오늘날 위챗의 전파 속도가 무척 빨라졌다. 어떤 정보들은 사람들이 빠른 시간 내에 금방 알게 된다.

3 **사람의 컨디션이나 심리적 느낌에 대해 말할 때**

① 爷爷现在的精神状态好极了，每天天一亮就跟老朋友们去公园练歌。
할아버지는 지금 컨디션이 매우 좋으시다. 매일 날이 밝기만 하면 친구분들과 공원에 노래 연습하러 가신다.

② 老板对我最近的工作表现满意极了，奖了我一辆自行车。
사장님이 나의 요즘 업무 태도에 매우 만족하시어 내게 자전거 한 대를 포상으로 주셨다.

주의

- '형용사+极了'에서 형용사는 '快(빠르다)' '好(좋다)' '漂亮(예쁘다)' '痛快(통쾌하다)'처럼 '정도의 차이'가 나타나는 단어여야 한다.

- '동사+极了'에서 동사는 '喜欢(좋아하다)' '讨厌(싫어하다)' '感兴趣(흥미를 느끼다)'와 같은 '심리동사'여야 한다.

- '형용사+极了'는 감탄의 어감을 띠는 표현으로, 진술하는 문장에 쓰일 수 없으며, 관형어로도 사용될 수 없기 때문에 '这是一本好看极了的书.'처럼 사용할 수 없다. '这是一本好看的书。(이것은 재미있는 책이다.)'나 '这本书好看极了。(이 책은 정말 재미있다.)'처럼 사용하는 것은 가능하다.

- 공식적인 상황에서는 '极为'를 사용한다. '极为'는 진술하는 문장에서도 사용할 수 있다.

  예) 他的普通话极为标准。 这是一本极为好看的书。
  그의 보통화는 매우 정확하다. 이것은 매우 재미있는 책이다.

098

几 몇
jǐ

➜ p.087의 **065** '多少' 참고

형태 구조 • 几 + 양사 + 명사

의미 기능 '수량'을 묻거나 대략적으로 예측해 말할 때 사용한다. 화자가 생각하기에 수량이 적다고 생각할 때 사용하며, 이 수량은 보통 10을 넘지 않는다.

사용 환경

1 수량이나 가격 등에 대해 물을 때

① 今天开会你们部门去了几个人?
오늘 회의할 때 너희 부서에서는 몇 명 갔어?

② 你买了几个面包?
너 빵 몇 개 샀어?

③ 甲：这个小泥人要几块钱?
갑: 이 흙 인형 얼마예요?

乙：不贵，没几块，你就给8块吧!
을: 비싸지 않아요. 얼마 안 해요. 8위안만 주세요.

2 대략적이고 정확하지 않은 시간이나 수량 등을 말할 때

① 他几个月都不跟我联系了。
그는 몇 개월 동안이나 내게 연락하지 않았다.

② 咱们几个去打球吧。
우리 몇 명이서 공놀이하러 가자.

③ 他只买了几个苹果，自己还吃了一半。
그는 사과 몇 개만 사서 자기가 반이나 먹었다.

④ 我想送几本书给他做生日礼物。
나는 생일선물로 책 몇 권을 그에게 주고 싶다.

주의 • '几'는 셀 수 있는 물건에만 사용하지만, '多少'는 셀 수 없는 물건에도 사용할 수 있다. 따라서 '几' 뒤에는 반드시 수량을 가지는 명사가 와야 하고, '多少' 뒤에는 양사를 붙여도 되고 붙이지 않아도 된다. 예를 들면, '水(물)'처럼 '셀 수 없는 명사'는 '你要几水?'가 아니라 '你要多少水?(물이 얼마나 필요하세요?)'처럼 사용하는 것이 맞다. 또, '几'는 10 이내의 수량을 나타내지만, '多少'는 나타내는 수량에 제한이 없으며, '几'가 '多少'보다 더 구어적 색채가 강하다.

099

几点 몇 시
jǐ diǎn

➡ p.201의 **170** '什么时候' 참고

형태 구조
- 시간사 + 几点?
- 주어 + 几点 + 동사구?

의미 기능 '시간'을 물을 때 사용한다.

사용 환경 — 시간을 물을 때

① 妈妈，我们几点出发?
어머니, 우리 몇 시에 출발해요?

② 小王，经理几点能到公司啊?
샤오왕, 사장님은 몇 시에 회사에 오실까?

③ 甲: 今天的会几点开始?
갑: 오늘 회의는 몇 시에 시작해요?

乙: 八点半。
을: 8시 반이요.

甲: 现在几点了?
갑: 지금 몇 시예요?

乙: 八点了。/ 八点多了。/ 不到八点。/ 八点差十分。
을: 8시요. / 8시 넘었어요. / 8시 안 됐어요. / 8시 되기 10분 전이에요.

주의
- 시간을 알려 줄 때, 시간이 딱 정시이면 바로 '……点'이라고 말하면 된다. 정시가 아니라면 보통 '不到……点'이나 '……点多'로 시간의 범위를 나타내어 말하면 된다.
- '几点'과 '什么时候'는 의미가 기본적으로 같으며, '什么时候'가 좀 더 공식적인 상황에서 쓰인다.

➡ p.084의 062 '多大' 참고

100
几岁 몇살
jǐ suì

형태 구조 • 주어 + 几岁(了)?

의미 기능 10살이 안 된 아이의 '나이'를 물을 때 사용한다.

사용 환경 — 아이의 나이를 물을 때

① 这孩子几岁了？该上学了吧。
이 아이는 몇 살 되었어요? 학교 갈 때 되었겠어요.

② 你们这儿孩子几岁上幼儿园？
너희 집 아이는 몇 살에 유아원에 갔어?

주의 • '爷爷，您今年几岁了？'처럼 말해서는 안 된다.

101

叫 ~라고 하다
jiào

형태 구조 • 주어 + 叫 + 명사

의미 기능 동년배나 아랫사람의 '이름'을 묻거나, 사람 및 사물의 이름이나 '명칭'을 설명할 때 사용한다.

사용 환경 — 사람의 이름이나 사물의 명칭에 대해 말할 때

① 甲：你叫什么名字？
갑: 이름이 뭐예요?

乙：我叫段德平。
을: 저는 두완더핑이라고 해요.

② 甲：这条街叫什么名字？
갑: 이 길은 이름이 뭐예요?

乙：东四十条。
을: 동쓰스탸오라고 해요.

甲：哦，东──四十条。
갑: 아, 동, 쓰스탸오.

乙：不对，是东四──十条。
을: 아니요, 동쓰, 스탸오예요.

③ 甲：我一到阳台就头晕。
갑: 저는 베란다에만 나가면 어지러워요.

乙：你这种现象就叫恐高症。
을: 그런 증상을 고소공포증이라고 해요.

102

就❶ 곧
jiù

형태 구조
- 주어 + 就 + 동사구
- 주어 + 就 + 형용사

의미 기능 '가까운 미래'에 어떤 동작의 발생이나 상태의 출현이 있음을 나타낼 때 사용한다.

사용 환경

1 어떤 곳에 도달하거나 어떤 곳을 벗어날 때

① 他一会儿就到了，你别着急，再等等。
그는 이따가 곧 올 테니까 조급해하지 말고 더 기다려 봐 봐.

② 我这就走，不然来不及了。
나 지금 가지 않으면 늦을 거야.

③ 赶快收拾东西，我们半小时后就出发。
어서 빨리 물건을 챙겨. 우리 30분 후에 출발할 거야.

2 자연의 변화에 대해 말할 때

① 天很快就黑了，你赶紧回去吧。
하늘이 곧 어두워지려고 하니 너 어서 돌아가.

② 苹果马上就熟了，很快就可以吃了。
사과가 곧 익어서 금방 먹을 수 있게 될 거야.

3 몸 컨디션에 대해 말할 때

① 你这感冒很轻，很快就会好的，不用吃药。
가벼운 감기라서 곧 나을 거야. 약 먹을 필요는 없어.

② 玛丽昨天累坏了，不到十点就睡了。
마리는 어제 지쳐서 10시도 안 돼서 곧 잤다.

주의 · '就❶' 앞에는 자주 시간을 나타내는 말이 함께 쓰인다. '一会儿(잠깐)' '十分钟(10분)' '马上(즉시)' '很快(빠르다)' 등이 있다.

103

就❷ 이미, 일찍
jiù

➡ p.041의 **022** '才❷' 참고

형태 구조
- 주어＋시간사＋**就**＋동사구
- 주어＋시간사＋**就**＋형용사

의미 기능 동작의 발생 시간이 '예정된 시간보다 이름'을 나타낼 때 사용한다. '예상치 못한' '뜻밖의'라는 어감을 종종 띤다.

사용 환경

1 취학 및 취직에 대해 말할 때

① 这孩子很聪明，不到十五岁就上大学了。
이 아이는 똑똑해서 15살도 안 돼서 일찍 대학에 갔다.

② 姐姐不到二十岁就参加工作了。
언니는 20살도 안 돼서 일찍 일을 시작했다.

2 회의나 파티 참석에 대해 말할 때

① 会议八点开始，他七点钟就来了。
회의는 8시에 시작하는데, 그는 7시에 왔다.

② 没想到客人半小时前就到了，可是主人还没来。
손님이 30분 전에 올 줄 생각도 못했다. 그런데 주인이 아직도 안 왔다.

주의

- '就❷'와 '才❷' 모두 시간이나 수량을 나타낼 때 사용하지만, 각자 의미와 용법이 다르다. '就❷'는 말하는 사람이 동작이나 상황이 이르거나(早) 빠르다고(快) 여길 때 사용한다. 이와 반대로, '才❷'는 말하는 사람이 동작이나 상황이 늦었거나(晚) 느리다고(慢) 여길 때 사용한다.

  예 讲座十点开始，他九点半就到了。(→ 이르다고 생각함)
  연설은 10시에 시작하는데 그는 9시 반에 왔다.

  讲座十点开始，他十点半才到。(→ 늦었다고 생각함)
  연설은 10시에 시작하는데 그는 10시 반에서야 왔다.

  这首诗他念了三遍就会背了。(→ 빠르다고 생각함)
  이 시를 그는 세 번 읽고 외웠다.

  这首诗他念了三遍才会背。(→ 느리다고 생각함)
  이 시를 그는 세 번 읽고서야 외웠다.

- 또한, '早'와 '快'는 보통 사람들이 희망하는 바와 관련된 것이기 때문에 '就❷'를 사용한 문장은 종종 '만족' '확신'의 의미를 내포하고 있다. 그에 반해 '晚' '慢'은 보통 사람들이 원하지 않는 바와 관련된 것이기 때문에 '才❷'를 사용한 문장은 종종 '불만' '부당함'의 의미를 내포하고 있다.

104

就要……了 곧 ~하려고 하다
jiù yào　　　le

형태 구조 • 주어 + **就要** + 동사구 + **了**

의미 기능 '곧 발생할 일'에 대한 새로운 정보를 말할 때 사용한다.

사용 환경

1 수업의 시작과 끝, 방학, 개학 등에 대해 말할 때

① 别急，老师就要来了，大家坐下吧。
서두르지 마세요. 선생님이 곧 오실 테니까 모두 자리에 앉으세요.

② 还有几分钟就要下课了，急什么急，再坚持一会儿。
몇 분 있다가 곧 수업이 끝나는데 뭘 그렇게 서둘러. 좀 더 참아 봐.

③ 赶紧走，早读就要开始了。
어서 빨리 가자. 아침 자습 시간 곧 시작하겠다.

④ 就要开学了，你寒假作业写完了没有？
곧 개학인데, 너 겨울방학 숙제 다 끝냈어?

2 날씨 변화에 대해 말할 때

① 就要下雨了，带上伞再出门吧。
곧 비 오겠다. 우산 가지고 나가.

② 你看，马上就要起风了，还是别出去了。
봐 봐. 곧 바람이 일기 시작하겠어. 나가지 않는 게 좋겠어.

③ 天就要亮了，你怎么还没睡？
날이 곧 밝으려 하는데 너 왜 아직도 안 자?

3 어떤 곳에 도착하거나 벗어나려 할 때

① 爸爸就要到家了，你快写作业吧，别看电视了。
아빠가 곧 집에 오실 거야. 빨리 숙제해. 텔레비전 보지 말고.

② 我们马上就要出发了，再见！
우리 곧 출발할 거야. 안녕!

4 시합이 시작하거나 끝나려고 할 때

① 快来看，比赛马上就要开始了。
빨리 와서 봐. 시합이 곧 시작하려고 해.

② 巴西世界杯这么快就要结束了呀，我还没看够呢。
브라질 월드컵이 이렇게 곧 끝나려고 하다니. 나는 아직 충분히 다 보지 못했다고.

105

……开
kāi

형태 구조
- 주어+동사+开+명사구
- 명사구+동사+开

의미 기능 어떤 동작을 통해 물체를 '분리'시킨다거나 물체를 원래의 위치에서 '벗어나게' 하여 새로운 공간을 만들 때 사용한다.

사용 환경

1 문, 창문, 가방, 커튼 등을 열거나 교과서를 펼칠 때

① 屋里有些热，请你打开窗户好吗？
방 안이 좀 더워서 그러는데, 창문 좀 열어 주시겠어요?

② 他让我看戏，可是大幕一拉开，他就睡着了。
그가 나에게 연극을 보자고 했는데, 막이 오르자 그는 잠이 들어 버렸다.

③ 请你把箱子打开，我要看看里面是些什么宝贝。
상자를 열어 보세요. 안에 어떤 보물들이 들어 있는지 좀 봐야겠어요.

④ 他一下子就把门推开，冲了进来。
그는 단번에 문을 열어젖히고 들이닥쳤다.

⑤ 请你翻开这本书的第25页，那里有一句我要跟你说的话。
이 책 25쪽을 펼쳐 보세요. 거기에 내가 당신한테 하려는 말이 있어요.

2 물건을 운반할 때

① 请把你的椅子挪开一点儿，好吗？太挤了。
당신의 의자를 좀 치워 주시겠어요? 너무 비좁아서요.

② 搬开石头，下面就是通向城外的地道。
돌을 옮기면 아래가 바로 성 밖으로 통하는 터널이다.

③ 他一脚踢开凳子，跳到桌子上，喊了起来。
그가 의자를 발로 한 번 내차더니 책상 위로 올라가 소리를 지르기 시작했다.

106

……看(看) ~해 보다
kàn(kan)

형태 구조
- 동사중첩 + 看
- 동사 + 시량사 + 看(看)
- 동사 + 동량사 + 看(看)
- 동사 + 수량사(+ 명사) + 看(看)

의미 기능 어떤 일을 '시도'해 봄을 나타낼 때 사용하는 구어적 표현이다.

사용 환경

1 옷을 입어 보거나 신발을 신어 볼 때

① 这条裙子你试试看，穿上肯定漂亮！
너 이 치마 한번 입어 봐. 입으면 분명히 예쁠 거야!

② 这鞋子，你先穿上，走几步看(看)，不合脚再换。
이 신발 너 먼저 신고 몇 발자국 걸어 봐 봐. 발에 안 맞으면 바꾸자.

2 음식이나 술을 맛볼 때

① 这是我们国家的特产，你尝尝看，味道很不错的。
이건 우리나라 특산품인데, 한번 맛 좀 봐 봐. 맛이 아주 괜찮아.

② 这是法国的红酒，你先喝一杯看看，要是喜欢，我送你一瓶。
이건 프랑스 와인인데, 우선 한 잔 마셔 봐 봐. 마음에 든다면 내가 한 병 줄게.

3 문제를 풀거나 글을 쓸 때

① 这道题不是你想的那么难，做做看就知道了。
이 문제는 네가 생각하는 것처럼 그렇게 어렵지 않아. 한번 풀어 보면 알게 될 거야.

② 你先用英语写几篇作文看看，可以的话再用汉语写一遍。
먼저 영어로 몇 편 작문을 해 보고, 가능하다면 그 다음에 중국어로도 한 번 써 봐.

4 일할 사람을 선택할 때

① 他刚来，能不能适应，先做几天看(看)。
그 사람은 이제 막 왔어. 적응할 수 있을지는 우선 며칠 일하게 해 봐야지.

② 这几个厨师，让他们每个人做几盘菜看看，谁好留下谁。
이 요리사들 모두에게 요리 몇 접시를 하도록 시켜 보고, 잘하는 사람을 남깁시다.

주의
- '看'은 앞에 오는 말이 짧을 때, '看看'은 앞에 오는 말이 길 때 사용하는 것이 더 적합하다.

107 看样子 보아 하니
kàn yàngzi

형태 구조
- 看样子 + 문장
- 주어 + 看样子 + 동사구

의미 기능 현재의 상황에 근거하여 어떤 일이나 어떤 상황을 '예측'할 때 사용하는 구어적 표현이다.

사용 환경

1 날씨가 안 좋아서 일어날 수 있는 일에 대해 말할 때

① 雨下得这么大，看样子他是不会来了。
비가 이렇게 많이 오는 것을 보니 그는 안 올 것 같다.

② 雨下得这么大，看样子跟女朋友约会得改时间了。
비가 이렇게 많이 오는 것을 보니 여자 친구와의 데이트는 시간을 바꾸어야겠다.

③ 雨下得这么大，运动会看样子要延期了。
비가 이렇게 많이 오는 것을 보니 운동회는 연기해야겠다.

④ 雨下得这么大，我们看样子只能等雨停了才能回家了。
비가 이렇게 많이 오는 것을 보니 우리는 비가 멈추기를 기다렸다가 집에 가는 수밖에 없겠다.

2 원인이나 결과를 추측할 때

① 看样子，他女朋友没有告诉他今天回来，你看他房间里还是脏得很。
보아 하니 그의 여자 친구가 그에게 오늘 돌아온다는 것을 말하지 않은 듯 해. 봐 봐, 그의 방이 아직도 엄청 지저분하잖아.

② 我的小狗几天没回来了，看样子回不来了。
내 강아지가 며칠 동안 돌아오지 않고 있다. 보아 하니 못 돌아올 것 같다.

108

강조를 나타내는 可
kě

형태 구조
- 주어＋**可**＋要/得＋동사구
- 주어＋**可**＋没/不＋동사구

의미 기능 '강조'의 어감을 나타내는 표현으로, 주로 구어에서 사용한다. 정도가 '심함'을 나타내는 경우도 있고, '가벼움'을 나타내는 경우도 있는데, 두 경우 모두 엄숙한 의미를 내포하고 있다. '주어＋可＋没/不＋동사구'처럼 부정적인 용법으로 쓰일 때는 종종 '다른 사람이 잘못 여기고 있는 일에 대해 부정'하는 의미가 있다.

사용 환경

1 권유하거나 타이를 때

① 这项任务很重要，你可一定要认真啊！
이 임무는 정말 중요하니까 너 반드시 열심히 해야 해!

② 他是奥巴马的朋友，他的话你可要重视。
그 사람은 오바마의 친구이니까 당신은 그 사람의 말을 중시해야 해요.

③ 弄不好要犯法，这事可得小心。
잘못하면 법을 위반하게 되는 것이니 이 일은 정말 조심해야 한다.

④ 你可得说到做到啊，否则大家就不信你了。
당신은 말한 것을 꼭 지켜야 해요. 그렇지 않으면 모두들 당신을 믿지 않을 거예요.

2 어떤 일이나 생각을 부정할 때

① 我可没说过这话，不信问问大家。
나는 이런 말을 한 적이 없어. 믿지 못하겠으면 모두에게 물어봐.

② 这个问题可不简单，你得好好儿想想。
이 문제는 결코 간단하지 않아. 너 잘 생각해 봐야 해.

③ 我可不了解他，我们没见过几次面。
나는 그 사람을 잘 몰라. 우리는 몇 번 안 만나 봤어.

109 可……了 매우 ~하다
kě le

형태 구조 • 주어 + 可 + 형용사 + 了

의미 기능 '정도가 비교적 심함'을 나타내는 표현으로, 구어에서 많이 사용한다. 강조의 의미가 있으며 감탄과 과장의 어감을 띤다.

사용 환경

1 외모, 인품, 태도 등에 대해 말할 때

① 我男朋友可帅了。
내 남자 친구는 정말 잘생겼어.

② 他待人可热情了，我特别喜欢他。
그 사람은 사람들에게 매우 친절해서 나는 그 사람이 정말 좋다.

③ 我和男朋友相处得可好了，我们从来不吵架。
나와 남자 친구는 서로 잘 맞아서 여태 싸워 본 적이 없다.

2 학업, 일, 취미, 취향 등에 대해 말할 때

① 我觉得这次考试可难了，我肯定不及格了。
나는 이번 시험이 너무 어려웠다고 생각해. 나는 분명 합격할 수 없을 거야.

② 甲：我家离工作单位可远呢，得坐车去。
갑: 우리 집은 직장에서 엄청 멀어서 차를 타고 가야 해.

乙：我现在的工作可轻松了，不用坐班。
을: 지금 나의 일은 정말 편해. 매일 (정해진 시간에 맞추어) 출근을 할 필요가 없어.

③ 非洲同学可喜欢唱歌跳舞了。
아프리카 친구들은 춤추고 노래 부르는 것을 아주 좋아한다.

④ 现在有一份工作对我来说可重要了。
지금 일이 하나 들어왔는데 내게 매우 중요하다.

⑤ 毕加索的画可值钱啦！我有一幅。
피카소의 그림은 정말 값어치가 있어! 내가 한 점 가지고 있지.

3 풍경, 여행, 쇼핑 등에 대해 말할 때

① 四川九寨沟的风景可美了！明年暑假我们还来，好吗？
쓰촨 주자이거우의 풍경이 정말 아름답다! 내년 여름방학 때 우리 또 올래?

② 我们这次西藏之旅可有意思了，拍了几百张照片呢。
우리의 이번 시장 여행은 정말 재미있었어. 사진을 몇 백 장이나 찍었어.

③ 这个商场可大了，逛了一天也没逛完。
이 쇼핑몰은 아주 커서 하루를 돌아다녔는데도 다 못 돌았어.

④ 在中国，这种法国皮包可贵了，要一万多块钱呢。
중국에서는 이런 프랑스 가방이 엄청 비싸. 만 위안이 넘어.

주의
- 문장 끝에 어기조사를 자주 붙여 쓰며, 대부분 여자들이 많이 사용한다.

110 可不能 ~하면 안 된다
kě bù néng

형태 구조 · 주어 + 可不能 + 동사구

의미 기능 다른 사람에게 '어떤 일을 해서는 안 된다'고 주의를 줄 때 사용한다. 주로 친절하게 챙기는 듯한 말투로, 구어에서 사용한다.

사용 환경

1 아이를 타이를 때

① 你们可不能只顾贪玩儿，不学习。
너희 노는 것에만 정신 팔려서 공부를 안 하면 안 돼.

② 不管人家怎么对我们，咱可不能这样对人家。
사람들이 우리를 어떻게 대하든 상관없이 우리는 이렇게 사람들을 대해서는 안 돼.

③ 你可不能撒谎，这不是好习惯。
너 거짓말하면 안 돼. 그건 좋은 습관이 아니야.

2 회사의 대표나 친구가 주의를 줄 때

① 这次评比，你要认真准备，可不能马虎。
이번 평가에 대해 너 열심히 준비해야 해. 대충 해서는 안 돼.

② 你可不能不努力，公司要让你做经理呢。
너 노력 안 하면 안 돼. 회사에서 너를 관리 책임자 시키려고 하거든.

③ 可不能再跟她开这样的玩笑了，她都生气了。
그녀에게 다시는 이런 농담을 해서는 안 돼. 그녀가 화가 났잖아.

111
可能 아마도 ~할 것이다
kěnéng

형태 구조
- 주어 + 可能 + 동사구
- 可能 + 주어 + 동사구

의미 기능 어떤 일에 대해 '예측'하거나 '추측'할 때 사용한다.

사용 환경

1 학업이나 업무에 대해 말할 때

① 他可能已经去学校了，你待会儿再来找他吧。
그 애는 아마 벌써 학교에 갔을 거예요. 조금 있다가 그 애를 찾으러 다시 오세요.

② 你不上课，妈妈可能还不知道，但爸爸一定知道。
너 수업 안 하는 거 엄마는 아직 모르실 수도 있겠지만 아빠는 분명히 아실걸.

③ 他今天上班很没精神，可能是昨晚看篮球比赛了。
그 사람 오늘 일할 때 기운이 없더라. 아마 어젯밤에 농구 경기를 본 모양이야.

2 시합 결과를 추측할 때

① 这次世界杯决赛，巴西队可能会赢。
이번 월드컵 결승전에서 브라질이 아마 이길 것이다.

② 要不是你的帮助，很可能我早就输了。
네 도움이 아니었다면 나는 아마 일찌감치 졌을 거야.

3 다른 사람의 태도, 생각 등을 추측할 때

① 你的想法不错，他可能会同意。
네 생각 괜찮다. 그 사람이 아마 동의할 거야.

② 小王家里有事，可能不来参加这次聚会了。
샤오왕은 집에 일이 있어서 아마 이번 모임에 오지 않을 거야.

③ 你应该去请她，只有她才可能真心帮助你。
너는 그녀를 초대해야 해. 아마 그녀만이 너를 진심으로 도울 거야.

112

可以❶ ~할 수 있다
kěyǐ

형태 구조 • 可以 + 동사구

의미 기능 어떤 일을 함으로써 어떤 '결과'를 가져올 수 있음을 나타내거나 어떤 물체가 어떤 '기능'이나 '용도'를 가지고 있음을 나타낼 때 사용한다.

사용 환경

1 학습이나 특기가 가져오는 장점에 대해 소개할 때

① 学中文可以了解中国文化。
중국어를 공부하면 중국 문화를 이해할 수 있다.

② 普通话好可以多认识几个中国朋友。
보통화를 잘하면 중국 친구를 더 많이 사귈 수 있다

③ 写毛笔字可以让人安静下来。
붓글씨를 쓰는 것은 사람을 안정시킬 수 있다.

2 운동의 장점을 설명할 때

① 早晨跑步，可以让人一天都很精神。
아침 조깅은 사람을 하루 종일 활력이 넘치도록 만든다.

② 打乒乓球，可以让你更聪明。
탁구 치는 것은 너를 더 똑똑하게 만들 수 있다.

3 용도를 설명할 때

① 这块布可以做裙子，也可以做窗帘，还可以做桌布。
이 천으로 치마도 만들 수 있고 커튼도 만들 수 있으며, 식탁보 또한 만들 수 있다.

② 废纸可以回收，用来再造新纸。
폐휴지는 회수해서 다시 새로운 종이를 만드는 데 사용한다.

주의
- '可以❶'의 부정 형태는 '不可以'가 아니라 '不能'이다.
  예 这种菜可以生吃，但那种不能。
  이런 야채는 생으로 먹을 수 있지만 저런 것은 먹을 수 없다.

113
可以² ~해도 된다
kěyǐ

형태 구조
- 可以 + 동사구

의미 기능 상대방이 어떤 일을 하도록 '허락' '승낙' '동의'함을 나타낼 때 사용한다.

사용 환경

1 어떤 일을 하겠다고 승낙하거나 약속할 때

① 你放心吧，我明天可以来，这事就交给我吧。
걱정 마. 나 내일 올 수 있어. 이 일은 내게 맡겨 줘.

② 这次我们可以帮你，以后只能靠你自己了。
이번에는 우리가 너를 도와줄 수 있지만 앞으로는 네 자신에게 기대는 수밖에 없다.

2 다른 사람이 어떤 일을 하도록 허락할 때

① 你们都可以来我们图书馆借书，但是一定要按时还。
너희 모두 우리 도서관에서 책을 대출해도 돼. 단, 반드시 제때 반납해야 해.

② 甲：我可以走了吗?
갑: 나 가도 돼?

乙：没事了，你可以走了。
을: 괜찮아. 가도 돼.

REVIEW

1 밑줄 친 부분에 대응되는 부분을 중국어 문장에서 찾아 표시해 보세요.

(1) 주어+就要+동사구+了
→ 就要下雨了，带上伞再出门吧。

(2) 주어+동사+开+명사구
→ 屋里有些热，请你打开窗户好吗?

(3) 주어+可不能+동사구
→ 你可不能撒谎，这不是好习惯。

2 어법의 형태 구조를 떠올리며 제시된 낱말을 바른 순서로 배열해 보세요.

(1) 决定吧   都行   去   西餐馆   中餐馆   你自己   或者

→ _____
(중국 음식점에 가든 양식집에 가든 모두 괜찮으니까 네가 결정해.)

(2) 这条裙子你   漂亮   肯定   看   穿上   试试

→ _____
(너 이 치마 한번 입어 봐. 입으면 분명히 예쁠 거야!)

(3) 想想   你   这个问题   得   不简单   好好儿   可

→ _____
(이 문제는 결코 간단하지 않아. 너 잘 생각해 봐야 해.)

UNIT 07

114 口~131 명사술어구문

114

口 ~명
kǒu

형태 구조
- 수사+口+명사
- 동사+수사+口

의미 기능 사람이나 가축, 입이나 날이 있는 집기를 셀 때 사용하는 '양사'로, 언어·사투리 등 입과 관련된 동작이나 일에도 사용할 수 있다.

사용 환경

1 가족이나 시골 마을의 사람 수나 돼지, 우물, 큰 종, 큰 칼 등의 수량을 말할 때

① 甲：你家有几口人？
갑: 너희 집에 식구가 몇 명이야?

乙：五口人。
을: 다섯 명이야.

② 他家门前有一口井，旁边老树上挂着一口铜钟。
그의 집 문 앞에는 우물이 하나 있고, 옆의 고목나무 위에는 동종이 걸려 있다.

③ 爸爸在古玩市场上买到了一口宝刀，一直挂在墙上。
아빠가 골동품 시장에서 보검을 하나 사 왔는데, 줄곧 벽 위에 걸려 있다.

2 말이나 사투리 등 입과 관련된 것을 말할 때

① 真奇怪，这个美国人，英语不怎么好，却能说一口流利的阿拉伯语。
정말 이상해. 이 미국인은 영어는 그다지 잘하지 못하면서 아랍어는 유창하게 말할 수 있어.

② 他不会说北京话，但会说一口漂亮的上海话。
그는 베이징 말은 잘 못하지만 상하이 말은 기가 막히게 잘 한다.

③ 医生让我先深吸一口气，再慢慢地吐出来，说："没关系，你走吧。"
의사는 나더러 우선 한 숨 깊이 들이마시고 나서 다시 천천히 내쉬게 하더니 '괜찮으니 가세요.'라고 말했다.

④ 他爬山的时候不小心被蛇咬了一口。
그는 등산할 때 조심하지 않아 뱀에게 물렸다.

주의 • '口'로 사람을 세는 경우는 '가족'이나 '시골 마을'의 사람 수를 셀 때 정도이다.
  예 你家来了几口客人? (✕) / 你家来了几位(/个)客人? (○) 너희 집에 손님이 몇 분 오셨어?
      我们小区有三百多口人? (✕) / 我们小区有三百多(个)人? (○) 우리 동네에는 300여 명이 있다.

115

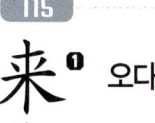

来❶ 오다
lái

형태 구조
- 주어 + 来 + 장소사 + 동사구
- 주어 + 来 + 동사구

의미 기능 어떤 일을 하려고 다른 곳에서부터 '말하는 사람이 있는 곳으로' 오는 것을 나타낼 때 사용한다.

사용 환경 ━ 어떤 곳에 온 목적을 말할 때

① 我们来中国学汉语，你来中国干什么?
우리는 중국에 중국어를 공부하러 왔는데, 너는 중국에 뭐 하러 왔어?

② 他们不是来旅游，而是来做水果生意的。
그들은 여행하러 온 것이 아니라 과일 장사를 하러 온 것이다.

③ 吉米很早就想来北京参观。
지미는 이전부터 베이징을 구경하고 싶어했다.

④ 我想来这儿看看有没有什么宝贝。
나는 여기에 어떤 보물이 있는지 한번 보러 오고 싶다.

116

来 ❷
lái

형태 구조
- 주어 + 방향동사(+ 장소사) + 来
- 주어 + 从 + 장소사 + 동사 + 방향동사 + 来
- 주어 + 把 + 명사(동사구) + 동사 + 방향동사 + 来
- 주어 + 동사 + 来 + 명사
- 주어 + 동사 + 来

의미 기능 '말하는 사람이 있는 쪽으로' 동작이 이동할 때 사용한다.

사용 환경

1 교실이나 도서관과 같은 방에 출입하거나 건물의 위아래로 이동할 때

① 请大家快进教室来。
여러분 빨리 교실로 들어오세요.

② 请你下楼来吧。
아래층으로 내려오세요.

2 구체적인 동작의 방향을 말할 때

① 你不要从窗台上跳下来，太危险了。
창문에서 뛰어내리지 마. 너무 위험해.

② 他把所有的书都带回来了。
그는 모든 책을 가지고 돌아왔다.

③ 他昨天拿来一个篮球，今天拿来一个排球，不知明天会带来什么球。
그는 어제는 농구공을 가져왔고, 오늘은 배구공을 가져왔다. 내일은 어떤 공을 가져올지 모르겠다.

④ 那条小狗忽然向我跑来，吓了我一跳。
그 강아지가 갑자기 내게 뛰어와서 깜짝 놀랐다.

117 동태조사 了
le

형태 구조
- 주어＋동사＋**了**＋명사구
- 주어＋[동사❶＋목적어]＋동사❶＋**了**＋기간
- 주어＋동사＋**了**＋기간＋목적어
- 주어＋동사＋**了**＋동량사(＋목적어)

의미 기능 '동작의 완성'을 나타낼 때, 혹은 '동작의 진행 기간(시작~끝)', 동작의 '반복 횟수'를 나타낼 때 사용한다.

사용 환경

1 한 가지 일을 완료했을 때

① 我买了两张电影票，给你一张。
내가 영화표 두 장 샀어. 한 장 너 줄게.

② 我吃了晚饭就去图书馆。
나는 저녁을 먹고 나서 도서관에 갔다.

③ 我已经修好了你的电脑，来拿吧。
내가 네 컴퓨터 이미 다 수리했어. 와서 가져가.

④ 玛丽一个晚上看了两部长篇小说，真够快的。
마리는 하룻밤 동안 장편 소설 두 편을 읽었다. 정말 빠르다.

2 동작을 완성한 시간의 길이를 말할 때

① 我在北语(学汉语)学了三年，现在对话没问题了。
나는 베이징어언대학교에서 (중국어를 공부했는데) 3년 배웠어. 지금 대화하는 데 문제없어.

② 我在北语学了三年汉语，又学了一年日语。
나는 베이징어언대학교에서 중국어를 3년 공부하고 일본어를 1년 공부했다.

③ 汉语我在北京学了三年(了)，在大学学了一年。
나는 중국어를 베이징에서 3년 공부했고, 대학교에서 1년 공부했다.

④ 他睡了十几分钟就醒了。
그는 잠든 지 10여 분만에 깨어났다.

⑤ 我上午开了四个小时的车，太累了。
나는 오전에 네 시간 동안 차를 몰아서 너무 피곤해.

3 운동하거나 일한 횟수를 말할 때

① 我一叫，猴子一连跳了三下，就钻到树上去了。
   내가 소리를 지르자 원숭이가 연거푸 세 번 뛰더니 나무 위로 파고 올라갔다.

② 托尼绕操场走了三圈，才停下来。
   토니는 운동장을 세 바퀴 돌고서야 멈췄다.

③ 今天我读了两遍课文。
   오늘 나는 본문을 두 번 읽었다.

④ 这段录音，我听了三次也没有听明白。
   이 녹음은 세 번을 들었는데도 알아듣지 못하겠다.

주의
- 목적어를 사용할 경우, 목적어는 비교적 구체적이고 개별적이어야 한다. 앞에는 시간이나 장소가 있는 것이 가장 좋다. 따라서 '我吃了晚饭' '我吃了三碗饭' '今天我吃了饭'처럼 사용하면 자연스럽지 않고, '我每天吃三碗饭。(나는 매일 밥을 세 그릇 먹는다.)'처럼 사용해야 비교적 자연스럽다.
  예) 今天我在张三那儿吃了三碗饭。
  오늘 나는 장산이 있는 곳에서 밥을 세 그릇 먹었다.
- 보통 '你吃了晚饭吗?'라고 하지 않고 '你吃晚饭了吗?(저녁 먹었어?)'라고 한다.

→ p.159의 **131** '명사술어구문**1**' 참고

118
어기조사 了
le

형태 구조
- 문장+**了**
- 동사구+**了**
- 형용사구+**了**
- 명사구+**了**

의미 기능
대화하는 중에 '새로운 정보'를 제공할 때 사용한다. 보통 청자에게 사태가 이미 변했음을 알도록 일깨우거나 청자로 하여금 새로운 상황에 주의하도록 할 때 사용한다.

사용 환경

1 날씨 변화에 대해 말할 때

① 下雨了! 回不去了。
   비가 오잖아! 못 돌아가겠네.

② 春天了，你怎么还穿这么厚？
봄이 됐는데 너는 왜 아직도 그렇게 두꺼운 옷을 입고 있어?

2 몸 상태의 변화에 대해 말할 때

① 我头一点都不疼了，别担心。
나 머리 이제 하나도 안 아프니까 걱정하지 마.

② 老师今天不能来了，他病了。
선생님은 오늘 오실 수 없으셔. 병이 나셨어.

③ 哎！老了，眼花了，耳朵也聋了。
에휴! 늙었어. 눈도 침침하고 귀도 어두워지고 말이야.

④ 奶奶身体已经好多了，可以四处走走了。
할머니 몸이 이제 많이 좋아지셔서 여기저기 걸어 다니실 수 있게 되셨어.

3 수업이나 근무 상황에 대해 말할 때

① 我都把课文读了三遍了，老师还让我读，累死我了。
본문을 세 번이나 읽었는데, 선생님이 또 내게 읽으라고 하시네. 힘들어 죽겠다.

② 他已经读到最后一段了，比我们都快。
그 애는 이미 마지막 단락을 읽었어. 우리보다 빨라.

③ 上班时间已经过了半个小时了，小张怎么还不来？
출근 시간이 벌써 30분이나 지났는데, 샤오장은 왜 아직도 안 오는 거야?

119

……(了)半天 ~한 지 한참 되다
(le) bàntiān

형태 구조
- 주어(＋동사❶＋목적어)＋동사❶＋(了)半天
- 주어＋동사＋(了)半天＋了

의미 기능 어떤 일을 하는 데 '상당한 시간이 걸렸음'을 나타낼 때 사용한다. 과장의 의미가 있다.

사용 환경 — 긴 시간 동안 사람을 기다리거나 수다를 떨 때, 책을 읽거나 일을 할 때 등

① 我等女朋友等了半天，也没见到她的人影。
내가 여자 친구를 기다린 지 한참이 되었는데 그녀의 그림자도 보이지 않았다.

② 女朋友，我等她等了半天也没来。
여자 친구는 내가 기다린 지 한참이 되었는데도 오지 않았다.

③ 我等了女朋友半天了，也没见到她的人影。
나는 여자 친구를 한참이나 기다렸지만 그녀의 그림자도 볼 수 없었다.

④ 他俩关着门，聊了半天了，还在聊。
그 두 사람은 문을 닫고서 한참이나 수다를 떨었는데, 아직도 이야기하고 있다.

⑤ 我看《红楼梦》看了半天了，也只看完了前两页。
나는 「홍루몽」을 한참 읽었는데도 겨우 앞에 두 페이지만 다 읽었다.

⑥ 他不大会用新手机，忙了半天才看到女朋友发来的微信。
그는 새 휴대전화를 잘 사용하지 못한다. 한참을 헤매다 여자 친구가 보내온 위챗을 겨우 받아 봤다.

⑦ 昨天我去机场接人，从八点等到十点，等了半天，也没接到客人。
어제 내가 공항에 마중을 나갔는데, 8시부터 10시까지 한참을 기다렸지만 고객을 만나지 못했다.

주의
- '半天'이 반드시 실제 시간의 길이를 가리키는 것이 아니므로, '당사자가 생각하기에' 경험한 시간이 긴 경우에 대체로 '半天'을 사용해도 된다.

120 离 ~에서부터
lí

형태 구조
- Ⓐ + **离** + Ⓑ + 형용사구
- Ⓐ + **离** + Ⓑ + 동사구

의미 기능 'A'와 'B' 사이의 공간이나 시간상 '거리'를 나타낼 때 사용한다.

사용 환경

1 두 사람이나 두 장소, 두 물건 사이의 거리를 말할 때

① 甲：北京大学离清华大学有多远？
갑: 베이징대학은 칭화대학에서 얼마나 멀어?

乙：不远，一站地。
을: 안 멀어. 한 정거장이야.

② 他离我很近，不到两米远。
그는 나한테서 가까이 있다. 2미터가 안 된다.

③ 我男朋友的左眼离右眼非常近。
내 남자 친구의 왼쪽 눈은 오른쪽 눈에서 매우 가까이 있다.

④ 电视离沙发太近了，看久了会伤眼睛。
텔레비전이 소파에서 너무 가까이 있어서 오래 보게 되면 눈이 망가질 것이다.

2 시간상 거리를 말할 때

① 现在离春节只有一周了，得准备准备了。
이제 춘지에까지 겨우 일주일 남았으니 준비를 좀 해야겠다.

② 离出发只有十分钟了，人怎么还没到齐？
출발까지 10분 정도밖에 안 남았는데 사람들이 왜 아직도 다 안 왔지?

121 连……都……/连……也…… ~조차/ ~도

lián　　dōu　　　lián　　yě

형태 구조
- (주어) + 连 + Ⓐ + 都/也 + 동사구
- (주어) + 连 + 一 + 양사 + 都/也 + 没有/不 + 동사구

의미 기능   극단적인 면과 비교하여 '확신하는 방면'을 두드러지게 '강조'하고자 할 때 사용한다. 'A'에는 명사구, 동사구, 문장 등이 올 수 있다.

사용 환경

1 사람의 능력에 대해 평가해서 말할 때

① 你弟弟真有学问，竟然连这么难写的字都认识。
　동생분이 정말 유식하네요. 놀랍게도 이렇게 쓰기 어려운 글자까지 알다니 말이에요.

② 他连方程都会解，更不用说加减乘除。
　그는 방정식도 풀 수 있으니, 사칙연산이야 더 말할 것도 없다.

③ 你真笨，连"勾"这个字都不认识，更别说"狗"了。
　너 정말 멍청하다. '勾'라는 글자도 모른다고 하니 '狗'는 더 말할 것도 없겠지.

④ 这孩子，连叫爸爸妈妈也不会。
　이 아이는 아빠, 엄마 부르는 것도 못한다.

2 동식물에 대해 평가해서 말할 때

① 他家的狗真笨，连自己的名字都不知道。
　그 집 개는 정말 멍청하다. 자기 이름조차 모른다.

② 我的狗特聪明，连爸爸的车也能听出来。
　우리 개는 아주 똑똑하다. 아버지의 차 소리까지도 알아듣는다.

③ 这种树太奇怪，连叶子都不长，更别说花儿了。
　이 나무는 정말 이상하다. 잎도 자라지 않는다. 꽃은 더 말할 것도 없다.

3 어떤 곳에서의 생활 상황에 대해 말할 때

① 中国南方我连一次也没有去过。
　중국 남쪽 지역을 나는 한번도 가 본 적이 없다.

② 他来中国半年了，竟然连一句汉语都不会说，更别说认汉字了。
　그는 중국에 온 지 반년이 되었지만 중국어를 한 마디도 못 한다. 한자를 아는 것은 더 말할 것도 없다.

③ 他连用筷子都不会，还说在中国生活过呢。
　그는 젓가락질도 못하면서 중국에서 생활한 적이 있다고 말한다.

4 취미, 기술에 대해 말할 때

① 他连唱歌都不会，更别提上台表演了。
그는 노래 부르는 것도 못한다. 무대 공연은 더 말할 것도 없다.

② 我连看电影都没一点儿兴趣，更别说电视了。
나는 영화 보는 것에 관심이 전혀 없다. 텔레비전은 더 말할 것도 없다.

③ 马克真了不起，不但会骑自行车，连怎么修自行车也很了解。
마이클은 정말 대단하다. 자전거도 탈 줄 아는데 어떻게 자전거를 수리하는지도 잘 안다.

주의
- '连……都……' '连……也……'는 자주 '更别说……' '更不要说……'와 함께 사용한다.
- 어떤 사실에 대해 평가하여 말할 때 자주 사용한다. 가장 일어날 것 같지 않은 일이 일어난다든가 일어나야 하는 일이 일어나지 않는다든가 하는 등의 '극단적'인 상황이 출현할 수 있음을 나타낸다. 이러한 상황은 예상된 당연한 일일 수 있다. 이렇게 가장 극단적인 상황을 강조하여 두 상황 간의 대조를 더 두드러지게 나타내 준다.

122
의문을 나타내는 어기조사 吗
ma

형태 구조 • 문장+吗?

의미 기능 문장 끝에 사용하며 '의문'을 나타낸다.

사용 환경 — 어떤 상황에 대해 물을 때

① 甲: 玛丽是你女朋友吗?
갑: 마리는 네 여자 친구이지?

乙: 不是，她是我妹妹。
을: 아니야, 그녀는 내 여동생이야.

② 甲: 你喜欢中文吗?
갑: 너 중국어 좋아해?

乙: 喜欢，可是太难了。
을: 좋아해. 그런데 너무 어려워.

③ 甲：你知道玛丽什么时候来吗?
갑: 너 마리가 언제 오는지 알아?

乙：知道，下星期。
을: 알지. 다음 주야.

④ 甲：我说的话你听明白了吗?
갑: 내가 한 말을 알아들었어?

乙：没有，你能再说一遍吗?
을: 아니. 한 번 더 말해 줄 수 있어?

⑤ 甲：你不喜欢上网吗?
갑: 너 인터넷하는 거 싫어해?

乙：谁说的? 我可喜欢了，没网我就活不了。
을: 누가 그래? 나 정말 좋아해. 인터넷 없으면 난 못 살아.

⑥ 甲：他不吃甜的吗?
을: 그 사람은 단 거 안 먹어?

乙：嗯。你怎么知道的?
을: 응. 너 어떻게 알았어?

123

...... 满 가득 ~하다
măn

형태 구조 • 장소사+동사+满+了+명사구

의미 기능 어떤 공간이 가득 차서 '여유 공간이 더 없음'을 나타낼 때 사용한다.

사용 환경

1 물건을 놓을 때

① 我的宿舍墙上挂满了画，都是我同学画的。
내 기숙사 벽에 그림이 가득 걸려 있다. 모두 우리 학교 친구가 그린 것이다.

② 他们家实在太乱了，沙发上摆满了书，地上堆满了玩具，桌子上也放满了各种零食。
그들 집 정말이지 너무 어수선하다. 소파에는 책이 가득 놓여 있고, 바닥에는 장난감이 가득 쌓여 있으며 책상 위에는 각종 간식들이 가득 놓여 있다.

2 어떤 장소에 사람들이 가득 앉아 있거나 공간이 사람들로 가득 붐빌 때

① 昨晚的球赛，看台上坐满了观众。
어젯밤 축구 경기에서 관중석에 관중들이 가득 앉아 있었다.

② 火车上挤满了乘客，连列车员都走不过去。
기차가 승객으로 가득 붐벼서 승무원조차 건너갈 수 없다.

③ 这间屋里坐满了人，连放脚的地方都快没有了。
이 방에는 사람들이 가득 앉아 있어서 발을 디딜 곳조차 없다.

→ p.026의 **009** '부정부사 不❶' 참고

124
부정부사 没/没有❶
méi   méiyǒu

형태 구조
- 주어 + 没 + 동사구
- 주어 + 没有 + 동사구

의미 기능 동작의 출현이나 발생을 '부정'하거나, 어떤 일을 '아직' 다 하지 않은 상황임을 나타낼 때 사용한다. 긍정 형태는 '동사(구)+了', '동사(구)+过'이다. '没'는 구어에서만 사용한다.

사용 환경

1 식사나 수면 등 일상생활 행동에 대해 말할 때

① 甲：你吃午饭了吗? 점심 먹었어요?
　乙：还没(有)吃呢。 아직 안 먹었어요.

② 甲：孩子睡了吗? 아이가 자요?
　乙：还没(有)睡呢。 아직도 안 자네요.

2 물건을 정리하거나 수리할 때

① 明天就要出国了，你怎么还没(有)收拾行李?
내일 곧 출국하는데, 너 왜 아직도 짐을 챙기지 않았어?

② 师傅还没(有)把自行车修好，你再等两天吧。
기사가 아직 자전거를 수리하지 않았네요. 이틀 더 기다려 주세요.

3 어떤 곳에 가 본 적이 있는지, 어떤 곳을 떠나 본 적이 있는지 말할 때

① 甲：你们去过北京吗？
갑: 너희 베이징에 가 봤어?

乙：我们都没(有)去过。
을: 우리 다 가 본 적이 없어.

甲：太遗憾了，连北京都没(有)去过。
갑: 베이징도 가 본 적이 없다니 안타깝다.

② 长这么大了，我还从没离开过家乡。
이렇게 자라도록 나는 여태까지 고향을 떠나 본 적이 없다.

→ p.027의 **010** '부정부사 不**②**' 참고

125
부정부사 没/没有**②**
méi   méiyǒu

형태 구조
- 주어 + 没 + 형용사
- 주어 + 没有 + 형용사

의미 기능 '부정'을 나타내는 말로, 어떤 상황이 '아직' 일어나지 않았음을 설명할 때 사용한다.

사용 환경

1 계절, 날씨 등에 대해 말할 때

① 春天到了，可是花儿没(有)红，草也没(有)绿，天气还有些冷。
봄이 왔지만 꽃도 붉지 않고 풀도 푸르지 않으며 날씨도 여전히 좀 춥다.

② 空气总是这么潮湿，衣服还没(有)干就得穿。
공기가 늘 이렇게 축축해서 옷이 아직 마르지 않았는데도 입어야 한다.

2 일어나지 않은 상황에 대해 말할 때

① 对于这道难题，学生没(有)糊涂，老师却糊涂了，真奇怪。
이 어려운 문제에 대해 학생들은 헤매지 않는데, 선생님이 오히려 헤매고 있으니 정말 이상하다.

② 遇到那么大的事，这孩子都一点儿也没(有)慌。
그렇게 큰일에 부딪혔는데도 이 아이는 조금도 당황하지 않았다.

126

没 / 没有
méi méiyǒu

형태 구조
- Ⓐ + 没 + Ⓑ + 형용사
- Ⓐ + 没有 + Ⓑ + 형용사

의미 기능 '비교'를 나타낼 때 사용한다. 전자(A)가 후자(B)의 정도에 미치지 않음을 나타낸다.

사용 환경

1 신장, 외모, 분위기, 지능 등을 비교할 때

① 我没(有)王丽高，所以进不了篮球队。
나는 왕리만큼 크지 않아서 농구부에 들어갈 수 없다.

② 吉米长得比汤姆帅，但是没(有)汤姆有气质。
지미는 톰보다 잘생겼지만 톰만큼 분위기가 있지는 않다.

③ 我没(有)弟弟聪明，弟弟没(有)我灵活。
나는 남동생만큼 똑똑하지 않지만, 남동생은 나만큼 융통성 있지 않다.

2 날씨를 비교할 때

① 今天的天气没(有)昨天的好。
오늘 날씨가 어제만큼 좋지 않다.

② 今年的春天来得早，但是没(有)去年暖和。
올해 봄은 일찍 왔지만 작년만큼 따뜻하지 않다.

3 식당, 호텔, 학교 등 장소를 비교할 때

① 这个饭馆没(有)那个饭馆味道好，只是价格便宜些。
이 식당은 그 식당만큼 맛있지 않다. 다만 가격이 좀 쌀 뿐이다.

② 我们学校没(有)他们学校有名，但我们学校很有特色。
우리 학교는 그들 학교만큼 유명하지 않지만, 우리 학교는 특색이 있다.

4 의식주와 관련된 것을 비교할 때

① 爸爸喜欢做饭，但做的饭没(有)妈妈做的好吃。
아빠는 요리하는 것을 좋아하신다. 그러나 요리가 엄마가 하신 것만큼 맛있지 않다.

② 两件毛衣放到一块儿一比，就知道这件没(有)那件漂亮。
두 개의 스웨터를 한 곳에 놓고 비교하면 이 옷이 그 옷만큼 예쁘지 않다는 것을 알 것이다.

③ 我们的房子没(有)他家的大，可位置比他家好。
우리 집은 그 사람 집만큼 크지는 않지만, 위치가 그 사람 집보다 좋다.

127 没有……不…… ~않는 게 없다
méiyǒu bù

형태 구조 • 没有+一+양사+不+동사구

의미 기능 '모두가 다 그러함'을 강조한다.

사용 환경

1 사람의 능력이나 수준, 성적이 높거나 좋다고 평가하여 말할 때

① 他的确很出色，我们班，没有一个人不佩服他。
그는 확실히 뛰어나다. 우리 반에서 그에게 탄복하지 않는 사람이 한 명도 없다.

② 老师给的这些数学难题，我没有一道不会做。
선생님이 주신 이 수학 문제 중에 내가 풀 수 없는 게 한 문제도 없다.

③ 这本书里的唐诗宋词，他没有一首不会背。
이 책 안의 당나라 시와 송나라 운문에서 그가 외울 수 없는 게 한 수도 없다.

④ 这次考试，我们班没有一个不及格的。
이번 시험에서 우리 반은 통과 못 한 사람이 한 명도 없다.

2 운동에 대해 말할 때

① 不管刮风下雨，我没有一天不锻炼。
바람이 불든 비가 오든 내가 운동하지 않는 날은 없다.

② 没有哪一项球类运动他不喜欢。
어떤 구기 종류의 운동 항목이든 그가 싫어하는 것은 없다.

3 취미, 특기 등에 대해 말할 때

① 钢琴、吉他、小提琴，没有一项她不喜欢的。
피아노, 기타, 바이올린 중 그녀가 싫어하는 것은 없다.

② 唱歌儿、跳舞、画画儿，没有一个她不擅长的。
노래하기, 춤추기, 그림 그리기 중 그녀가 못하는 것은 없다.

4 생각, 태도 등에 대해 말할 때

① 关于这个提议，我们公司没有一个人不赞成。
이 제의에 관해서 우리 회사에서는 찬성하지 않는 사람이 없다.

② 这次旅行，全家没有一个不想去。
이번 여행은 우리 가족 중 안 가고 싶어하는 사람이 없다.

128

没有……那么/没有……这么
méiyǒu nàme méiyǒu zhème

➡ p.264의 **225** '有……那么/ 有……这么' 참고

그렇게 ~하지 않다

형태 구조
- Ⓐ+没有+Ⓑ+那么/这么+형용사
- 주어+没有+那么/这么+형용사

의미 기능
'A'가 어떤 성질을 가지고 있기는 하나, 'B'의 정도에 이르지 못함을 설명할 때 사용한다. 'B'는 대조되는 기준으로서, 그 역할은 두 개를 비교하는 데 있지 않고, 'A'가 'B' 정도까지 이르지 못함을 나타내는 데 있다. 과장의 의미가 있다.

사용 환경

1 날씨에 대해 말할 때

① 上海冬天也很冷，但是没有北京这么冷。
상하이의 겨울도 춥다. 하지만 베이징만큼 그렇게 춥지는 않다.

② 北京的雪没有加拿大的雪那么厚。
베이징의 눈은 캐나다의 눈만큼 그렇게 두껍지 않다.

③ 纽约没有那么热，最热的时候也不过就那么几天。
뉴욕은 그렇게 덥지 않다. 가장 더울 때도 그렇게 며칠뿐이다.

2 학업, 업무에 대해 말할 때

① 学中文没有她们说的那么难，下些功夫就行。
중국어 공부는 그녀들이 말하는 것처럼 그렇게 어렵지 않아. 조금만 노력하면 돼.

② 这个老师没有他们说的那么严，我还得了A呢。
이 선생님은 그 사람들이 말하는 것처럼 그렇게 엄격하지 않아. 나는 A학점을 받기까지 했어.

③ 这件事做起来没有想象的那么轻松，都一周了我们还没做完。
이 일은 상상만큼 그렇게 수월하지 않아. 일주일이나 됐는데 우리는 아직도 다 끝내지 못했어.

3 의식주나 일상행위와 관련된 것에 대해 말할 때

① 我炒的菜没有你说的这么难吃吧，你看，爸爸吃得那么香。
내가 볶은 요리는 네가 말하는 것처럼 그렇게 맛없지 않아. 봐, 아빠는 저렇게 맛있게 드시잖아.

② 这条裙子穿起来没有想象的那么好看，还是别买了吧。
이 치마는 입으니까 상상한 것만큼 그렇게 예쁘지 않아. 사지 않는 게 좋겠어.

③ 他家住得没有你说的那么远，开车半小时就到了。
그 사람 집은 네가 말한 것처럼 그렇게 멀지 않아. 운전해서 30분이면 도착해.

④ 这条路过去没有现在这么堵，所以大多数人上班都骑自行车。
이 길이 과거에는 지금처럼 이렇게 막히지 않았다. 그래서 대다수 사람들이 출근할 때 모두 자전거를 탔다.

주의
- 사실상 비교의 대상이 있지만, 그 비교 대상이 따로 언급되지 않아도 모두가 아는 부분이라고 생각할 경우 생략하고 말할 수 있다.
    예 问题没有(你想的/一般人认为的)那么简单。
    문제는 (네가 생각하는 것처럼/일반 사람들이 여기는 것처럼) 그렇게 간단하지 않아.

129
명사술어구문❶

형태 구조
- 주어 + 수량사
- 주어 + 명사구(+了)

의미 기능 '물건의 가격' '사람의 상태(연령, 신장, 체중 등)' '시간' '날씨' 등을 설명할 때 사용한다. 또한 하나의 서열 단계를 나타낼 때도 사용한다.

사용 환경

1 가격을 알려줄 때
① 这本书十五块六毛(钱)。
이 책은 15위안 6마오이다.
② 一斤香蕉四块(钱)。
바나나 한 근이 4위안이다.

2 사람의 나이, 신장 등에 대해 소개할 때
① 张教授六十五岁。
장 교수님은 65세이시다.
② 他一米八五，九十公斤。
그는 185cm이고, 90kg이다.

3 사물의 구성, 분배 등에 대해 말할 때
① 这间屋子三扇门。
이 방은 문이 세 개다.

② 一年三百六十五天。
일 년은 365일이다.

③ 两个人一间房。
두 사람이 한 방이다.

4 시간, 명절, 날씨 등에 대해 말할 때

① 今天星期五，明天就可以休息了。
오늘은 금요일이다. 내일은 쉴 수 있다.

② 现在八点二十。
지금 8시 20분이다.

③ 明天十月一号，国庆节。
내일은 10월 1일, 국경절이다.

④ 今天晴天，明天阴天，后天大雪。
오늘은 맑고 내일은 흐리며 모레는 눈이 많이 올 것이다.

5 역 이름을 알려줄 때

这一站天安门，下一站王府井。
이번 역은 천안문(天安门)이고, 다음 역은 왕푸징입니다.

주의
- 명사는 보통 술어가 될 수 없지만, 본래의 항목과 그 아래 하위 항목이 서로 관련이 있는 경우 등에는 명사가 술어로 쓰일 수 있다. 명사 술어로 쓰이는 '연령' '시간' '장소'는 모두 일종의 순서를 나타내며 서로 관련이 있다. '星期一……星期六、星期日'처럼 시간 순서를 나타내는 경우도 있고, 노선도처럼 공간 순서를 나타내는 경우도 있다. 이때 뒤에는 새로운 상황의 출현을 나타내는 '了'를 쓸 수 있다. 물론 생략해도 된다.

130 명사술어구문 ❷

형태 구조 • 주어(+부사)+명사구+了

의미 기능 '등급 순서의 변화'를 나타낼 때 사용한다. 낮은 단계에서 높은 단계로 올라감을 나타낸다.

사용 환경

1 직위, 군대 계급 등에 대해 말할 때

① 小王已经副教授了。
샤오왕은 벌써 부교수가 되었다.

② 张军都快团长了，还不会主持会议呢。
장쥔은 곧 연대장이 되는데 아직 회의도 이끌 줄 모른다.

2 교육 단계의 변화에 대해 말할 때

① 他已经中学生了，还整天哭鼻子。
그는 이제 중학생이 되는데 아직도 온종일 울어 댄다.

② 你都研究生了，应该知道怎么写论文了。
그도 이제 대학원생이니 논문을 어떻게 쓰는지 알겠지.

3 나이, 시간의 변화에 대해 말할 때

① 这孩子快六岁了。
이 아이는 6살이 되어 간다.

② 现在都八点整了，演出怎么还没开始？
지금 벌써 8시인데, 공연이 왜 아직 시작하지 않지요?

주의
- 술어가 되는 명사는 모두 문장 속에서 어떤 순서를 나타낸다. 순서 의미의 명사술어구문이 '변화'의 의미를 나타내려면 '(부사+)명사구+了' 형태로 써여야 한다.

  예) 직위: 助教(조교) — 讲师(전임 강사) — 副教授(부교수) — 教授(교수)
  군대 계급: 班长(분대장) — 连长(중대장) — 营长(대대장) — 团长(연대장) — 师长(사단장)
  교육 단계: 小学生(초등학생) — 中学生(중학생, 고등학생) — 大学生(대학생) — 研究生(대학원생)
  신분: 干部(간부) — 群众(비간부)
  나이: 小孩子(아이) — 大人(성인)

→ p.144의 118 '어기조사 了' 참고

131
명사술어구문❸

형태 구조 • 주어 + 명사구

의미 기능 사람이나 물건이 가진 '특징'을 설명할 때 사용한다.

사용 환경 　**1**　인물의 출생지나 살았던 시대 등에 대해 말할 때

① 鲁迅浙江人。
루쉰은 저장 사람이다.

② 苏轼宋朝人。
소식은 송나라 사람이다.

③ 泰戈尔印度人。
타고르는 인도 사람이다.

2　사람이나 물건의 특징을 소개할 때

① 汉族人黄皮肤，黑眼睛。
한족 사람은 황색 피부에 검은 눈이다.

② 小白兔短尾巴。
토끼는 꼬리가 짧다.

③ 这本书硬封皮，比软封皮的贵5块钱。
이 책은 하드커버라 페이퍼백보다 5위안이 비싸다.

주의 • 실제로 술어가 되는 명사는 '일정한 구조가 있고, 성질을 설명할 수 있는 단어'이다. 일음절 명사는 특징을 설명할 수 없기 때문에 바로 술어가 될 수 없다.

REVIEW

1 밑줄 친 부분에 대응되는 부분을 중국어 문장에서 찾아 표시해 보세요.

(1) 주어+방향동사(+<u>장소사</u>)+来
→ 请大家快进<u>教室</u>来。

(2) 주어+<u>동사</u>+了+명사구
→ 我<u>买</u>了两张电影票, 给你一张。

(3) 주어(+동사❶+목적어)+<u>동사</u>❶+(了+)半天
→ 我等女朋友<u>等</u>了半天, 也没见到她的人影。

2 어법의 형태 구조를 떠올리며 제시된 낱말을 바른 순서로 배열해 보세요.

(1) 中国南方我　去过　连　也　没有　一次

→ _____
(중국 남쪽 지역을 나는 한번도 가 본 적이 없다.)

(2) 昨天的　天气　好　今天的　没有

→ _____
(오늘 날씨가 어제만큼 좋지 않다.)

(3) 我们班　不及格的　这次考试　没有　一个

→ _____
(이번 시험에서 우리 반은 통과 못한 사람이 한 명도 없다.)

132 哪儿 / 哪里~149 ……起来

132

哪儿 / 哪里 어디
nǎr　　　nǎlǐ

형태 구조
- 주어 + 개사 + 哪儿/哪里 + 동사구
- 주어 + 동사 + 哪儿/哪里
- 哪儿/哪里 + 동사구

의미 기능 '장소' '지역'을 물을 때 사용한다.

사용 환경 — 학업, 업무, 거주지, 활동 지역 등에 대해 물을 때

① 你在哪儿上学?
　너 어디에서 학교 다녀?

② 小王在哪里上班?
　샤오왕은 어디에서 일해요?

③ 他现在住哪儿?
　그 사람은 지금 어디에 살아요?

④ 你刚才上哪儿去了?
　너는 아까 어디에 갔었어?

⑤ 从哪儿来, 到哪儿去, 你能不能说清楚点儿?
　어디에서 와서 어디로 갔는지 좀 분명하게 말해 줄 수 있어?

⑥ 哪儿有古旧书店?
　어디에 고서점이 있어요?

⑦ 书上说, 哪里有烟火, 哪里就有中国人。
　어디든 밥 짓는 연기가 있는 곳이면 거기에 꼭 중국인이 있다고 책에서 말하더라고.

주의
- '哪儿'은 구어에서 더 많이 사용하고, '哪里'는 문어적 특징을 가지고 있다.

161

→ p.287의 **246** '这' 참고

133

那 그것, 그 사람
nà / nèi

형태 구조
- 那(nèi)＋(양사＋)명사
- 那(nà)＋양사＋명사
- 那(nà)＋是＋명사구

의미 기능 '멀리 있는 것'을 가리킬 때 사용하는 지시대사로, 구어에서는 'nèi'라고 읽는다. '가까운 것'을 가리킬 때는 지시대사 '这'를 사용한다.

사용 환경

1 멀리 있는 사람이나 물건에 대해 말할 때

① 那是谁家的孩子呀？长得真好看。
그 애는 누구네 집 아이예요? 정말 잘생겼네요.

② 我不认识那(个)人，你问别人吧。
저는 그 사람을 모르니 다른 사람에게 물어보세요.

③ 妈，那是什么东西呀，黑乎乎的。
엄마, 그거 뭐예요? 새까맣네요.

④ 那座大厦就是京广中心。
그 건물이 바로 징광센터이다.

⑤ 你别忘了把那些书还给图书馆。
그 책들을 도서관에 반납하는 거 잊지 마세요.

⑥ 你看，那是一批旧电脑，堆那儿好几年了。
봐 봐. 그건 오래된 컴퓨터들이야. 거기 쌓여 있은 지 몇 년 됐어.

2 어떤 물건의 소속, 어떤 사람과의 관계 등에 대해 말할 때

① 那笔是谁的？是你的吗？
그 연필은 누구 거야? 네 거야?

② 那是客人的雨伞，忘了带了。
그건 손님의 우산인데 가져가는 것을 잊어버리셨어요.

③ 他那儿子呀，别提多聪明了！
그 집 아들 말이지. 얼마나 똑똑한지 말도 마!

→ p.289의 **248** '这么⁷' 참고

134

那么 그렇게
nàme

형태 구조
- 주어+那么+형용사
- 那么+형용사+的+명사
- 주어+동사+得+那么+형용사

의미 기능 '정도'를 나타낼 때 사용한다. 약간 과장하는 의미가 있는데, 어떤 때는 화자의 감탄하는 어감만을 강조하기도 한다. 비슷한 것으로 '多么'가 있다.

사용 환경

1 사람이나 물건의 형태에 대해 묘사할 때

① 那条绳子太粗了，有碗口那么粗呢。
이 밧줄은 너무 굵어. 사발만큼이나 굵어.

② 那么大(的)馒头，他竟然能一顿饭吃下五个。
그렇게 큰 만터우를 그는 놀랍게도 한 끼에 다섯 개나 먹었다.

③ 他才十一岁，长得就有他爸爸那么高了。
그 애는 이제 겨우 11살인데 그 애 아빠만큼이나 크게 자랐다.

④ 你看，外面的雪下得那么大，没法回家了。
봐 봐. 밖에 눈이 저렇게나 많이 내리고 있으니 집에 갈 방법이 없어.

⑤ 这里的一切都那么美！
여기의 모든 것이 다 그렇게나 아름답다!

2 쇼핑할 때

① 裙子那么漂亮，买一条吧。
치마가 저렇게 예쁜데, 하나 사자.

② 苹果卖得那么贵，一天卖不了几斤。
사과를 저렇게 비싸게 팔다니, 하루에 몇 근 못 팔겠다.

③ 那么多(的)人排队结账，我们还是再看看有没有其他要买的吧。
저렇게나 많은 사람들이 계산하려고 줄 서 있으니 우리는 사야 하는 다른 게 없는지 더 보는 게 낫겠어.

주의
- '那么'와 '这么'의 구별은 '那'와 '这'의 구별에 있다. 만약 거리를 특별히 강조하지 않는다면 '那么'와 '这么'는 바꿔 써도 된다. 실제로 자주 혼용해서 사용한다.

135

那样 그런, 그렇게
nàyàng

형태 구조
- 那样 + 的 + 명사
- 那样 + 동사구

의미 기능 '성질' '상태' '정도' '방식' 등을 가리킬 때 사용한다.

사용 환경

1 사람이나 물건의 성질, 상태에 대해 말할 때

① 那样的人不值得交朋友。
그런 사람은 친구로 사귈 가치가 없다.

② 那样的纸很少见，你是怎么弄到的?
그런 종이는 아주 희귀해. 너 어떻게 구했어?

③ 我们也用那样的课本，不新鲜。
우리도 그런 교과서를 사용해. 새롭지 않아.

2 어떤 일을 처리하는 방식, 방법 등에 대해 말할 때

① 你应该像她那样跳舞，一边唱，一边跳。
너는 그녀처럼 그렇게 춤을 춰야 해. 노래를 부르면서 춤을 춰.

② 我觉得，那样用笔才能写好毛笔字。
내 생각에는 그렇게 붓을 사용해야 붓글씨를 잘 쓸 수 있는 것 같아.

③ 你不能那样对外国人说话，人家会说你不懂礼貌的。
너 그렇게 외국인에게 말하면 안 돼. 그 사람은 네가 예의 없다고 말할 거야.

주의
- 구어에서는 '那样儿'로도 쓰인다.

136 难道 / 难道说 설마 ~인가?
nándào / nándàoshuō

형태 구조
- 주어 + 难道 + 동사구 (+ 吗)
- 难道 + 주어 + 동사구 (+ 吗)
- 难道说 + 문장 (+ 吗)

의미 기능 사실에 대한 '의심'을 '제기'할 때 사용한다. 반문의 어감이 강하게 나타난다.

사용 환경

1 신분에 대해서 질문할 때

① 你难道不是美国人吗？怎么不说英文呢？
너 설마 미국인이 아닌 건 아니지? 왜 영어를 안 해?

② 你怎么不认识一年级老师，难道你不是一年级的吗？
너 어떻게 1학년 선생님을 몰라? 설마 너 1학년 아닌 건 아니지?

③ 难道(说)你是外星人，为什么一点儿礼貌都没有？
설마 너 외계인이야? 어쩜 예의가 하나도 없어?

2 어떤 상황이나 사실에 대해 말할 때

① 这件事你难道不知道？你是装着没看见吧。
이 일을 너 설마 모르는 거야? 너 못 본 척하는 거지?

② 你难道不认识他吗？他说认识你呀。
너 설마 그 애를 모르는 거야? 그 애는 너를 안다고 말했어.

③ 这么简单的道理，你难道不明白？
이렇게 간단한 도리를 너는 설마 모른단 말이야?

④ 难道说，你怕她吗？你怎么不敢拒绝她呢？
설마하니 너 그 애가 무서운 거야? 너 왜 그 애를 감히 거절 못 해?

3 학생, 아이, 직원 등 다른 사람을 꾸짖을 때

① 这些字我都教过十几遍了，难道你一个都不认识？
이 글자들을 내가 십여 차례 가르쳐 줬잖아. 설마 너 하나도 모르겠다는 거야?

② 一年有半年的时间不来上课，难道(说)这样的学生也能上大学？
1년 중 반년의 시간을 수업 받으러 오지 않았는데, 설마 이런 학생도 대학에 갈 수 있는 거야?

③ 这么简单的工作，难道你完不成？真是的。
이렇게 간단한 일을 설마 너 못 끝낸 거야? 나 참.

④ 爸爸妈妈说的话你难道一句都听不进去？你将来会后悔的。
아버지와 어머니가 하신 말씀을 너 설마 한 마디도 새겨듣지 않은 거야? 너 나중에 후회할 거야.

4 요구 사항을 제시할 때

① 难道让我看一眼都不行吗？
설마 나한테 한번 보여 주는 것도 안 돼요?

② 暑假里我出去玩儿几天，这么点儿要求难道你都不同意？
여름방학 동안 며칠 나가서 놀 건데, 이정도 요구에도 설마 동의하지 않으시는 거예요?

→ p.292의 **251** '동태조사 着¹', p.296의 **255** '正/在/正在……呢' 참고

137
어기조사 呢¹
ne

형태 구조 · 문장 + 呢

의미 기능 상대방에게 지금 일어나고 있는 일에 대해 특별히 말해 줄 때 사용하는 어기조사로, 평서문에 쓰인다.

사용 환경

1 수업, 업무 등에 대해 말할 때

① 汤姆正在教室上课呢，待会儿再来。
톰은 지금 교실에서 수업하고 있어. 이따가 다시 와.

② 大家都在加班呢，你怎么回家了？
모두 야근하고 있는데, 너는 왜 집에 가?

2 가정생활에 대해 말할 때

① 别过去，妈妈在教爸爸怎么做饭呢。
가지 마. 엄마가 아빠에게 어떻게 밥을 짓는지 가르쳐 주고 계셔.

② 杰克正睡觉呢，小声点儿。
잭이 지금 잠을 자고 있으니까 목소리를 작게 하렴.

3 날씨에 대해 말할 때

① 外面正下着大雨呢，别出去了。
　　밖에 지금 비가 많이 내리고 있으니까 나가지 마.

② 现在正刮大风呢，快把窗户关上。
　　지금 바람이 세차게 불고 있어. 창문을 빨리 닫아.

③ 正打雷呢，千万不要待在大树底下！
　　지금 천둥이 치고 있으니까 절대로 큰 나무 밑에 머물면 안 돼!

주의
- '呢'는 자주 '正' '正在' '在(那里)' '着' 등과 같이 사용한다.

138
어기조사 呢 ②
ne

형태 구조
- 문장 + 呢?
- 명사구 + 呢?

의미 기능 '깊이 캐물을 때' 사용한다.

사용 환경

1 사람이나 물건을 찾을 때

① 我女朋友去哪儿了呢?
　　여자 친구가 어디에 간 거지?

② 吉米呢? 再不来我们就不等他了。
　　지미는? 계속 안 오면 우리 기다리지 않을 거야.

③ 我的课本呢?
　　내 교과서는요?

2 선택을 할 때

① 这次运动会，我是参加呢，还是不参加呢?
　　이번 운동회에 나 참가할까, 아니면 참가하지 말까?

② 是你听女朋友的呢，还是你女朋友听你的?
　　네가 여자 친구 말을 듣는 거야, 아니면 네 여자 친구가 네 말을 듣는 거야?

③ 今年暑假，是你回国呢，还是你女朋友来中国呢？
올해 여름방학에 네가 귀국할 거야, 아니면 네 여자 친구가 중국에 올 거야?

④ 爸爸说先吃饭，妈妈说先写作业，
我是先吃饭呢，还是先写作业呢？
아빠는 먼저 밥을 먹으라고 하고 엄마는 먼저 숙제를 하라고 한다.
먼저 밥을 먹을까, 아니면 먼저 숙제를 할까?

3 다른 사람의 확인을 구하고자 할 때

① 你找谁呢？是不是要找那个穿着白T恤的小伙子？
누구를 찾아요? 혹시 하얀색 티셔츠를 입고 있는 저 젊은이를 찾나요?

② 都好半天了，还不开口，你到底想说什么呢？
한나절이 지났는데도 아직 말을 안 하는데, 너 도대체 뭘 말하고 싶은 거야?

③ 我这样做对不对呢？要是不合适，请早点儿告诉我。
제가 이렇게 하는 거 맞아요? 알맞지 않다면 빨리 제게 알려 주세요.

④ 他到底来不来呢？都过了一个小时了。
그 사람 도대체 오는 거야, 마는 거야? 벌써 한 시간이나 지났어.

139 어기조사 呢 ❸
ne

형태 구조
- 주어 + 还/才 + 동사구 + 呢
- 주어 + 可 + 형용사 + 呢
- 주어 + 동사 + 得 + 可 + 형용사 + 呢

의미 기능 '사실'을 '설명'할 때 사용한다. 감탄문에 사용하며 과장의 어감을 띤다.

사용 환경

1 학업이나 업무에 대해 말할 때

① 他不但会说几句汉语，还会写汉字呢。
그는 중국어를 몇 마디 할 수 있을 뿐만 아니라 한자도 쓸 줄 알아.

② 等着瞧吧，难学的还在后头呢！
두고 봐. 배우기 어려운 건 뒷부분에 있다고!

③ 这项工作他不但做完了，而且还做得很好呢!
이 일을 그는 다 끝낸 데다가 아주 잘했다!

2 사람, 물건, 시합 등에 대해서 평가하여 말할 때

① 这个明星长得可漂亮呢!
이 연예인은 정말 예쁘게 생겼다!

② 他的书法可值钱呢，写几个字就能换一辆车。
그의 서예는 정말 값어치가 높다. 몇 글자 쓴 것도 차 한 대와 바꿀 수 있다.

③ 他的国画画得可传神呢，没人比得上!
그의 중국화는 매우 생동감 있다. 따를 자가 없다!

④ 那一球传得可漂亮呢，我从来没见过这样的传球。
그 공 서브한 거 정말 멋졌어. 나는 지금까지 이렇게 공을 서브하는 것을 본 적이 없어.

주의
- '呢❸'는 자주 '还' '可' '才' 등과 같이 사용한다.

140
能❶ ~할 수 있다
néng

→ p.117의 **094** '会❶' 참고

형태 구조 • 주어 + 能 + 동사구

의미 기능 어떤 일을 할 '능력'이 '있음'을 나타낼 때 사용한다.

사용 환경 **1** 학업 능력이나 생활 능력에 대해 말할 때

① 他来中国才三个月，就能用毛笔写字了。
그는 중국에 온 지 이제 겨우 3개월 됐는데 벌써 붓으로 글자를 쓸 수 있다.

② 他刚出院，能自己走路了。
그는 이제 막 퇴원했는데 혼자 걸을 수 있다.

③ 他力气很大，能搬起门口的石狮子来。
그는 힘이 세서 문 앞의 돌사자를 들어 옮길 수 있다.

2 특기, 기술 등에 대해 말할 때

① 他能在米粒儿上画画儿，真了不起。
그는 쌀알 위에 그림을 그릴 수 있다. 정말 대단하다.

② 那个非洲学生不但能唱京剧，而且还能演。
그 아프리카 학생은 경극을 부를 수 있을 뿐만 아니라 연기도 할 수 있다.

> **주의**
> • '能❶'은 어떤 '능력'을 '갖추었음'을 나타내고, '会❶'는 어떤 '능력'을 '배웠음'을 나타낸다. 처음에 어떤 기술을 배워서 할 수 있게 되면 '能❶'과 '会❶'를 모두 사용할 수 있으나, '会❶'를 더 자주 사용하는 편이다. 어떤 능력을 '회복'하게 됐을 때는 '能❶'을 사용한다.
>
> 예) 小弟弟能(会)走了。　　　　他病好了，能下床了。
> 　　어린 남동생은 걸을 수 있다.　그는 병이 나아서 침대에서 내려와 걸을 수 있게 되었다.
>
> 어떤 기술을 갖추어서 그 일을 잘할 때는 '能❶'도 사용할 수 있고 '会❶'도 사용할 수 있다.
>
> 예) 能写会算。　　　　　能说会道。　　　　　能掐会算。
> 　　글을 쓸 줄도 알고 계산도 할 줄 안다.　말솜씨가 좋다.　　정확하게 예측하다.

141

能❷ ~할 수 있다
néng

형태 구조 • 주어 + 能 + 동사구

의미 기능 어떤 일에 대한 '조건'을 나타낼 때 사용한다.

사용 환경

1 학업, 업무에 대해 말할 때

① 如果下午写完作业，我就能跟你一块儿去买东西。
만약 오후에 숙제를 다 하면 너랑 같이 물건 사러 갈 수 있어.

② 终于来电了，我们能看书了。
마침내 전기가 들어와서 우리는 책을 볼 수 있게 되었다.

③ 办公室还没有装修好，公司还不能办公。
사무실에 아직 인테리어를 다 마치지 않아서 회사에서 아직 일할 수 없다.

2 규정, 조건 등을 말할 때

① 他不能喝啤酒，因为他不够二十岁。
그는 맥주를 마실 수 없다. 왜냐하면 그는 20살이 안 되었기 때문이다.

② 妈妈说，不过十九岁，不能谈朋友。
어머니는 19살이 넘기 전에는 연애를 하면 안 된다고 하셨다.

③ 政府规定，儿童不到六岁，不能上小学。
정부 규정에 의하면 아동은 6살이 안 되면 초등학교에 다닐 수 없다.

주의
- 보통 '能❷' 앞에는 '조건'을 나타내는 문장이 온다.

142

能❸ ~할 수 있다
néng

형태 구조 · 주어 + **能** + 동사구

의미 기능 물건의 구체적인 어떤 '용도'를 나타낼 때 사용한다.

사용 환경

1 식품, 약품의 기능에 대해서 소개할 때

① 多吃水果能促进身体健康。
과일을 많이 먹으면 몸을 더 건강하게 만들 수 있다.

② 这种药能降血压。
이 약은 혈압을 낮출 수 있다.

③ 苹果、梨、香蕉、白萝卜，都能帮助消化。
사과, 배, 바나나, 무가 모두 소화를 도울 수 있다.

2 학업, 휴식, 운동 등의 좋은 점에 대해 말할 때

① 读书能使人聪明。
독서는 사람을 똑똑하게 만들 수 있다.

② 多休息一下能缓解近日来的劳累。
많이 좀 쉬어야 최근에 쌓인 피로를 풀 수 있어요.

③ 午休能提高一下午的工作效率。
점심 시간의 휴식으로 오후의 업무 효율을 높일 수 있다.

④ 课余时间，适当的运动能消除疲劳。
수업이 비는 시간에 적당한 운동을 하면 피로를 없앨 수 있다.

143

能 ~할 수 있다
néng

형태 구조 • 주어 + 能 + 동사구

의미 기능 도리상 혹은 어떤 환경 아래 어떤 일을 하도록 '허락'할 때 사용한다.

사용 환경

1 업무, 교제 등의 원칙에 대해 말할 때

① 这项工作他能不能做，要看大家的意见。
이 일을 그가 할 수 있는지에 대해서는 모두의 의견을 들어 봐야 해요.

② 只要法律允许，我一定能帮你。
법적으로 허가만 나면 나는 너를 분명히 도와줄 수 있어.

③ 你怎么能交这样的男朋友？
너 어떻게 이런 남자 친구를 사귈 수가 있어?

2 어떤 환경 아래, 어떤 일의 가능·불가능에 대해 말할 때

① 我们学校，能抽烟的地方很少，我只好把烟戒了。
우리 학교에는 담배를 피울 수 있는 곳이 매우 적어서 나는 담배를 끊을 수밖에 없었어.

② 地铁里不能吃零食，这是新规定，难道你不知道吗？
지하철 안에서는 음식을 먹으면 안 돼. 이건 새 규정인데, 설마 너 모르는 거야?

③ 公园里的花儿不能随便摘。
공원 안의 꽃을 마음대로 꺾으면 안 돼요.

④ 路边不能停车，请您停到停车场吧。
길가에 차를 세우면 안 됩니다. 주차장에 세우도록 하세요.

144
能够 (충분히) ~할 수 있다
nénggòu

형태 구조 • 주어 + 能够 + 동사구

의미 기능 '能'의 강조 형태로, 어떤 일을 할 '능력' '조건' '이유' 등이 있음을 나타낸다. 공식적인 격식체의 색채를 띠고 있다.

사용 환경

1 시합에 대해 말할 때

① 只要有信心，我们就一定能够战胜对手。
  자신감만 있다면 우리는 반드시 적을 이길 수 있다.

② 即使他不上场，我们也能够获得冠军。
  그가 등장하지 않아도 우리는 충분히 1등을 거머쥘 수 있다.

2 독서, 글씨 연습 등에 대해 말할 때

① 你能读懂原著，才能够做好翻译。
  네가 원서를 읽을 수 있어야 번역을 잘할 수 있다.

② 如果你每天练一小时的字，几年下来，你就能够成为书法家。
  만약 네가 매일 한 시간 동안 글씨 연습을 한다면 몇 년 안에 너는 서예가가 될 수 있다.

145 你看……／您看……❶ 봐라
nǐ kàn　　nǐn kàn

형태 구조
- 你看 + 문장
- 您看 + 문장

의미 기능　상대방에게 어떤 상황을 주의하도록 '일깨워' 주거나 새로이 발생한 상황이 마침 자신이 옳았다는 것을 '증명'해 줄 때 사용한다. 구어에서 많이 사용하는 표현이다.

사용 환경

1 시합, 연설, 영화 등의 결과를 추측할 때

① 你看我没说错，巴西队又赢了吧。
봐 봐, 내가 한 말이 맞지. 브라질 팀이 또 이겼잖아.

② 你看，他一上来就进了三个球，根本不像个新手。
봐 봐, 그 애가 등장해서는 골을 세 개나 넣었어. 전혀 아마추어 같지 않아.

③ 你看(/您看)，他一上讲台就紧张。
보세요. 저 사람은 강단에만 서면 긴장해요.

④ 你看，他讲的就是老师说的观点吧。
봐 봐, 그 사람이 말하는 게 바로 선생님이 말한 관점이지?

⑤ 你看(/您看)，这个电影的结局我没猜错吧。
봐 봐, 이 영화 결말 내가 추측한 대로지?

2 어떤 객관적 사실에 대한 추측을 말할 때

① 你看你看，他最后还是来了吧，开始的时候告诉你，你还不信呢。
봐 봐, 그 사람 결국 그래도 왔잖아. 처음에 내가 말했는데도 너는 믿지 않았지.

② 你看，她是英国人，而不是美国人，我没说错吧。
봐 봐, 그 여자는 영국 사람이야. 미국 사람이 아니었어. 내가 말한 게 맞지?

주의
- 상대방에 대한 존중을 나타낼 때는 '您看'을 사용한다.
- 말할 때는 '你看/您看❶' 뒤에서 잠깐 끊어 읽는 것이 자연스럽다.

146

你看…… / 您看……❷ 네가 보기에, 당신이 보기에
nǐ kàn / nín kàn

형태 구조
- 你看 + 문장
- 您看 + 문장

의미 기능 '상의'하거나 다른 사람의 '의견을 물을' 때 사용한다. 구어에서 많이 사용한다.

사용 환경

1 쇼핑 시 상대방의 의견을 물을 때

① 你看那件红色的大衣漂亮吗?
네가 보기에 저 빨간색 외투가 예뻐?

② 你看这本汉语教材实用吗?
네가 보기에 이 중국어 교재가 실용적이야?

2 출장, 여행 시 시간·일정·숙박 등에 대해 물을 때

① 我们明天出发，你看这样行吗?
우리 내일 출발할 건데, 네가 보기에 이렇게 하는 거 괜찮아?

② 到了北京咱们再找宾馆，你看怎么样?
베이징에 도착한 다음에 우리는 호텔을 찾으려고 하는데, 네가 보기에 어때?

③ 你看咱们这几天的日程安排怎么样?
네가 보기에 우리의 요 며칠 일정이 어때?

3 업무, 학업상의 일정·의견·방법 등에 대해 물을 때

① 这项工作让老李来做，您看如何?
이 일을 라오리에게 하라고 시킬 건데, 당신이 보기에는 어떤가요?

② 我们把口语考试安排在周末，您看行吗?
우리는 말하기 시험을 주말에 보려고 하는데, 당신이 보기에는 괜찮나요?

③ 您看让王林来当班长，怎么样?
당신이 보기에 왕린을 반장 시키는 게 어떨 것 같나요?

주의
- 이때는 '你看/您看❷' 뒤에서 끊어 읽지 않아도 된다.

147 ……起来 ❶
qǐlai

형태 구조
- 주어＋从＋장소사＋동사＋起来
- 주어＋동사＋起来＋了
- 주어＋동사＋起＋명사구(＋来)

의미 기능 사람이나 물건이 '낮은 곳에서 높은 곳으로 이동'하거나 무언가가 '없다가 새로이 생겼을 때' 사용한다.

사용 환경

1 서기, 앉기, 머리 들기, 팔 들기, 다리 들기 등의 몸 동작에 대해 말할 때

① 他一听有人叫他，就立刻从座位上站起来了。
그는 누군가 그를 부르는 소리를 듣자 바로 자리에서 일어났다.

② 孩子从床上坐起来，看见妈妈正从外面走来，就又躺下了。
아이가 침대에서 일어나 앉았다가, 엄마가 밖에서 들어오는 것을 보고는 바로 다시 누웠다.

③ 她抬起头来看着我，一句话也不说。
그녀는 고개를 들어 나를 보면서 한 마디 말도 하지 않았다.

④ 快抬起你的脚来，你看你踩到了什么？
빨리 발 들어 올려. 봐 봐, 네가 뭘 밟았는지?

2 자연 현상에 대해 말할 때

① 月亮慢慢地升起来了。
달이 천천히 뜨기 시작했다.

② 瞧，海水涨起来了，沙滩看不见了。
봐 봐, 바닷물이 올라와서 모래사장이 보이지 않아.

3 주택, 다리 등을 짓는 것에 대해 말할 때

① 教学楼终于盖起来了。
강의실 건물이 마침내 지어졌다.

② 长江上架起来了十几座大桥。
양쯔강 위에 십여 개의 다리가 세워졌다.

148 ……起来❷
qǐlai

형태 구조 • 주어+동사+起来+형용사구

의미 기능 어떤 동작의 과정 중 나타나는 '속성'에 대해 말할 때 사용한다.

사용 환경

1 학업, 업무 등에 대해 말할 때

① 这本书读起来很容易，但实际上内容很深。
이 책은 읽기 쉽지만 실제 내용은 매우 심오하다.

② "凸、凹"这两个字看起来简单，写起来还真不容易。
'凸'와 '凹', 이 두 글자는 보이기에는 간단하지만 쓰려면 정말 쉽지 않다.

③ 这个计划实施起来并不难。
이 계획은 실행하기 어려운 것은 아니다.

④ 这个公司管理起来可复杂了，已经换了好几个经理了。
이 회사는 관리하기가 매우 복잡해서 벌써 관리자가 몇 명이나 바뀌었다.

2 도구에 대해 말할 때

① 这种新上市的电脑学起来不容易，用起来也不方便。
새로 출시된 이 컴퓨터는 배우기도 어렵고, 사용하기도 편리하지 않다.

② 这支笔用起来很顺手。
이 펜은 사용하기에 편리하다.

3 음식에 대해 말할 때

① 臭豆腐闻起来臭，吃起来香。
취두부는 냄새를 맡으면 지독하지만 먹으면 맛있다.

② 这家的啤酒喝起来像可乐。
이 집 맥주는 마셔 보면 콜라 같다.

주의 • 동사와 '起来❷' 사이에는 '得'나 '不'를 넣을 수 없다.

149 ……起来 ❸
qǐlai

형태 구조
- 주어+동사+起来(+了)
- 주어+동사+起+명사구(+来)(+了)

의미 기능 어떤 동작이 '시작됨'을 나타낼 때 사용한다. '지속'의 의미도 많이 가지고 있다.

사용 환경

1 노래를 하거나 춤을 출 때
① 她唱起歌来可好听啦。 그녀가 노래를 부르면 정말 듣기 좋다.
② 音乐一响，大家就跳起舞来了。 음악이 울리자 모두들 춤을 추기 시작했다.

2 웃거나 울 때
① 这个孩子似乎受到了什么委屈，见到妈妈，就开始大哭起来。
이 아이는 마치 무슨 억울한 일을 당한 것처럼 엄마를 보자 크게 울기 시작했다.
② 他一句话把大家逗得都笑起来了。
그의 한 마디가 모두를 웃겨서 다들 웃기 시작했다.

3 수다, 상의, 토론 등을 할 때
① 他俩一见面就开始聊起来，聊了整整一下午。
그 둘은 만나자마자 이야기를 시작해서는 오후 내내 이야기를 했다.
② 爸爸妈妈开始商量起孩子上学的事来。
아버지와 어머니는 아이의 진학 문제에 대해 상의하기 시작했다.
③ 大家就这个话题热烈地讨论起来。
모두들 이 화제에 대해 열렬하게 토론하기 시작했다.

4 박수를 치거나 환호할 때
① 他精彩的演讲一结束，掌声就热烈地响起来了。
그의 멋진 연설이 끝나자 박수 소리가 열렬하게 울리기 시작했다.
② 听到这个好消息，大家都欢呼起来。
이 좋은 소식을 듣자 모두가 환호하기 시작했다.

주의
- '起'가 방향보어일 때는 대체로 경성으로 읽으며, '동사+起' 뒤에 오는 목적어가 길 때는 보통 '来'를 쓰지 않는다.

UNIT 08 REVIEW

1 밑줄 친 부분에 대응되는 부분을 중국어 문장에서 찾아 표시해 보세요.

(1) 那(nà)+是+명사구

→ 妈，那是什么东西呀，黑乎乎的。

(2) 주어+동사+得+那么+형용사

→ 你看，外面的雪下得那么大，没法回家了。

(3) 주어+难道+동사구(+吗)

→ 你难道不认识他吗？他说认识你呀。

2 어법의 형태 구조를 떠올리며 제시된 낱말을 바른 순서로 배열해 보세요.

(1)   怎么样   你看   这几天的   咱们   日程安排

→ _____

(네가 보기에 우리의 요 며칠 일정이 어때?)

(2)   也不说   来   她   头   看着我   一句话   抬起

→ _____

(그녀는 고개를 들어 나를 보면서 한 마디 말도 하지 않았다.)

(3)   来了   大家就   跳   音乐   起   舞   一响

→ _____

(음악이 울리자 모두들 춤을 추기 시작했다.)

UNIT 09

150 千万～167 谁

150
千万 절대로, 반드시
qiānwàn

형태 구조
- (주어+)**千万**+不要/别/不能/不可+동사구
- (주어+)**千万**+要/得+동사구
- (주어+)**千万**+동사구

의미 기능 '절대로' '반드시'의 의미를 가진 관용어로, 상대방이 어떤 일을 하지 않도록 '권유'하거나 일어나기 쉬운 어떤 상황을 피할 수 있도록 '주의'를 줄 때 사용한다. 친절한 어감을 띤다.

사용 환경 — 여러 가지 상황에서 충고하거나 조언을 할 때

① 这几天温度一直在下降，你千万不要受凉了。
요 며칠 온도가 계속 내려가고 있으니 너 절대로 찬바람 쐬면 안 돼.

② 第一场考试，千万别紧张。
첫 번째 시험, 절대로 긴장하지 마.

③ 千万不能酒后驾车。
절대로 음주 운전을 해서는 안 된다.

④ 走夜路，千万千万要小心。
밤길을 걸을 때는 반드시 조심해야 한다.

⑤ 出门在外，你可千万要注意！
집을 나가서 밖에 있을 때는 반드시 주의해야 한다!

⑥ 出国的时候，妈妈反复跟我们说，晚上千万不要一个人出门，千万不要到街上乱吃东西，千万不能把护照弄丢了，千万千万要注意身体。
출국할 때 엄마는 우리에게 '저녁에 절대로 혼자 나가지 말고, 절대로 길에서 함부로 음식을 먹지 말고, 절대로 여권을 잃어버리면 안 되며 반드시 건강에 주의해야 한다'고 반복해서 말했다.

151

亲自 직접
qīnzì

형태 구조 • 주어 + 亲自 + 동사구

의미 기능 '자신이 가서 직접 한 일'임을 '강조'할 때 사용한다. 이때의 일은 보통 비교적 중요하거나 의미 있는 일로, 보통은 자신이 가서 하지 않는 일이지만 이번에는 특별히 중요한 일이기에 자신이 직접 가서 했다는 의미를 강조한다.

사용 환경

1 친구나 가족에게 선물을 준비할 때

① 高慧亲自做了一张生日卡片送给我。
까오휘는 직접 생일 카드를 만들어서 내게 줬다.

② 我要亲自挑选送给每个朋友的礼物。
나는 매 친구들에게 줄 선물을 직접 고를 것이다.

2 회의 출석, 회의 조직 등에 대해 말할 때

① 他认为这次会议非常重要，一定要亲自参加。
그는 이번 회의가 중요하다고 생각해서 반드시 직접 참석하려고 한다.

② 他什么会都要亲自安排，什么材料都要亲自准备，什么总结都要亲自写，因为他对别人总是不放心。
그는 어떤 회의든지 직접 계획하고, 어떤 자료든 직접 준비하며, 어떤 최종 결론이든 자신이 직접 써야 한다. 왜냐하면 그는 다른 사람에 대해서 늘 마음을 놓지 못하기 때문이다.

3 문안, 방문, 사과 등에 대해 말할 때

① 这位老领导亲自看望了退休的同事。
이 원로 간부는 은퇴한 동료를 직접 방문했다.

② 你还是亲自去拜访他一下吧，他听得进你的话。
네가 직접 그 사람을 찾아가는 게 좋겠어. 그 사람은 네 말을 들을 거야.

③ 这件事确实是我的错，我要亲自上门道歉。
이 일은 확실히 내 잘못이야. 내가 직접 찾아가서 사과할게.

④ 你亲自去一趟，看看到底发生了什么事。
네가 직접 한번 가서 도대체 무슨 일이 일어난 건지 봐 봐.

152

请 ~하세요
qǐng

형태 구조
- 请
- 请 + 동사구

의미 기능   상대방에게 예의를 차려서 '부탁'할 때 사용하는 존대어이다.

사용 환경

1 환영하거나 대접할 때

① 请。
하시지요.

② 请进。
들어오세요.

③ 请坐。
앉으세요.

④ 请喝茶。
차를 드세요.

⑤ 请看……
~를 보세요.

2 다른 사람에게 어떤 일을 부탁할 때

① 屋里太热，请把窗子打开。
집이 너무 더우니 창문을 열어 주세요.

② 请帮我到网上买几本书送给她，好吗?
나를 도와서 인터넷에서 책 몇 권 사다가 그녀에게 줄 수 있어요?

주의
- '请'과 '동사구' 사이에 '你'나 '你们'을 넣을 수도 있다. 모두 다른 사람이 어떤 일을 하도록 부탁할 때 사용한다.

  예 请你帮我到网上买几本书送给她。
  저를 도와서 인터넷에서 책 몇 권을 사다가 그녀에게 주세요.

  请你们帮我把这篇俄文翻成汉语。
  여러분, 나를 도와서 이 러시아 글을 중국어로 번역해 주세요.

153 请问 실례지만
qǐngwèn

형태 구조 · 请问 + 문장

의미 기능 낯선 사람에게 예의를 갖춰서 '질문'하거나 '부탁'을 할 때 사용한다.

사용 환경

1 길을 물을 때

① 请问，到中文系怎么走?
실례지만, 중문학과 (건물)에 어떻게 가요?

② 请问图书馆在哪儿?
실례지만 도서관이 어디에 있어요?

2 상황이나 원인을 물을 때

① 请问你们这儿有个叫李红的女士吗?
실례지만 여기에 리홍이라는 여자분이 계신가요?

② 请问，你知道他为什么没来吗?
실례지만 그 사람이 왜 안 왔는지 아시나요?

3 다른 사람의 도움을 구할 때

① 请问，我能用一下你的自行车吗?
실례지만 당신의 자전거를 제가 잠시 사용해도 될까요?

② 请问，你能陪我聊聊天儿吗?
실례지만 저와 함께 이야기 좀 하실 수 있으세요?

주의 · 잘 아는 사람에게는 '请问'을 사용하지 않는다. 따라서 집에서는 보통 쓰지 않으며, 동료에게도 잘 쓰지 않는다. 어른이나 형제·자매에게는 이름을 직전저으로 부르거나 가족 호칭을 사용한다.

154

 가다
qu

형태 구조 • 주어 + 去 + 장소사(+ 동사구)

의미 기능 어떤 일을 하기 위해 가는 '장소'를 이끌어 내는 데 사용한다.

사용 환경

1 목적, 계획, 구체적인 방법 등에 대해 말할 때

① 他们早就想去中国学中文、做生意了。
그들은 진작 중국에 가서 중국어를 배우고 사업을 하고 싶어했다.

② 为写论文，我得去图书馆查书。
논문을 쓰기 위해 나는 도서관에 가서 책을 찾아야 한다.

③ 这个问题，你去王老师那儿问问。
이 문제는 네가 왕 선생님을 찾아가서 물어봐.

2 어떤 곳에 가서 어떤 일을 하는지 말할 때

① 我们想暑假去国外看看。
우리는 여름방학에 외국에 나가 보려고 해.

② 我要去机场接女朋友，你帮我买一束鲜花儿吧。
나는 여자 친구를 데리러 공항에 가려고 해. 날 도와서 생화 한 다발 좀 사 줘.

③ 妈妈去超市买东西了，很快就回来。
엄마는 슈퍼에 물건을 사러 가셨는데, 곧 돌아오실 거예요.

155 去² qu

형태 구조
- 방향동사(+장소사)+去
- 동사+방향동사(+장소사)+去
- 동사+去

의미 기능 동작의 이동이 '말하는 사람 쪽으로부터 멀어지는 방향으로' 이루어짐을 나타낼 때 사용한다.

사용 환경

1 건물 위아래를 오르내릴 때, 건물을 출입할 때, 어떤 곳에 도착하거나 돌아올 때

① 赶快上楼去!
어서 빨리 위층으로 가세요!

② 你快点下去吧，有人在楼下等你。
너 빨리 내려와. 어떤 사람이 밑에서 너 기다리고 있어.

③ 我看见他们几个走了进去，但没有见他们出来。
나는 그 사람들 몇 명이 들어가는 것을 봤어. 하지만 그 사람들이 나오는 것은 보지 못했어.

④ 你快回家去吧，全家人都在等你吃饭呢。
너 빨리 집에 가. 온 가족이 네가 (와서 같이) 밥 먹기를 기다리고 있어.

⑤ 他们出国去了，你过两个礼拜再来吧。
그들은 외국에 나갔으니 2주일이 지난 후에 다시 오세요.

⑥ 玛丽到中国去了，有什么事你可以直接打电话。
마리는 중국에 갔어. 무슨 일 있으면 직접 전화해도 돼.

⑦ 我想早点儿回学校去。
나는 일찍 학교에 돌아가고 싶다.

2 물건을 꺼낼 때, 줄 때, 빌릴 때

① 他把这些东西拿回家去了。
그는 이 물건들을 가지고 집에 갔다.

② 你快点儿把钱给儿子送去，他等着交学费呢。
빨리 돈을 아들에게 보내 주세요. 그 애가 학비 내려고 기다리고 있어요.

③ 我刚买回来的书就被他借去了，还没来得及翻翻。
내가 막 사 가지고 온 책을 그 애가 빌려 갔어. 아직 펴 보지도 않았는데 말이야.

156

全❶ 완비하다, 모든
quán

형태 구조
- 주어+(不+)全
- 주어+동사+全+了
- 全+명사

의미 기능 완벽해서 '모자람이 없음'을 나타낼 때 사용한다. '전부' '모두'의 의미를 나타내기도 한다.

사용 환경

1 필기나 자료를 정리할 때

① 这本笔记不全，少了三页。
이 필기는 완벽하지 않다. 세 페이지가 부족하다.

② 你把笔记补全了，我再复印吧。
네가 필기를 완벽하게 보충하면 내가 복사할게.

③ 这些参考资料不全，你再找找别的资料。
이 참고 자료는 완벽하지 않아. 다른 자료를 더 찾아봐.

2 범위에 대해 말할 때

① 全国都在准备奥运会。
전국이 올림픽을 준비하고 있다.

② 奥运会的时候，全世界的人都在看。
올림픽 때 전 세계 사람들이 모두 보고 있었다.

③ 全校的同学都集中到了操场上。
전교생이 모두 운동장에 모였다.

④ 这本书全书共有十章，每一章写得都很精彩。
이 책 전집은 모두 10편이다. 모두 다 훌륭하게 썼다.

3 종류에 대해 말할 때

① 那个花店花儿的品种最全，你可以去看看。
그 꽃집이 꽃 품종을 가장 잘 갖추고 있으니 한번 가 보는 게 좋겠어.

② 他收藏的中国邮票很不全，连2008年奥运会纪念邮票都没有。
그가 소장한 중국 우표는 완벽하지 않다. 2008년 올림픽 기념우표도 없다.

157

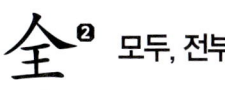

全 모두, 전부
quán

→ p.074의 053 '都', p.215의 182 '……完' 참고

형태 구조
- 주어+把+목적어+全+동사구+了
- 목적어+(让+)주어+全+동사구+了

의미 기능 빠짐없이 갖춰진 '전체' '총체'를 가리킬 때, 혹은 '가리키고 있는 범위에 예외가 없음'을 나타낼 때 사용한다.

사용 환경

1 학업, 일의 내용에 대해 말할 때

① 他把今天学过的课文全背下来了，一字不漏，真厉害。
그는 오늘 배운 본문을 모두 다 외웠다. 한 자도 빠뜨리지 않다니 정말 대단하다.

② 那么多书，他一个晚上就全看完了。
그렇게 많은 책을 그는 하룻밤 사이에 전부 다 읽었다.

③ 他把这次会议的内容全都记录下来了。
그는 이번 회의 내용을 모두 기록했다.

2 의식주 등 일상생활에 대해 말할 때

① 他把锅里的汤全喝了，别人一口都没喝着。
그가 냄비 안의 국물을 모두 먹어서 다른 사람은 한 모금도 못 먹었다.

② 碗里的饺子让他全吃了，一个也没剩。
그릇 안의 물만두는 그가 다 먹었다. 하나도 남기지 않았다.

③ 我把这个店里的衣服全试了一遍，没一件合身的。
나는 이 상점의 옷을 전부 한 번씩 입어 보았지만, 몸에 맞는 게 한 벌도 없다.

④ 这几个酒店我全都住过，都还不错。
이 몇 군데 호텔 모두 내가 묵어 봤는데, 다 괜찮은 편이다.

158

让 ~에 의해서 ~되다
ràng

형태 구조 • 주어 + 让 + 명사구 + (给+)동사구 + 了

의미 기능 동작의 행위자가 불러일으킨 결과가 좋지 않을 때 사용한다. 주로 구어체 '피동'문형에서 많이 사용된다.

사용 환경

1 물건을 도난 당하거나 잃어버렸을 때, 물건이 망가졌을 때

① 我刚买的自行车就让人(给)偷了。
내가 막 산 자전거가 도난 당했다.

② 哥哥的手机让弟弟(给)用坏了。
형의 휴대전화를 동생이 사용하다 망가뜨렸다.

③ 对不起，你的书让我(给)弄丢了，我给你买一本新的吧。
미안해. 네 책을 내가 잃어버렸어. 내가 새것으로 한 권 사 줄게.

2 날씨가 가져온 나쁜 영향에 대해 말할 때

① 刚出教室，就下起雨来，衣服都让雨(给)淋湿了。
막 교실을 나오니 비가 쏟아지기 시작해서 옷이 비에 다 젖었다.

② 一不小心，我的帽子让风(给)吹跑了。
아차 하는 순간 내 모자가 바람에 날아갔다.

③ 窗户让大风吹坏了一扇，找个工人来修修吧。
창문이 세찬 바람에 한 짝이 망가졌어. 기술자를 불러서 수리를 좀 해.

3 물품이 손상 당했을 때

① 她的裙子让树枝(给)划破了。
그녀의 치마가 나뭇가지에 긁혀서 찢어졌다.

② 昨天晚上，马路两边的小树苗让人(给)拔了，大树也让人(给)砍了。
어제저녁에 길 양쪽의 어린 묘목이 사람들에 의해 뽑혔고, 큰 나무도 사람들에 의해서 베였다.

> **주의**
> - '让'자 문형과 '叫'자 문형은 구어체 피동문형으로서 많이 사용되는 문형으로, 공식적인 상황에서 쓰이는 '被'자 문형과 기본적으로 의미가 같다. '让'자 문형이 '叫'자 문형보다 좀 더 편하게 쓰인다.
> - '被'자 문형에서는 동작의 행위자가 가끔은 생략되기도 하지만, '让'자 문형에서는 생략될 수 없다.

159

······ 上❶ 오르다
shàng

형태 구조 • 주어 + 동사 + 上 + 장소

의미 기능 사람이나 물건이 '낮은 곳에서 높은 곳으로' 이동함을 나타낼 때 사용한다.

사용 환경

1 산이나 언덕을 오를 때

① 没想到，这位老人一步一步慢慢地走上了山顶。
생각지도 못하게, 이 노인은 한 발자국씩 천천히 걸어 산 정상에 올랐다.

② 我的狗跟我一块儿爬上了长城，可是它下不来了，我只好把它抱下来。
내 개는 나와 같이 만리장성(长城)에 올랐지만, 개가 내려오지를 못해서 내가 안고 내려오는 수밖에 없었다.

2 건물을 오를 때

① 电梯坏了，我们只能走上七楼。
엘리베이터가 고장 나서 우리는 7층까지 걸어서 올라갈 수밖에 없었다.

② 把这张桌子搬上楼梯很容易，搬下楼梯可就难了。
이 책상을 계단으로 올려 옮기는 것은 쉬운데, 계단으로 내려 옮기는 것은 무척 어렵다.

160 ……上❷
shàng

형태 구조 • 주어+동사+上(+명사구)

의미 기능 사람이나 물건이 동작을 통해 어떤 '결과'나 '목적'에 '이르렀음'을 나타낼 때 사용한다.

사용 환경

1 문이나 창문을 닫을 때, 전원을 끌 때

① 窗户关上了，怎么还有风？
창문을 닫았는데, 왜 아직도 바람기가 있지?

② 出去的时候，别忘了锁上门。
나갈 때 문 잠그는 거 잊지 마.

③ 睡觉前，一定要关上电视。
잠자기 전에 반드시 텔레비전을 꺼야 해.

④ 开会前，大家一定要把手机关上。
회의 전에 모두들 꼭 휴대전화를 꺼야 합니다.

2 의류나 잡화를 입어 보거나 착용할 때

① 刚买的裙子，她就穿上了。
아까 산 치마를 그녀가 입었다.

② 你戴上这只戒指，好漂亮！
네가 낀 이 반지, 정말 예쁘다!

③ 太冷了，快把围巾和手套戴上。
너무 추우니까 빨리 목도리와 장갑을 착용하세요.

3 이름을 쓸 때, 양식이나 표의 빈칸을 채울 때

① 请在表格中填上你的国籍、学号、护照号，并签上你的名字。
표 안에 당신의 국적, 학번, 여권 번호를 채워 쓰고, 서명하세요.

② 请在这儿写上你的名字和手机号码。
여기에 당신의 이름과 휴대전화 번호를 쓰세요.

4 대학에 붙었을 때, 어떤 직위를 맡을 때

① 经过三年的刻苦学习，王明考上了北京大学。
3년 간 각고로 공부하여 왕밍은 베이징대학에 합격했다.

② 他当上班长以后，给大家做了很多好事。
그는 반장이 된 후 모두를 위해 좋은 일을 많이 했다.

③ 通过自己的努力，他终于当上了董事长。
자신의 노력으로 그는 드디어 이사장이 되었다.

161

······上❸
shàng

형태 구조
- 명사 + 上
- 在/从 + 명사 + 上

의미 기능 물체의 '꼭대기'나 '표면'을 나타낼 때 사용한다.

사용 환경 — 탁자, 벽, 바닥, 소파, 침대 등의 위를 가리킬 때

① 桌子上有一本书，桌子下有几条狗。
책상 위에는 책이 한 권 있고, 책상 아래에는 개가 몇 마리 있다.

② 他宿舍的墙上挂着女朋友的大头像。
그의 기숙사 벽 위에는 여자 친구의 프로필 사진이 걸려 있다.

③ 沙发上很干净，连一点儿灰尘都没有。
소파 위는 아주 깨끗해서 조금의 먼지도 없다.

④ 她一下子从床上爬起来，套上衣服就走。
그녀는 단번에 침대 위에서 일어나 옷을 걸치고는 나갔다.

⑤ 猫喜欢在窗台上睡觉，狗喜欢在床底下趴着。
고양이는 창문턱 위에서 잠자는 것을 좋아하고 개는 침대 밑에 엎드려 있는 것을 좋아한다.

⑥ 我一开门，"啪"的一声，房顶上的灯突然掉到了地上。
내가 문을 열자 '팍'하는 소리와 함께 지붕 위의 등이 갑자기 바닥으로 떨어졌다.

…… 上 ④
shàng

형태 구조
- 명사 + 上
- 在/从 + 명사 + 上

의미 기능 영향을 미치는 '범위', '방면', '각도' 등을 나타낸다.

사용 환경

1 어떤 범위에 대해 말할 때

① "知识就是力量"，书上都是这么说的。
'아는 것이 힘이다', 책에서 모두 이렇게 말하고 있어요.

② 她觉得自己是世界上最幸福的人。
그녀는 자신이 세상에서 가장 행복한 사람이라고 생각한다.

③ 我已经从报纸上看到了地震的消息。
나는 이미 신문에서 지진 기사를 보았다.

④ 中国足球在技术上也比对手落后。
중국 축구는 기술상으로도 상대 팀에 비해 뒤떨어진다.

2 해야 하는 일, 해결해야 하는 문제의 방식이나 각도 등을 말할 때

① 要在汉字上下多少工夫才能学好汉语呢？
한자에다가 공을 얼마나 들여야 중국어를 마스터할 수 있는 거야?

② 在留不留学这件事上，他和父母的意见不同。
유학을 할지 말지하는 이 일에 있어 그와 부모의 의견은 서로 다르다.

③ 他们从理论上首次解决了这个难题。
그들은 이론상 처음으로 이 어려운 문제를 해결했다.

주의
- 영향을 미치지 않는 범위나 방면에 대해서는 '在'와 '从'을 바꿔 쓸 수 없다.
  예 他在原则问题上从来不妥协。(O) / 他从原则问题上从来不妥协。(✕)
  그는 원칙적인 문제에서는 지금까지 타협하지 않았다.

163 ……上来❶
shànglai

형태 구조
- 동사+上来(+명사구)
- 把+명사구+동사+上来
- 동사+명사구+上来

의미 기능 사람이나 물건이 '낮은 곳에서 말하는 사람이 위치한 높은 곳으로' 이동함을 나타낼 때, '먼 곳에서 말하는 사람이 위치한 곳으로 가까이 다가옴'을 나타낼 때 사용한다.

사용 환경

1 물건을 옮길 때, 물건을 가지고 이동할 때

① 所有的家具都搬上来了。
모든 가구를 다 운반해 가지고 올라왔다.

② 他从楼下搬了一把椅子上来。
그는 아래층에서 의자 하나를 옮겨 가지고 왔다.

③ 小明，一会儿上楼的时候你帮我把报纸拿上来。
샤오밍, 이따가 위에 올라올 때 나를 도와서 신문을 가지고 올라와 줘.

2 밥, 요리, 차 등을 식탁 위에 올릴 때

① 我到家的时候，妈妈已经把饭菜端上来了。
내가 집에 도착했을 때 어머니는 이미 밥과 반찬을 내들고 오셨다.

② 客人来了好半天了，你还不把茶端上来?
손님이 온 지 한참이 되었는데, 아직도 차를 내놓지 않은 거예요?

3 낚시할 때

① 第一次钓鱼，他就钓上来了一条大鱼。
처음 하는 낚시에서 그는 대어 한 마리를 낚아 올렸다.

② 我钓鱼时，没想到虾从水里跳上来了。
내가 낚시할 때 생각지도 못하게 새우가 물에서 튀어 올라왔다.

164 ……上来 ❷
shànglai

형태 구조
- 주어 + 동사 + 上来 + 목적어
- 목적어 + (주어+)동사 + 上来

의미 기능 방향보어의 기본 의미에서 파생된 의미로, 성공적으로 어떤 '동작'을 '완성'했음을 나타낼 때 사용한다.

사용 환경

1 문제에 대답하거나 답안을 말할 때

① 那个问题开始我答不上来，经老师一提醒，就答上来了。
그 문제에 나는 처음에는 답하지 못했지만 선생님의 힌트를 통해 답할 수 있었다.

② 他问我为什么会发生这样的事，我也说不上来。
그는 내게 왜 이런 일이 일어난 건지 물었지만 나도 대답할 수 없었다.

2 이름을 부를 때

① 甲：你还叫得上来叫不上来她的名字？
갑: 너 이제 그 여자 이름 제대로 부를 수 있어?

乙：是玛丽吗？
을: 마리 말이야?

丙：哈，你竟然叫上来了。
병: 헉, 제대로 부르다니 웬일이야.

② 你问我他叫什么名字，我还真说不上来。
너는 내게 그의 이름이 무엇인지 묻는데, 나도 정말 말할 수가 없다.

주의 • 동사와 '上来' 사이에 '得'나 '不'를 넣어 가능·불가능을 나타낸다. 이러한 문형에서 동사는 '说(말하다)' '答/回答(대답하다)' '背(외우다)' '叫(부르다)' '念(읽다)' 등과 같이 언어와 관련된 몇 개 단어로 제한된다. 목적어는 자주 문장 앞에 위치한다.

165

……上去❶
shàngqu

형태 구조
- 주어 + 동사 + 上去
- 주어 + 把 + 목적어 + 동사 + 上去
- 목적어 + (주어 +) 동사 + 上去 + 了

의미 기능 사람이나 물건이 '말하는 사람이 위치한 낮은 곳에서 높은 곳'으로 이동함을 나타낼 때, '말하는 사람이 위치한 곳에서 먼 곳'으로 이동함을 나타낼 때 사용한다.

사용 환경

1 위층으로 올라가거나 등산할 때, 나무를 타고 올라갈 때

① 妈妈在楼上叫我，我就立刻跑上楼去。
엄마가 위층에서 나를 불러서 나는 곧 위층으로 뛰어 올라갔다.

② 听到山上的人在叫他，他就立刻跑了上去。
산 위의 사람이 그를 부르는 소리를 듣고 그는 곧 뛰어 올라갔다.

③ 小猴子已经爬上去了，老猴子还坐在树下一动不动。
새끼 원숭이는 벌써 기어 올라갔는데, 나이 든 원숭이는 여전히 나무 아래에서 전혀 움직이지 않고 있다.

④ 甲: 这么高的城墙，他们是怎么上去的?
갑: 이렇게 높은 성벽을 그들은 어떻게 올라갔을까?

乙: 有跳上去的，有爬上去的，有跑上去的。
을: 깡충 뛰어 올라간 사람도 있고, 기어 올라간 사람도 있고, 뛰어 올라간 사람도 있겠지.

2 물건을 옮기거나 물건을 가지고 이동할 때

① 你家住在六楼，要把这么多家具搬上去，真不容易。
너희 집 6층에 사는데, 이렇게 많은 가구를 운반해서 올라가려면 정말 쉽지 않겠다.

② 甲: 那么多东西你们是怎么搬上六楼去的?
갑: 그렇게 많은 물건들을 너희는 6층으로 어떻게 운반해 올라간 거야?

乙: 有拿上去的，有背上去的，大多数是抬上去的。
을: 손에 들고 올라간 것도 있고, 등에 지고 올라간 것도 있는데, 대부분은 짊어 올라갔어.

③ 他力气大，一次就把所有的书抱了上去。
그는 힘이 세서 한번에 모든 책을 안고 올라갔다.

④ 这些材料，他刚拿上去，你又叫他送下来，你烦不烦?
이 자료는 그 사람이 막 가지고 올라간 건데, 너는 또 그 사람더러 가지고 내려오라고 하니. 너 성가시지도 않아?

주의
- '동사+上去❶' 뒤에는 목적어가 보통 오지 않는다. 목적어가 있을 때는 대부분 목적어를 동사 앞에 위치시킨다.

166

······上去❷
shàngqu

형태 구조
- 주어+把+목적어+동사+上去
- 목적어+(주어+)동사+上去+了

의미 기능 기본 의미에서 파생된 의미로, 동작을 통해 물건을 어떤 곳에 '고정'시키거나, 내용을 '첨가'하거나 물건의 양쪽을 '연결'함을 나타낼 때 사용한다.

사용 환경

1 물건을 걸거나 붙일 때

① 这幅画儿很漂亮，你把它挂上去吧。
이 그림이 예쁘니까 이것을 걸도록 해.

② 邮票都贴上去了，可是都贴错了地方。
우표를 다 붙이긴 했는데, 전부 잘못 갖다 붙였다.

2 양식에 자료를 기입하거나 내용을 추가할 때

① 填写报名表时，他把妈妈的名字也填上去了。
신청서를 기입할 때 그는 엄마의 이름도 써넣었다.

② 出国前，每个运动员的材料都要报上去。
출국 전에 모든 운동선수의 데이터를 보고해야 한다.

③ 这个合同很重要，你把这条规定也加上去吧。
이번 계약은 중요하니까 이 규정도 추가하세요.

④ 你们全家的名字和电话我们都给写上去了，你来看看写得对不对。
너희 전 가족의 이름과 전화번호를 우리가 써넣었어. 와서 쓴 게 맞는지 좀 봐 봐.

3 전화선을 연결하거나 코드를 꽂을 때, 유리를 맞출 때

① 电话线接上去了，现在可以打了。
전화선이 연결되었으니 이제 전화하실 수 있습니다.

② 你先把电源插上去，看看有没有电。
우선 코드를 꽂고 전원이 들어오는지 한번 봐 봐.

③ 玻璃已经安上去了，风吹不进来了。
유리를 이미 맞추어서 바람이 들어오지 못한다.

167

谁 누구
shéi (shuí)

형태 구조
- 주어+是+谁
- 주어+동사+谁
- 谁+是+명사구

의미 기능 의문대사로, '사람'에 대해 '질문'할 때 사용한다.

사용 환경 — 사람에 대해 질문할 때

① 你是谁? 너는 누구야?
② 你喜欢谁? 너는 누구를 좋아해?
③ 谁是你要找的人? 누가 네가 찾는 사람이야?
④ 谁是你们的班主任? 누가 니희 반 담임선생님이야?
⑤ 你的班主任是谁? 너희 반 담임 선생님이 누구야?

주의 • '小王是谁?'와 '谁是小王?'이라는 문장에는 의미상 차이가 있다. '小王是谁?'는 보통 구체적으로 '小王'이 어떤 사람인지 묻는 것이고, 제한된 범위가 없다. 그에 반해 '谁是小王?'은 종종 이미 정한 범위 안에서 '小王'이라는 인물에 대해 묻는 것이다. 따라서 중국어에서는 '谁是他?'라는 문장을 쓰지 않는다.

REVIEW

1 밑줄 친 부분에 대응되는 부분을 중국어 문장에서 찾아 표시해 보세요.

(1) 주어+让+명사구+(给)+동사구+了
→ 一不小心，我的帽子让风(给)吹跑了。

(2) 주어+동사+上来+목적어
→ 他问我为什么会发生这样的事，我也说不上来。

(3) 주어+동사+上去
→ 妈妈在楼上叫我，我就立刻跑上楼去。

2 어법의 형태 구조를 떠올리며 제시된 낱말을 바른 순서로 배열해 보세요.

(1)　千万　　酒后驾车　　不能

→ _____
(절대로 음주 운전을 해서는 안 된다.)

(2)　我　学校　回　想　去　早点儿

→ _____
(나는 일찍 학교에 돌아가고 싶다.)

(3)　操场上　都　全　同学　集中到了　校的

→ _____
(전교생이 모두 운동장에 모였다.)

UNIT 10

168 ……什么的～187 ……为了

168 ……什么的 등등
shénmede

형태 구조
- 명사(구)❶、……、명사(구)❷ + 什么的
- 동사(구)❶、……、동사(구)❷ + 什么的

의미 기능 '열거되는 것이 끝이 없음'을 나타낼 때 사용하는 표현으로, 구어적 색채가 강하다.

사용 환경 — 물품이나 항목을 나열할 때

① 车子上装着很多水果，有苹果、梨、桃子、橘子什么的。
차에 많은 과일을 넣어 놓았다. 사과, 배, 복숭아, 귤 등이 있다.

② 他喜欢打篮球、踢足球、下象棋什么的。
그는 농구하기, 축구하기, 장기 두기 등을 좋아한다.

③ 他的房间实在太乱了，衣服、书什么的堆得到处都是。
그의 방은 정말이지 너무 지저분하다. 옷, 책 등이 곳곳에 쌓여 있다.

④ 拉萨城要说大不大，但说小也不小，因此平常上下班、朋友聚会什么的，没车真不方便。
라싸 시는 크다고도 할 수 없지만 작다고도 할 수 없다. 그래서 평소 출퇴근이나 친구 모임 등을 할 때 차가 없으면 정말 불편하다.

169 什么地方 어느 곳
shénme dìfang

형태 구조
- 주어 + 在 + 什么地方
- 주어 + 是 + 什么地方
- 什么地方 + 형용사구
- 什么地方 + 동사구

의미 기능 '장소'를 물을 때 사용한다.

사용 환경 — 자신이 있는 장소나 가고 싶은 장소에 대해 물을 때

① 保密室在什么地方，只有他一个人知道。
비밀 장소가 어디에 있는지 오직 그 사람 혼자만 알고 있다.

② 这里是什么地方？
여기는 어디야?

③ 北京什么地方好玩儿，你知道吗？
베이징은 어디가 놀기 좋은지 아세요?

④ 什么地方卖冰糖葫芦？我想买几串带回美国。
어디에서 빙탕후루를 파는 거야? 몇 개 사서 미국에 가지고 가고 싶어.

주의
- '这是哪儿？'은 미지의 신비한 곳에 대하여 물을 때 사용하는 표현으로, '의아'하거나 '희한하다'는 의미를 내포하고 있다. '这是什么地方？'은 지도를 가리키며 장소를 물을 때처럼 '구체적인 장소'를 묻는 경우에 사용한다.

➡ p.124의 **099** '几点' 참고

170

什么时候 언제
shénme shíhou

형태 구조 • 주어 + **什么时候** + 동사구?

의미 기능 '어떤 일을 하기로 한 시간' 혹은 '어떤 일이 이미 발생한 시간'을 물을 때 사용한다.

사용 환경

1 어떤 일의 시간 계획에 대해 물을 때

① 你们打算什么时候结婚?
너희는 언제 결혼할 계획이야?

② 去耶鲁上学, 你什么时候动身?
예일대학에 가는 거 언제 출발할 거야?

③ 你们学校今年什么时候开学?
너희 학교는 올해 언제 개학해?

④ 你什么时候开始休假?
너희는 언제 휴가가 시작돼?

⑤ 你什么时候能回来啊?
너는 언제 돌아올 수 있어?

2 일이 발생한 시간에 대해 물을 때

① 你什么时候到北京的? 怎么也不告诉我一声?
너 언제 베이징에 왔어? 왜 나한테도 말을 안 한 거야?

② 他是什么时候发现的这个秘密?
그 사람이 언제 이 비밀을 발견했어?

③ 你是什么时候跟他谈朋友的? 又是什么时候分手的?
너는 언제 그 사람이랑 연애한 거야? 또 언제 헤어진 거야?

주의
- '什么时候'는 구어적인 색채가 강하고, '什么时间'은 공식적인 격식체의 색채가 강하다.
- 사건이 '발생한' 시간을 물을 때는 문장 끝에 '的'를 붙인다. 동사와 목적어 사이에 '的'를 붙이기도 한다.
  예 你什么时候到北京的? / 你什么时候到的北京? 너 언제 베이징에 왔어?
- '什么时候'를 사용한 질문에는 꼭 구체적인 시간을 대답하지 않아도 된다. 가리키는 시간 범위가 비교적 광범위하기 때문에, 시간대와 시점을 말해도 되고 그보다 더 광범위해도 된다. 그에 반해 '几点'은 '특정한 시간'을 들어 대답해야만 한다. 예를 들어 '你什么时候去长城?(너 언제 만리장성에 갔어?)'이라는 질문에는 '周一去长城。(월요일에 만리장성에 갔어.)' 혹은 '十点去。(10시에 갔어.)'라고도 대답할 수 있지만, '你几点去长城?(너 몇 시에 만리장성에 갔어?)'라는 질문에는 반드시 정확한 시간을 들어 대답해야 한다.

171

是❶ ~이다
shì

형태 구조 • 명사구❶ + 是 + 명사구❷

의미 기능 '是'는 '명사구❶'이 '명사구❷'의 '범주 유형'에 속하는 것이라고 확인하는 기능을 한다.

사용 환경 ① 사람을 소개하거나 상황을 설명할 때

① 《红楼梦》的作者是曹雪芹。
「홍루몽」의 작가는 조설근이다.

② 我来给你们介绍一下，他是老师，我是学生。
제가 여러분에게 소개해 드릴게요. 저 분은 선생님이시고, 저는 학생이에요.

③ 他是北京人，我是南京人，我们都是大城市里长大的人。
그는 베이징 사람이고, 나는 난징 사람이다. 우리는 모두 대도시에서 자란 사람들이다.

④ 我和王林是多年的好朋友。
나와 왕린은 오래된 친한 친구이다.

② 어떤 건축물의 위치나 두 건축물 간의 위치 관계를 소개할 때

① 前面就是图书馆，图书馆左边是办公楼。
앞은 도서관이고 도서관 왼쪽은 사무실 건물입니다.

② 这是我的宿舍，那边是我们的教室。
여기가 우리 기숙사이고, 저기는 우리 교실이야.

주의
• '张三是学生。(장산은 학생이다.)'라는 문장은 '张三'이 '学生' 유형에 속한다는 것을 뜻한다.

• '是'가 강조의 뜻이 아닐 때는 뒤에 형용사가 올 수 없다. 예를 들어 '这张桌子是大。'의 의미는 '这张桌子确实大。'(It's true that this table is big.)라는 의미이지 '这张桌子是大的。'(The table is a big one.)라는 의미가 아니다.

172

是 ❷ ~이다
shì

형태 구조
- 주어 + 是 + 형용사 + 명사
- 주어 + 是 + 수량사 + 명사
- 주어 + 是 + 명사 + 的
- 주어 + 是 + 형용사 + 的

의미 기능 사람이나 사물의 '특징'이나 '재료'를 설명할 때 사용한다.

사용 환경

1 사람의 외모를 묘사할 때

① 中国人大多数是黑头发，黄皮肤。
중국인은 대다수가 검은 머리에 황색 피부이다.

② 打篮球的人一般都是高个子。
농구하는 사람은 보통 키가 크다.

③ 他喜欢的女同学都是大眼睛，高鼻子。
그가 좋아하는 여자 친구들은 모두 눈이 크고 코가 높다.

2 사물의 특징을 묘사할 때

① 这张桌子是三条腿，可是都不一样长。
이 책상은 다리가 세 개인데 길이가 다 다르다.

② 你的大衣是毛领子，我的是皮领子，我俩换着穿穿，怎么样?
네 옷은 털 칼라인데, 내 것은 가죽 칼라야. 우리 둘이 바꿔서 입어 보자. 어때?

③ 他的帽子是蓝色的，不是绿色的。
그의 모자는 파란색이지 녹색이 아니다.

④ 我用的电脑都是最流行的。
내가 사용하는 컴퓨터는 전부 최근에 유행하는 것이다.

173

是……不是……/不是……是……
shì　　　bú shì　　　bú shì　　　shì

~이지 ~가 아니다 / ~가 아니라 ~이다

형태 구조
- 주어+**是**+동사구, **不是**+동사구
- **不是**+주어❶+동사구, **是**+주어❷+동사구

의미 기능 '목적'을 '설명'하거나 '원인'을 '해명'할 때 사용한다. 해명을 강조하는 의미가 있다.

사용 환경

1 어떤 일을 하는 목적을 설명할 때

① 这次我来中国是学汉语，不是度假，请不要对我这么照顾。
이번에 내가 중국에 온 것은 중국어를 공부하기 위해서지 휴가를 보내기 위해서가 아닙니다. 내게 이렇게 신경 쓰지 말아 주세요.

② 这次我是来度假，不是来学习，请你不要给我安排课。
이번에 나는 휴가를 보내러 왔지 공부하러 온 것이 아니니 내게 수업을 배정하지 마세요.

③ 我来找你是想解决问题，不是来跟你吵架的。
나는 문제를 해결하고 싶어서 너를 찾아온 거지, 너랑 싸우려고 온 게 아니야.

④ 暑假打工，我不是想挣钱，只是想锻炼锻炼自己。
여름방학에 아르바이트를 하는 것은 돈을 벌고 싶어서가 아니라 그저 자신을 단련하고 싶어서이다.

2 어떤 상황이 일어난 원인을 해명할 때

① 不是他不想去，是父母不让他去。
그 사람이 가고 싶어하지 않는 것이 아니라 부모가 그를 못 가게 하는 것이다.

② 不是他不知道，是他不想告诉你。
그 사람은 모르는 게 아니라 네게 말하고 싶지 않은 거야.

③ 不是我不喜欢吃，是我已经吃得太饱了。
먹기 싫은 게 아니라 내가 이미 너무 배부르게 먹어서 그래.

주의 · 읽을 때는 '不是' 뒤의 동사구에 강세를 두어야 한다. 해명을 강조하는 역할을 하기 때문이다.

174

是不是……❶ 혹시 ~인가, ~아닌가?
shì bu shì

형태 구조
- 주어 + **是不是** + 명사구
- 주어 + **是不是** + 동사구

의미 기능 상대방에게 '사실에 대한 확인'을 하려는 표현이다. 의문을 나타내지만, 질문에 대한 대답이 꼭 필요한 것은 아니다.

사용 환경

1 사람의 직업, 신분, 관계 등의 상황을 물을 때

① 你是不是服务员？能帮我个忙吗？
당신은 혹시 종업원인가요? 나를 도와줄 수 있어요?

② 他是不是这儿的经理？看上去，又像又不像。
저 분이 혹시 여기 책임자이신가요? 보아 하니 그런 것도 같고 그렇지 않은 것도 같네요.

③ 和你一起进来的那个漂亮女孩儿是不是你女朋友？
너랑 같이 들어왔던 그 예쁜 여자 혹시 네 여자 친구 아니야?

2 물건을 찾을 때, 시간과 숙소에 대해 말할 때

① 甲：我的包呢？
갑: 내 가방은?

乙：是不是方形的那个？我把它搁沙发上了。
을: 혹시 네모 모양의 그거? 내가 그거 소파 위에 뒀어.

② 先生，这杯子是不是你的？别忘了带走。
손님, 이 컵이 혹시 손님 것인가요? 잊지 말고 가져 가세요.

③ 甲：现在是不是十点了？坏了，我回家晚了。
갑: 지금 혹시 10시 아니야? 큰일 났다. 집에 돌아가기 늦어 버렸네.

乙：别急，你是不是住在北京大学？我开车送你过去。
을: 조급해하지 마. 너 혹시 베이징대학에 살지 않아? 내가 운전해서 너를 데려다 줄게.

3 이미 일어난 일을 확인할 때

① 他今年是不是评上教授啦，怎么那么多学生找他当导师呢？
그 분 올해 (평가에 합격하여) 교수가 되었나요? 왜 이렇게 많은 학생들이 그를 찾아가 지도 교수로 모시려 하죠?

② 不知道他是不是退学了，他已经有好几个月没来上课了。
그가 퇴학했는지는 잘 모르겠지만, 그는 이미 몇 개월이나 수업을 받으러 오지 않았다.

③ 为了买这个iPhone，你是不是把电脑卖掉啦?
너 혹시 이 아이폰을 사려고 컴퓨터를 팔아 버린 거야?

> **주의**
> - 문장에서 중요한 것은 '是不是❶'이고, 읽을 때도 이 부분에 강세를 두어 읽는다.

175 是不是……❷
shì bu shì

~인가, 아닌가? / 그러한가, 그렇지 않은가?

형태 구조
- 주어 + 是不是 + 명사구
- 주어 + 是不是 + 동사구

의미 기능
도리, 도덕에서 벗어난 상황에 대해 '질문'할 때 사용한다. '비판' '비난'의 의미를 띤다.

사용 환경

1 회사, 식당, 상점에서 관리자나 직원에게 물을 때

① 假期都不让人休息，你们老板是不是人? 怎么这么不通情理?
휴가 기간에도 사람을 쉬지 못하게 하다니 너희 사장이 사람이야? 어떻게 이렇게 몰상식할 수 있어?

② 你是不是服务员，怎么跟顾客吵架?
당신은 직원 아닙니까? 어떻게 손님과 싸울 수 있습니까?

③ 你们是不是不想做生意了，竟然卖假货?
당신들 장사하고 싶지 않은 거 아니야? 가짜를 팔아?

2 의외의 상황이 벌어졌을 때

① 他是不是教授呀，怎么帮助学生作弊?
그 사람 교수 맞아요? 어떻게 학생이 커닝하는 걸 도와줄 수 있어요?

② 你是不是没上过大学呀，连这点儿规矩都不知道?
너 대학에 안 다닌 거 아니야? 이런 규정도 몰라?

> **주의**
> - 중요한 것은 '是不是❷' 뒤에 있는 내용이지만, 읽을 때는 '是不是❷'에 강세를 두어 읽는다. 의문문이긴 하지만 대답을 요구하지 않으며, '추궁'과 '불만'을 나타낸다.

176 是……的 강조문형
shì de

형태 구조
- 是+주어+동사구+的
- 是+주어+동사+的+명사구
- 주어+是+동사(+명사구)+的

의미 기능 '과거'에 이미 발생했거나 완료된 일의 어떤 면을 강조·확인하기 위해서 사용하는 '강조문형'이다. 일이 발생한 시간, 장소, 목적, 방식, 대상 등을 강조하며, 말하는 사람은 이 문형을 사용함으로써 강조하고 확인하려는 내용을 명시할 수 있다.

사용 환경

1 누가 한 일인지 물을 때

① 甲: 是谁打碎玻璃的?
갑: 누가 유리를 깨뜨린 거야?

乙: 是他打碎的。
을: 그 사람이 깨뜨린 거야.

② 是吉米打碎的玻璃，不是玛丽。
지미가 유리를 깨뜨렸다. 마리가 아니다.

③ 是谁喝了我的咖啡?
누가 내 커피를 마셨어?

2 시간, 장소, 목적, 방식 등을 물을 때

① 甲: 你爸是什么时候来的?
갑: 너희 아빠 언제 오셨어?

乙: 他是昨天中午才到的。
을: 아빠는 어제 점심에서야 오셨어.

② 甲: 你爸是在哪儿找到你的?
갑: 너희 아빠는 어디에서 너를 찾으신 거야?

乙: 图书馆。
을: 도서관에서 (찾으셨어).

③ 甲: 他是怎么找到你的?
갑: 그 사람은 어떻게 너를 찾은 거야?

乙: 先去的宿舍，见我不在，就给我打的手机。
을: 먼저 기숙사에 갔다가 내가 없으니까 나한테 전화를 했어.

④ 甲： 你爸是跟谁一起来的？
　　갑: 너희 아빠는 누구하고 같이 오셨어?

　　乙： 他自己来的。
　　을: 혼자 오셨어.

⑤ 甲： 你爸是坐飞机来的，还是坐火车来的？
　　갑: 너희 아빠는 비행기를 타고 오셨어, 아니면 기차를 타고 오셨어?

　　乙： 开车来的。
　　을: 운전해서 오셨어.

주의
- '是'가 '주어 앞'에 오면 어떤 일에 대해 '책임을 지는 사람'을 '강조'하고, '是'가 '주어 뒤'에 오면 동직 서술이 앞에 위치한 '방식'이나 '조건'을 '강조'한다.
- '是'를 생략하고 '的'만 사용해서 강조할 수도 있지만, 확인하고 강조하는 어감이 좀 약해진다.

177

是……吗？ ~이지요?
shì　　　ma

형태 구조 • 주어 + 是 + 명사구 + 吗?

의미 기능 '질문'할 때 사용하는 표현으로, 물어본 질문에 대한 대답을 필요로 한다.

사용 환경 **1** 다른 사람의 상황을 물을 때

① 甲： 你是王大华吗？
　　갑: 당신이 왕다화 님이신가요?

　　乙： 他是我哥，我是王小华。
　　을: 이 사람은 제 형이고, 제가 왕다화예요.

② 甲： 你爸爸是医生吗？
　　갑: 너희 아빠는 의사야?

　　乙： 嗯，他是外科医生。
　　을: 응. 아빠는 외과의사야.

③ 甲：你家的猫是白色的吗？你弟弟是黄头发吗？你女朋友是外国人吗？这辆车是你的吗？
갑: 너희 집 고양이는 하얀색이지? 네 동생은 노란 머리지? 네 여자 친구는 외국인이지? 이 차는 네 거지?

乙：你想干什么呀！
을: 너 뭐 하자는 거야!

④ 甲：你是因为不喜欢而不去上海吗？
갑: 너는 (상하이가) 싫어서 상하이에 가지 않는 거야?

乙：哪里，我就是不想动。
을: 아니야. 움직이기 싫은 것뿐이야.

2 사람의 신분, 직업 등을 물을 때

① 她是你们老板吗？我要跟她谈点儿事。
그 여자분이 여러분의 사장님이시지요? 저는 그 분과 일에 대해서 좀 이야기하려고 합니다.

② 你是演员吗？长得那么漂亮！
당신은 배우인가요? 이렇게 예쁘게 생기다니!

3 장소를 물을 때

① 我的办公桌是在这儿吗？怎么不靠窗子呀？
내 사무실 책상이 여기에 있어? 어째서 창가쪽에 기대지 않고?

② 甲：黄山是中国最美的山吗？
갑: 황산은 중국에서 가장 아름다운 산이지요?

乙：没错。你怎么知道的？
을: 맞아요. 어떻게 알았어요?

178

……死了 ~해 죽겠다
sǐ le

형태 구조
- 동사+死了
- 형용사+死了

의미 기능 '어떤 상태가 극에 달했음'을 나타낼 때 사용하는 정도보어로, 감탄의 의미가 있다.

사용 환경

1 어떤 정서나 심리 상태를 표현할 때

① 终于通过HSK6级考试了，我都快高兴死了。
마침내 HSK 6급 시험에 통과했어. 기뻐 죽겠네.

② 气死我了，我是为她考虑，但她却误会我了。
화나 죽겠네. 나는 그녀를 위해서 생각한 건데 오히려 그녀는 나를 오해하고 있어.

③ 飞机马上起飞了，可小王还没到，我都快急死了。
비행기가 곧 이륙하는데 샤오왕이 아직 안 왔어. 애타 죽겠네.

2 어떤 상황이나 상태에 대해 말할 때

① 找个地方休息一下，我都累死了。
좀 쉴 곳을 찾아보자. 힘들어 죽겠어.

② 还不吃中饭，大家都快饿死了。
아직 점심을 먹지 않아서 모두들 배고파 죽을 지경이야.

3 생활 환경에 대해 말할 때

① 他们小区脏死了，垃圾扔得到处都是。
게네들 동네 더러워 죽겠어. 쓰레기가 여기저기 버려져 있어.

② 吵死了，你们能不能把声音关小点儿?
시끄러워 죽겠네. 너희 소리 좀 줄일 수 없어?

주의

- '동사'와 '死了' 사이에는 '得' '不'를 넣을 수 없다.

- '饿死了'의 해석은 '死了'가 결과를 나타내는지, 정도를 나타내는지에 따라 달라진다. '管理员竟然把老虎饿死了。'라는 문장에서 '死了'는 결과보어로, '호랑이가 배고파서 죽었다'는 의미이다. '快拿点儿吃的来，我都饿死了。'라는 문장에서 '死了'는 정도의 심함을 나타내는 말로, 배고픔의 정도를 '과장'하여 '죽을만큼 배고프다'라는 의미이다.

- 정도를 나타내는 '……死了'와 '……极了'의 의미는 기본적으로 같으나, '……死了'에는 '감탄'의 의미가 있고, '……极了'에는 '묘사'의 의미가 있다. 따라서 '累极了' '吵极了' 같은 말은 보통 쓰지 않고, '累死了(배고파 죽겠다)' '吵死了(시끄러워 죽겠다)'처럼 사용해야 한다. 마찬가지로 '饿死了的老虎'라고는 사용하지 않고, '饿极了的老虎(매우 굶주린 호랑이)'라고 사용해야 한다.

179

太……了❶ 너무 ~하다
tài   le

형태 구조
- 주어 + 太 + 형용사 + 了
- 주어 + 동사 + 得 + 太 + 형용사 + 了

의미 기능 '정도가 지나침'을 나타내는 표현이다. 마음과 같지 않은 일이 그 한계를 넘었을 때 많이 사용하며, 의외라서 놀랍다는 의미가 있다. 말할 때 강세는 '太……了' 사이에 들어가는 내용에 준다.

사용 환경

1 상점에서 옷을 입어 보거나 식당에서 음식을 주문할 때

① 这件衣服太大了，我穿不上。
  이 옷은 너무 커서 입을 수 없어.

② 这儿的海鲜太贵了，你就别点那么多了。
  여기 해산물은 너무 비싸니까 그렇게 많이 주문하지 마.

2 출장이나 여행에 대해 말할 때

① 去非洲? 太远了，办手续也很麻烦，还是在国内找个地方玩儿几天吧。
  아프리카 가자고? 너무 멀잖아. 수속 밟는 것도 성가시고. 국내에서 며칠 놀 곳을 찾는 게 좋겠는데.

② 你说得太晚了，我已经订好了回国的机票。
  너 너무 늦게 말했어. 나 이미 귀국하는 비행기 표를 사 놓았어.

3 생활 환경이나 거주 상황에 대해 말할 때

① 这个小区太脏了，没法住。
  이 동네는 너무 더러워서 살 수가 없어.

② 你的房间太乱了，有几个星期没有收拾了吧?
  네 방 너무 어수선해. 몇 주나 치우지 않은 거야?

4 일상생활에서 주의해야 하는 일에 대해 말할 때

① 这水太凉了，小心喝了肚子疼。
  이 물은 너무 차가워. 마시고 배탈 나지 않게 조심해.

② 他太年轻了，感受不到这儿的人有多么复杂。
  그 사람은 너무 젊어서 여기 사람이 얼마나 복잡한지 느끼지 못해.

③ 你开车开得太快了，得慢点儿。
　　너 운전하는 거 너무 빨라. 좀 천천히 운전해야겠어.

주의
- 강조하는 내용은 보통 '太……了❶' 안에 들어가는 형용사이지만, 정도가 너무 심하다는 것을 강조할 때는 '太'에 강세를 두어 읽는다.
- '太好的人'이나 '我买了一件太大的衣服.' 같은 말은 쓸 수 없다. 각각 '这人太好了。(이 사람 정말 좋다.)'와 '我买了一件衣服，太大了。(나는 옷을 한 벌 샀는데, 너무 크다.)'로 바꿔 써야 한다.

180
太……了❷ 너무 ~하다
tài　　le

형태 구조
- 주어＋**太**＋형용사＋**了**
- 주어＋동사＋得＋**太**＋형용사＋**了**

의미 기능　'정도'가 정상 예측보다 크게 '초월'했을 때 사용하는 표현으로, 감탄의 의미가 있다. 말할 때 강세는 '太'에 둔다.

사용 환경

1 날씨에 대해 말할 때

① 今天实在太冷了，你多穿点儿衣服。
　　오늘 정말이지 너무 춥다. 너 옷을 좀 많이 입어.

② 风刮得太大了，别出门了。
　　바람이 너무 세게 불어. 밖에 나가지 마.

2 사람이나 물건에 대해 말할 때

① 她长得太漂亮了，比明星还漂亮。
　　그녀는 정말 예쁘게 생겼다. 연예인보다 더 예쁘다.

② 你买的围巾太短了，我围都围不上。
　　네가 산 목도리는 너무 짧아서 다 둘러맬 수가 없다.

3 공연, 예술 작품에 대해서 평가해서 말할 때

① 刚才的表演，太精彩了。
　　아까 공연은 너무 멋있었다.

② 她唱得太感人了，所有的观众都留下了眼泪。
　　그녀가 너무 감동스럽게 노래를 해서 모든 관중들이 눈물을 흘렸다.

③ 这篇小说写得太动人了，我一连看了两遍。
　　이 소설은 너무 감동적이라서 나는 두 번이나 연이어 보았다.

4 심정이나 마음 상태에 대해 말할 때

① 听到这个消息，我太高兴了，一晚上都没睡着。
　　이 소식을 듣고 너무 기뻐서 밤새 한숨도 못 잤다.

② 对于你的帮助，我们太感激了。
　　당신의 도움에 우리는 너무 감사해요.

③ 不要太紧张了，考不好还可以补考呢。
　　너무 긴장하지 마. 시험 못 보면 재시험도 볼 수 있어.

주의
- 읽을 때 강세는 '太'에 두어야 한다. '太……了❷' 안에 들어가는 형용사를 강조해서 읽으면 안 된다.
- '太……'를 열거할 때는 가장 마지막에만 '了'를 붙일 수 있다.
  　예 他的演讲，太精彩、太感人了。
  　　그의 강연은 아주 멋지고 감동적이었다.

181
挺……的 매우 ~하다
tǐng　　　de

형태 구조
- 挺+형용사+的
- 挺+동사구+的

의미 기능　'정도가 비교적 심함'을 나타낼 때 사용하는 표현으로, 평가하는 의미를 가지고 있다. '很'보다 정도가 가벼운 편이고, 구어에서 많이 사용한다.

사용 환경　**1** 사람의 외모, 신장, 성격 등에 대해 평가하여 말할 때

① 她性格挺好的，从来不乱发脾气。
　　그녀는 성격이 매우 좋다. 지금까지 함부로 화를 낸 적이 없다.

② 你北京话说得挺地道的，快跟北京人差不多了。
  너 베이징 말 하는 게 정말 제대로다. 베이징 사람이랑 별 차이가 없을 정도야.

③ 你男朋友长得挺帅的，真让人羡慕。
  네 남자 친구 정말 잘생겼다. 정말 부럽게 만드네.

2 물건의 모양, 특징 등을 평가하여 말할 때

① 你这件毛衣挺漂亮的，在哪儿买的?
  너 이 스웨터 정말 예쁘다. 어디에서 산 거야?

② 这辆车的外型挺酷的，这是什么车啊?
  이 자동차 외형 진짜 죽인다. 이거 무슨 차야?

③ 你这件外套挺厚的，穿起来一定很暖和。
  너 이 외투 엄청 두껍다. 입으면 확실히 따뜻하겠어.

3 공연, 예술 작품 등을 평가하여 말할 때

① 她刚才的演讲挺精彩的，听众掌声不断。
  방금 전 그녀의 연설이 무척 훌륭해서 청중들의 박수 소리가 끊이지 않았다.

② 这本书写得挺不错的，你可以看看。
  이 책 쓴 거 괜찮아. 네가 봐도 괜찮겠어.

4 어떤 심리를 묘사할 때

① 他挺想去参加那个聚会的，你去邀请一下他吧。
  그 사람은 그 모임에 엄청 참가하고 싶어해. 네가 가서 그 사람을 좀 초대해 봐.

② 我挺喜欢他这种人的，敢说敢做。
  나는 그 사람 같은 그런 사람을 좋아해. 용기 있게 말하고 용기 있게 행동하잖아.

③ 张老师挺关心我们的，她一直把我们当孩子。
  장 선생님은 우리를 매우 잘 챙겨 주신다. 그녀는 줄곧 우리를 자식같이 여기셨다.

주의
- '挺……的'에서 '的'는 생략할 수 있다. 그러나 '的'를 사용해야 말투도 더 부드러워지고, 구어적 색채도 더 강해진다.
- '挺+동사구+的'에서 동사구 안의 동사는 대부분 '심리동사'이다.

182

➜ p.109의 **086** '好¹', p.187의 **157** 全¹ 참고

……完 완성하다
wán

형태 구조
- 동사 + 完

의미 기능 일의 '완성'이나 '완료'를 나타낼 때 사용한다.

사용 환경

1 먹고 마시고 씻고 청소하는 등 일상적인 행동을 완성했을 때

① 这孩子，饭吃完了就走，也不打声招呼。
이 아이는 밥을 먹고 나서 바로 갔다. 인사도 없이.

② 喝完这杯茶，咱就上菜。
이 차를 다 마시고 나면 우리 요리를 내오자.

③ 妈妈，衣服我洗完了，你看干净不干净?
엄마, 옷을 다 빨았어요. 보세요. 깨끗해요?

④ 房间刚打扫完你就弄脏了，真是的。
방 안을 이제 막 다 청소했는데, 어지럽히다니. 너도 참!

2 공부, 업무 등을 마쳤을 때

① 今天你必须写完作文再出去玩儿。
오늘 너는 반드시 숙제를 다 하고 나서 놀러 나가야 한다.

② 几天时间，他把所有的寒假作业都做完了。
며칠의 시간 동안 그는 모든 겨울방학 숙제를 다 끝냈다.

③ 今年的工作计划我已经做完了，你觉得怎么样?
올해 작업 계획을 나는 이미 다 세웠어. 어떻게 생각해?

④ 好不容易把这些工作都做完了，我终于可以放松一下了。
어렵사리 이 일들을 다 끝냈다. 드디어 좀 마음을 놓을 수 있게 됐다.

3 이야기하거나 음악을 듣는 등의 행위를 끝냈을 때

① 我把该说的话都说完了，做不做是你的事了。
내가 해야 할 말은 다 했어. 할지 안 할지는 네 일이야.

② 这些音乐光盘我都听完了，还有别的吗?
여기 음악 CD는 내가 다 들었어요. 다른 것은 또 없나요?

➜ p.234의 200 '向' 참고

183

往 ~를 향해서
wǎng

형태 구조
- 往+前/后/左/右/东/南/西/北+동사
- 동사+往+장소

의미 기능 어떤 '방향'을 향해 이동함을 나타낼 때 사용한다.

사용 환경

1 길을 안내할 때

① 去王府井，一直往北走，过两个红绿灯就到了。
왕푸징에 가려면 북쪽으로 쭉 가서 두 개의 신호등을 건너면 도착해요.

② 下一个路口往右拐，就是新华书店。
다음 골목에서 오른쪽으로 돌면 바로 신화서점이에요.

2 운전, 비행, 운송의 방향에 대해 말할 때

① 车队先开往云南，然后转向四川。
차량 팀은 우선 윈난으로 갔다가 쓰촨으로 향했다.

② 这些鸟儿冬天往南方飞，夏天往北方飞。
이 새들은 겨울에 남쪽으로 날아갔다가 여름에 북쪽으로 날아간다.

③ 我们要尽快将这些粮食、衣物、药品送往灾区，送到灾民手中。
우리는 빨리 이 식량·의복·약품들을 재해 구역으로 보내어, 재해민 수중으로 보내 줘야 합니다.

주의
- '往'은 구어이고 '向'은 문어이다.

➡ p.043의 024 '常常' 참고

184

往往 종종, 자주, 흔히
wǎngwǎng

형태 구조 · 주어 + 往往 + 동사구

의미 기능 '규칙성'이 있거나 '경향성'이 있는 상황을 나타낼 때, 혹은 '과거의 경험에 대해 결론'을 내릴 때 사용한다.

사용 환경

1 어떤 습관에 대해 말할 때

① 李红往往一个人逛街，一逛就是一整天。
리홍은 종종 혼자 돌아다니며 쇼핑한다. 한번 돌아다니면 하루 종일이다.

② 这半年，吉米特别努力，往往工作到深夜。
이번 반년 동안 지미는 특히 열심히 노력했다. 종종 한밤중까지 일했다.

③ 一到期末考试，他往往连着几天睡不好觉。
기말고사 기간만 되면 그는 종종 연이어 며칠씩이나 잠을 이루지 못한다.

④ 放假时，他往往会去外地旅游。
방학 때 그는 종종 지방으로 여행을 가곤 한다.

2 상식에 대해 말할 때

① 不爱说话的人往往害羞。
말을 많이 안 하는 사람은 흔히 수줍음을 잘 탄다.

② 人一到中年，记忆力就往往开始下降。
사람은 중년이 되면 기억력이 흔히 떨어지기 시작한다.

주의
- '往往'은 부사로, 동사 앞에 위치하며, 자리 이동을 하지 않는다.
- '往往'과 '常常' 둘 다 '어떤 상황이 자주 일어남'을 나타낸다. 그러나 '往往'은 일정한 규율이 있는 상황이 반복해서 일어남을 나타낸다.

예를 들어 '他往往寒假的时候回国。(그는 종종 겨울방학 때 귀국한다.)'라는 문장은 여러 번 귀국하는 것이 규율이 있다는 것을 가리키며 다른 때는 거의 귀국하지 않는다고 이해될 수 있다. 그에 반해 '他常常寒假的时候回国。(그는 종종 겨울방학 때 귀국한다.)'라는 문장은 여러 번 귀국하는데, 겨울방학 때 자주 귀국하기는 하나 여름방학 때나 다른 시간에도 귀국했을 것이라고 이해될 수 있다.

따라서 '他常常感冒。(그는 자주 감기에 걸린다.)' '我们常常去看京剧。(우리는 자주 경극을 보러 간다.)'라고는 쓸 수 있지만 '他往往感冒。' '我们往往去看京剧。'라고는 쓸 수 없다.

185
为 ~~로 인해, ~를 위해
wèi

형태 구조 · Ⓐ + 为 + Ⓑ + 동사구

의미 기능 행위의 '대상'이나 '수혜자'를 이끌어 내는 데 사용한다.

사용 환경

1 어떤 사람이나 일로 기쁘거나 걱정하거나 바쁠 때

① 没想到你得了全班第一，爸爸妈妈真为你高兴。
네가 반에서 1등을 할 줄은 생각도 못했다. 아빠, 엄마는 너로 인해 정말 기쁘단다.

② 姐姐来信说，她在外面一切都很好，你们不用总是为她担心。
언니가 편지에서 말하길, 바깥에서 모든 것이 다 괜찮으니 자꾸 그녀 때문에 걱정할 필요 없다고 했다.

③ 别为我忙这忙那了，我自己能行。
나 때문에 이것저것 분주하게 하지 마세요. 나 혼자서도 할 수 있어요.

④ 父母年纪大了，孩子要多为父母着想，多做些让父母高兴的事。
부모 나이가 많아지면, 자식은 부모를 위해서 많이 배려하며 부모를 기쁘게 하는 일을 많이 해야 한다.

2 다른 사람을 위해 생일을 챙겨 주거나 물건을 살 때

① 今天是妈妈的生日，我为妈妈点了一首歌。
오늘은 엄마 생신이라서 제가 엄마를 위해 노래 한 곡을 신청했어요.

② 这是我为男朋友买的礼物，你看怎么样？
이건 내가 남자 친구를 위해 산 선물인데, 네가 보기에 어때?

3 다른 사람을 위해 어떤 조건을 제공할 때

① 这家公司为员工提供了特别好的工作环境，付给员工的工资也很高。
이 회사는 직원들을 위해서 아주 좋은 업무 환경을 제공하고 있으며 직원들에게 주는 월급도 매우 많다.

② 父母为他提供了学习、生活的最好条件，他还有什么不满足呢？
부모가 그를 위해 학업과 생활 방면에서 가장 좋은 조건을 제공해 줬는데, 그가 불만족스러울 게 뭐가 더 있겠는가?

→ p.220의 187 '为了' 참고

186

为² ~하기 위해서
wèi

형태 구조
- 주어 + 동사구❶ + 是 + 为 + 동사구❷
- 주어 + 为 + 동사구❶ + 而 + 동사구❷
- 为 + 동사구❶, 주어 + 동사구❷

의미 기능 '행위의 목적'을 이끌어 내는 데 사용하며, 비교적 공식적인 격식체의 색채를 강하게 지니고 있다.

사용 환경

1 목적에 대해 말할 때

① 我学中文是为将来有份好工作。
내가 중국어를 공부하는 것은 미래에 좋은 직업을 갖기 위해서이다.

② 我为让女朋友高兴而给她准备了一份精美的礼物。
나는 여자 친구를 기쁘게 해 주기 위해서 세련된 선물을 하나 준비했다.

③ 为上中央电视台，我准备学习普通话。
중앙방송에 출연하기 위해서 나는 보통화를 공부하려고 한다.

④ 我来中国是为圆妈妈的中国梦。
내가 중국에 온 것은 어머니의 중국꿈을 실현하기 위해서이다.

⑤ 为让家人过上更好的生活，他努力地工作着。
가족들이 더 나은 삶을 살도록 하기 위해 그는 열심히 일을 하고 있다.

2 목표, 이상에 대해 말할 때

① 他为当作家每天都写一个故事。
그는 작가가 되기 위해서 매일 이야기를 한 편씩 쓴다.

② 为实现自己的理想，小张每天都很努力。
자신의 이상을 실현하기 위해서 샤오장은 매일 열심히 노력한다.

주의
- '为²' 뒤에 '了' '着'를 붙일 수 있으나, 붙이지 않는 경우에 공식적인 격식체의 어감이 좀 더 강해진다.

→ p.219의 **186** '为❷' 참고

187
为了 ~하기 위해서
wèile

형태 구조 • 为了 + 동사구/문장, 주어 + 동사구/문장

의미 기능 '행위의 목적'을 이끌어 내는 데 사용한다. 비교적 공식적인 격식체의 색채가 강하며, 문장 맨 앞에 위치한다.

사용 환경 — 이상, 목표, 목적, 소원 등에 대해 말할 때

① 为了实现小时候的梦想，我到中国去留学。
어린 시절 꿈을 실현하기 위해서 나는 중국에 유학을 갔다.

② 为了学好中医，你得先学好汉语。
중의학을 공부하기 위해서는 우선 중국어를 잘 공부해야 한다.

③ 为了让我的中国女朋友更喜欢我，我拼命地学汉语。
나의 중국 여자 친구가 나를 더 좋아하게 만들기 위해 나는 죽기 살기로 중국어를 공부했다.

④ 为了写小说，这个作家去非洲待了大半年。
소설을 쓰기 위해 이 작가는 아프리카에 반년 이상을 머물렀다.

⑤ 为了让老师表扬他，他竟然从报纸上抄了一篇文章当作文交了上去。
선생님이 그를 칭찬하게 만들기 위해, 놀랍게도 그는 신문에서 글을 한 편 베껴서 작문으로 제출했다.

REVIEW

1 밑줄 친 부분에 대응되는 부분을 중국어 문장에서 찾아 표시해 보세요.

(1) 명사(구)、……、명사(구)+什么的
→ 车子上装着很多水果，有苹果、梨、桃子、橘子什么的。

(2) 是+주어+동사구+的
→ 是谁打碎玻璃的?

(3) A+为+B+동사구
→ 别为我忙这忙那了，我自己能行。

2 어법의 형태 구조를 떠올리며 제시된 낱말을 바른 순서로 배열해 보세요.

(1) 都　我用的　是　的　最流行　电脑

→ _____
(내가 사용하는 컴퓨터는 전부 최근에 유행하는 것이다.)

(2) 慢点儿　太快了　你　开得　得　开车

→ _____
(너 운전하는 거 너무 빨라. 좀 천천히 운전해야겠어.)

(3) 都很努力　为　理想　小张每天　实现自己的

→ _____
(자신의 이상을 실현하기 위해서 샤오장은 매일 열심히 노력한다.)

UNIT 11

188 位～204 姓

188

位 ~분
wèi

형태 구조
- 수사 + 位 + 명사
- 수사 + 位

의미 기능 '사람'을 가리킬 때 사용하는 양사로, '个'의 존대어이다.

사용 환경 — 손님, 교사, 전문가 등의 사람을 공손히 가리킬 때

① 甲：请问，您几位？
갑: 실례지만 몇 분이시죠?

乙：三位。
을: 세 명이요.

② 今天来了三位奇怪的客人，他们不吃菜只喝酒。
오늘 이상한 손님이 세 분 왔는데, 그들은 요리도 안 먹고 술만 마셨다.

③ 我们今天请了五位学者做大会发言。
오늘 우리는 대회 발표를 해 주실 다섯 분의 학자를 모셨다.

④ 他们几位专家刚下飞机就赶到了会场。
전문가 몇 명이 막 비행기에서 내려서 회의장으로 달려왔다.

⑤ 第一个做报告的那位是王教授，生物学权威。
처음으로 보고를 한 분은 왕 교수님으로, 생물학의 권위자이시다.

주의 • '位'는 예의를 차려야 하는 장소에서 사용되고, '个'는 일반적인 자리에서 두루 사용된다. '几位'는 손님에게 몇 명인지 사람 수를 물을 때 사용하는 표현이지만, '几位客人喝什么饮料'에서 '几位'는 질문하기 위해 사용하는 말이 아니라 '당신들 몇 명, 당신들'을 가리키는 말이다.

189 习惯 xíguàn

습관이 되다, 적응하다, 익숙해지다

형태 구조
- 주어 + 习惯 + (동사+)목적어
- 목적어, 주어 + 习惯

의미 기능 시간의 흐름에 따라 점차 적응되는 상황을 나타낼 때 사용한다.

사용 환경

1 어떤 곳의 생활에 적응하는 상황을 말할 때

① 来中国半年了，我已经习惯了这儿的生活了。
중국에 온 지 반년이나 되었기에, 나는 이미 이곳 생활에 적응되었다.

② 不到半年，我已经习惯用筷子了。
반년도 안 돼서 나는 이미 젓가락질에 익숙해졌다.

③ (吃)西餐，我已经习惯了。
서양식을 먹는 것에 나는 이미 익숙해졌다.

2 어떤 일에 대한 익숙함을 말할 때

① 我不习惯用左手写字。
나는 왼손으로 글을 쓰는 데 익숙하지 않다.

② 我已经习惯了每天喝两杯咖啡，少一杯都好像少点儿什么似的。
나는 이미 매일 두 잔의 커피를 마시는 게 습관이 되었다. 한 잔이라도 덜 마시면 마치 뭔가 부족한 것 같다.

190

형태 구조
- 주어 + 동사 + 下
- 주어 + 동사 + 下 + 명사구

의미 기능 사람이나 물건이 '높은 곳에서 낮은 곳으로' 이동함을 나타낼 때 사용한다.

사용 환경

1 아래로 앉거나 눕는 등의 행위

① 做了两个小时的手术肯定累了，你快坐下休息一会儿吧。
두 시간 동안 수술을 했으니 분명히 피곤할 거야. 어서 앉아서 좀 쉬어.

② 工作了一天太累了，我真想躺下休息休息。
하루 종일 일을 했더니 너무 피곤하다. 정말 누워서 좀 쉬고 싶다.

2 꺾거나 떨어뜨리는 등의 행위

① 他从树上摘下了一个苹果。
그는 나무에서 사과를 한 개 땄다.

② 他用力一推，树上掉下了不少李子。
그가 힘껏 밀자 나무 위에서 적잖은 자두가 떨어졌다.

191

형태 구조
- 在 + 명사 + 下
- 명사 + 下

의미 기능 위치상 '아래'를 나타낼 때 사용한다.

사용 환경 ━ 자연이나 사물, 건물 등의 아래에 위치함을 나타낼 때

① 树下有两只狗在打架。
나무 아래에서 개 두 마리가 싸우고 있다.

② 不知什么时候，楼下停着一辆从来没见过的车。
언제부터인지 모르겠는데, 건물 아래 한번도 본 적 없던 차가 계속 세워져 있다.

③ 我把送男朋友的礼物藏在床下，怕弟弟看到。
나는 남동생이 볼까 봐 남자 친구에게 줄 선물을 침대 아래에 감추었다.

④ 你看，山下的景色多美啊！
봐 봐. 산 아래 경치가 얼마나 아름다운지 몰라!

⑤ 姐姐在台上唱戏，我们在台下看戏。
누나는 무대 위에서 전통극을 공연하고 우리는 무대 아래에서 공연을 보았다.

⑥ 魔术师把道具放到椅子下了。
마술사가 도구를 의자 아래에 내려놓았다.

⑦ 沙发下藏着一只猫，书桌下趴着两条狗。
소파 아래에는 고양이가 숨어 있고, 책상 아래에는 개 두 마리가 엎드려 있다.

주의 · 문장 앞에 사용할 때는 일반적으로 '명사+下' 앞에 '在'를 붙이지 않는다.

192

→ p.228의 **194** '……下去❶' 참고

……下来❶
xiàlai

형태 구조
- 주어+从+장소+동사+下来(+명사구)
- 주어+把+명사구+동사+下来

의미 기능 사람이나 물건이 '높은 곳'에서 말하는 사람이 있는 '낮은 곳'으로 '이동'할 때, 혹은 물건의 일부분이 동작을 따라 본체에서 '분리'될 때 사용한다.

사용 환경 **1** 높은 곳에서 낮은 곳으로 이동할 때

① 他从台子上跳下来，差点儿摔倒。
그는 무대 위에서 뛰어내려서 하마터면 넘어질 뻔했다.

② 电梯坏了，爷爷竟然从十五楼走了下来。
엘리베이터가 고장 나서, 할아버지가 놀랍게도 15층에서부터 걸어서 내려오셨다.

③ 猴子从杆子上滑了下来。
원숭이가 기둥에서 미끄러지며 내려왔다.

④ 你帮我把手机拿下来。
네가 나를 도와 휴대전화를 가지고 내려와 줘.

⑤ 我从楼上搬了几把椅子下来。
나는 위층에서 의자를 몇 개 운반해 내려왔다.

⑥ 火车快到站了，快把咱们的行李拿下来。
기차가 곧 역에 도착할 테니 빨리 우리 짐을 내리자.

2 본체에서 분리될 때

① 他把那些熟透了的桃子摘下来了。
그는 푹 익은 그 복숭아들을 땄다.

② 麻烦你从本子上撕下来一张纸给我，好吗？
실례지만 공책에서 종이 한 장을 찢어 제게 주시겠어요?

③ 他女朋友把他的白头发一根一根地拔了下来。
그의 여자 친구는 그의 흰 머리를 한 가닥 한 가닥 뽑아냈다.

④ 秋天到了，树叶一片片地从树上掉下来了。
가을이 되자 나뭇잎이 한 잎 한 잎 나무에서 떨어졌다.

193
……下来❷
xiàlai

형태 구조
- 주어+동사+下来
- 주어+把+명사+동사+下来

의미 기능 기본 의미에서 파생된 의미로, '동작의 주체가 한 상태에서 다른 상태로 이동'할 때 혹은 '사물 본래의 상태가 변하였을 때' 사용한다.

사용 환경

1 어떤 동작을 완성했을 때

① 甲：你先把这首诗背下来，然后我给你讲它的意思。
갑: 네가 우선 이 시를 외워 내면, 내가 네게 그 의미를 이야기해 주지.

乙：我先抄下来，然后再背。
을: 내가 우선 베껴 낸 다음에 외울게.

② 我把这次开会的内容都记下来了，你想看吗？
이번 회의 내용을 모두 기록했는데, 좀 볼래?

③ 你赶快把自己的想法写下来，不然就忘了。
너 빨리 네 생각을 쓰도록 해. 안 그럼 잊어버릴 거야.

④ 车慢慢地停下来了。
차가 천천히 멈추었다.

2 날씨, 소리, 속도 등의 상태 변화에 대해 말할 때

① 天慢慢黑下来了，路灯已经亮起来了。
날이 점점 어두워지자 길가의 등이 어느새 밝아지기 시작했다.

② 教室里终于安静下来了。
교실 안이 드디어 조용해졌다.

③ 他说话的声音渐渐低了下来。
그가 말하는 소리가 점점 낮아졌다.

④ 火车进站了，速度渐渐慢了下来。
기차가 역에 들어오면서 속도가 점점 느려졌다.

주의
- '修理下来' '把椅子做下来'와 같은 표현은 '동작의 주체'가 변하거나 이동한 경우가 아니므로, 틀린 표현이다. 동사 '背'와 '录'는 책에 있는 문자를 사람(주체)의 기억 속에 넣는다는 의미에서 '背下来', 소리를 전자제품(주체)에 저장한다는 의미에서 '录下来'로 활용 가능하다.

➡ p.225의 **192** '……下来❶' 참고

194

……下去❶
xiàqu

형태 구조
- 주어＋동사＋**下去**
- 주어＋从＋장소＋동사＋**下去**
- 주어＋把＋명사구＋동사＋**下去**
- 주어＋동사＋명사구＋**下去**
- 주어＋동사＋**下去**＋명사구

의미 기능 사람이나 물건이 동작을 통해 '말하는 사람이 있는 높은 곳에서 낮은 곳'으로 이동하거나, '물건 위에 부착된 물건이 물건에서 떨어질' 때 사용한다.

사용 환경

1 높은 곳에서 낮은 곳으로 이동할 때

① 楼下有人喊他，他飞快地跑了下去，可连人影也没见着。
건물 아래에서 누군가가 그를 부르자 그는 날 듯이 뛰어서 내려갔지만, 사람의 그림자도 볼 수 없었다.

② 甲：小猫是怎么从窗台上下去的?
갑: 고양이가 어떻게 창문턱에서 내려갔지?

乙：跳下去的，不是爬下去的。
을: 뛰어내린 거야. 기어서 내려간 게 아니라.

③ 他是从上面滑下去的，太危险了!
그 사람은 위에서 미끄러져 내려갔어. 너무 위험해!

④ 姐姐把脏盘子都拿下去了，换了一些干净的。
누나는 지저분한 쟁반을 전부 가지고 내려가서 깨끗한 것들로 바꿨다.

⑤ 请你扶老人家下去，好吗? 谢谢啦。
노인 분을 부축해서 내려가 주실래요? 고마워요.

⑥ 一不小心，他从车上摔了下去。
자칫 실수하여 그는 차에서 굴러떨어졌다.

⑦ 你给楼下的客人带下去一些水果吧。
건물 아래 손님에게 과일 좀 가지고 내려가 주세요.

2 부착된 것이 떨어졌을 때

① 演唱一结束，她就把嘴上的口红擦下去了。
공연이 끝나자 그녀는 입술의 립스틱을 닦아 냈다.

② 张老师把黑板上的字全都擦了下去。
장 선생님은 칠판의 글자를 모두 지워 냈다.

③ 他把贴在墙上的油画撕了下去, 换了一张国画。
그는 벽에 붙어 있는 유화를 떼어 내고 중국화로 바꿨다.

주의
- '동사+上来❶'는 동작이 말하는 사람이 있는 쪽으로 이동하는 것을 나타내고, '동사+下去❶'는 동작이 말하는 사람이 있는 쪽으로부터 멀어지는 것을 나타낸다.

195

······下去❷
xiàqu

형태 구조
- 주어(+동사구)+동사+下去
- 동사+下去+就+동사구

의미 기능 기본 의미에서 파생된 의미로서, 지금부터 미래까지 '지속'되거나 어떤 상태가 계속 '존재하며 발전'할 때 사용한다.

사용 환경

1 줄곧 어느 곳에 머무를 때

① 这里太吵了, 我不想在这儿住下去了。
이곳은 너무 시끄러워서 여기 머무르고 싶지 않다.

② 我准备在这个单位待下去, 一直待到退休。
나는 이 회사에 계속 머물 생각이다. 은퇴할 때까지 머물 것이다.

2 상대방에게 어떤 행위를 계속 하라고 격려할 때

① 无论什么事, 坚持下去就会成功。
어떤 일이든 꾸준히 하면 성공할 것이다.

② 每天复习功课是个好习惯, 你可要保持下去。
매일 수업을 복습하는 것은 좋은 습관이니 계속 유지하도록 해라.

③ 你的故事说得很精彩, 说下去, 我们都想听。
너는 이야기를 참 재미있게 하는구나. 계속 이야기해 봐. 우리 모두 듣고 싶어.

④ 你的球打得不错，要是这样打下去，能进NBA。
너는 농구를 잘하는구나. 만약 이렇게 계속 한다면 NBA에 들어갈 수 있겠어.

3 사람, 사물의 상태가 점점 나빠질 때

① 他一天天地瘦下去，瘦得这么厉害，是不是生了什么病？
그 애는 하루하루 말라가. 이렇게 심하게 말랐는데, 무슨 병이 난 거 아니야?

② 天再这样热下去，我真受不了了。
날이 계속 이렇게 더워지면 나는 정말 견딜 수 없을 것이다.

③ 满地的西瓜再这样坏下去，我们就要伤心死了。
온 사방의 수박이 더 이렇게 자꾸 상해 나가면 우리는 속상해 죽고 말 거야.

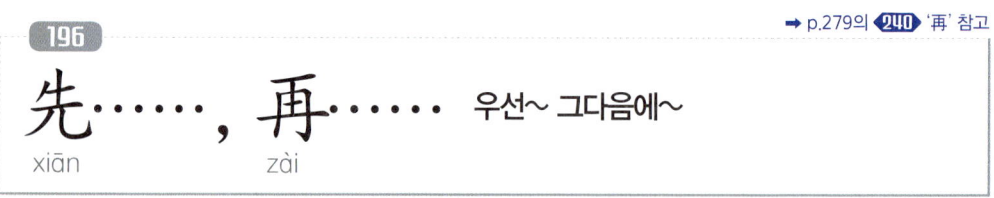

➡ p.279의 **240** '再' 참고

196
先……, 再…… 우선~ 그다음에~
xiān   zài

형태 구조 • 주어 + 先 + 동사구❶, 再 + 동사구❷

의미 기능 어떤 일을 하는 앞뒤 '순서'를 나타낼 때 사용한다.

사용 환경

1 학업 과정, 업무 단계 등에 대해 말할 때

① 学汉语，可以先学口语，再学书面语；先写钢笔字，再写毛笔字；先学发音，再学语法。
중국어 공부는 우선 구어를 공부한 다음에 문어를 공부하는 게 좋아요. 그리고 먼저 펜글씨를 연습한 다음에 붓글씨를 연습하세요. 우선 발음을 공부한 다음에 문법을 공부하세요.

② 要想完成这个任务，你应该先做好市场调查，再写个详细的工作计划，然后再开始才比较好。
이 임무를 완성하려면, 당신은 우선 시장조사를 끝낸 후에 상세하게 업무 계획을 써야 합니다. 그러고 나서 시작해야 비교적 좋습니다.

2 탑승, 환승에 대해 말할 때

① 去北大你可以先坐公共汽车，再转地铁。
베이징대학에 가려면 우선 버스를 탄 다음에 지하철로 갈아타는 게 좋아요.

② 去北京语言大学，你先走到植物园公共汽车站，再坐331路就到了。
베이징어언대학에 가려면, 우선 식물공원 버스정류장까지 걸어간 다음에 331번 버스를 타면 바로 도착해요.

3 여행, 혹은 일정 기간 동안의 계획 안배에 대해 말할 때

① 这次旅行，我们打算先去苏州、杭州，再到上海。
이번 여행에서 우리는 우선 쑤저우, 항저우에 간 다음에 상하이에 갈 계획이다.

② 今天我们的安排是：上午先去姑妈家做客，下午再出去逛逛。
오늘 우리 계획은 오전에 우선 고모 집을 방문한 다음 오후에 쇼핑하러 나가는 거야.

197

想 ❶ 보고 싶다, 그립다
xiǎng

형태 구조 ● 주어 + 想 + 명사구

의미 기능 사람, 집, 고향 등에 대한 '그리움'을 나타낼 때 사용한다.

사용 환경 ━ 집을 나가 밖에서 집을 그리워할 때 친구를 그리워할 때

① 你想家的时候，就给家里打个电话。
집이 그리울 때면 집에 전화해.

② 刚来的几天，我特别想我女朋友，现在好多了。
막 와서 며칠 동안은 정말 여자 친구가 보고 싶었었는데, 지금은 많이 나아졌다.

③ 一个人在国外，我特别想父母。
혼자 외국에 있으니까 정말 부모님이 보고 싶다.

④ 我想我的狗，我的狗也想我。
나도 강아지를 보고 싶은데, 내 강아지도 나를 보고 싶어한다.

→ p.241의 **206** '要❶' 참고

198

想❷ ~하고 싶다
xiǎng

형태 구조 · 주어 + 想 + 동사구

의미 기능 어떤 일을 하고자 '희망'하거나 '계획'할 때 사용한다.

사용 환경 — 어떤 일을 하기를 바랄 때

① 我想吃中餐。
나는 중국 음식을 먹고 싶어.

② 你想不想喝可口可乐?
너는 코카콜라를 마시고 싶어?

③ 我一直想去天安门看看，可在北京待了两年了，还没有去过。
나는 줄곧 천안문(天安门)에 가 보고 싶었지만, 베이징에 머문 지 2년째가 되었는데도 아직 가 보지 못하고 있다.

④ 他刚到中国就想学毛笔字和太极拳。
그는 막 중국에 오자마자 붓글씨와 태극권을 배우고 싶어했다.

⑤ 我想去泰国旅行，我女朋友想去越南，怎么办?
나는 태국에 여행을 가고 싶은데, 여자 친구는 베트남에 가고 싶다고 하니 어떡하지?

주의
- '想❷'은 '희망' '소원'을 나타내고, '要❶'는 '욕구' '필요'를 나타낸다. '想要'는 '想❷'의 이음절 형식으로, 소망의 의미가 강조된 형태이다. 언급한 세 단어는 '要❶ > 想要 > 想❷' 순서로 희망의 정도가 높다.

  예 我要吃中餐。　　　　　我想要吃中餐。　　　　　我想吃中餐。
  　　나는 중국 음식을 먹으려 한다.　나는 중국 음식을 먹기 원한다.　나는 중국 음식을 먹고 싶다.

199
想 ❸ 생각하다
xiǎng

형태 구조 · 주어 + 想 + 문장

의미 기능 직감적인 '생각'이나 '추측'을 나타낼 때 사용한다.

사용 환경

1 어떤 일에 대해 평가하여 말할 때

① 我想他这样做是对的，你怎么看？
나는 그 사람이 이렇게 하는 것이 옳다고 생각해. 너는 어떻게 봐?

② 我想他的这个建议是可以考虑的，对不对？
나는 그 사람의 이 건의가 고려해 볼 만하다고 생각해. 그렇지 않아?

③ 我想这件事你不该生气，不值得。
나는 이 일에 네가 화를 내서는 안 된다고 생각해. 그럴 만한 가치가 없어.

2 예측, 추측할 때

① 我想明天的活动他一定会参加。
나는 내일 행사에 그 사람이 반드시 참석할 거라고 생각해.

② 你看天阴得这么厉害，我想一会儿一定会下雨。
봐 봐, 날이 이렇게 심하게 흐리니 내 생각에 이따가 분명 비가 올 거야.

③ 你想，妈妈会同意咱们这样做吗？
네 생각에, 우리가 이렇게 하는 것에 엄마가 동의하실 것 같아?

④ 他这么不喜欢学外语，我想肯定有原因。
그 사람이 이렇게 외국어를 싫어하는 데에는 분명히 원인이 있을 거라고 생각해.

주의 · '不想'은 '想❸'에 대한 반대 의미를 나타내지 않는다. '不想'은 '~를 바라지 않는다'라는 의미이다.

예 我想他不是个好学生。   我不想他是个好学生。
    나는 그가 좋은 학생이 아니라고 생각한다.   나는 그가 좋은 학생이기를 바라지 않는다.

→ p.216의 183 '往' 참고

200
向
xiàng

~를 향해

형태 구조 • 주어 + 向 + 방향사/장소사 + 동사

의미 기능 '동작의 방향'을 나타낼 때 사용한다.

사용 환경

1 길을 묻거나 안내할 때

① 甲：请问，到市政府怎么走？
갑: 실례지만 시청까지 어떻게 가요?

乙：沿着这条街往博物馆的方向走两百米，再向左转，直着走五百米，再向北一转，就到了。
을: 이 길을 따라 박물관 방향으로 200미터 가다가 왼쪽으로 돌아서 500미터 쭉 가세요. 그 다음에 북쪽으로 한번 돌면 바로 도착해요.

2 어떤 방향을 향해 이동하거나 보거나 소리칠 때

① 秋天来了，大雁开始向南方飞去。
가을이 오자 기러기가 남쪽으로 날아가기 시작한다.

② 请你向前看，你会发现你想找的人在那儿。
앞을 보세요. 당신이 찾고 싶어하던 사람이 거기 있는 것을 발견할 수 있을 거예요.

③ 我向他喊了半天，他也没答应一声。
내가 그를 향해 한참 동안 큰 소리로 불렀으나 그는 한 마디도 대답하지 않았다.

201
像……似的 / 好像……似的
xiàng   shìde   hǎoxiàng   shìde

마치 ~인 것 같다

형태 구조
- 주어 + **像/好像** + 명사구 + **似的**
- 주어 + **像/好像** + 형용사구 + **似的**
- 주어 + **像/好像** + 동사구 + **似的**

의미 기능 사람이나 물건의 상태를 다른 대상을 들어 '비교'하거나 '비유'하여, 두 대상의 특징이 '비슷함'을 나타낼 때 사용한다.

사용 환경

1 사람의 외모, 특징, 행위 등을 묘사할 때

① 她一害羞，脸就红得像熟透的苹果似的。
그녀는 부끄러울 때면 얼굴이 빨개져서 마치 푹 익은 사과 같다.

② 这孩子的眼睛又黑又大，像(/好像)两颗黑葡萄似的。
그 아이는 눈이 까맣고 커서 마치 두 개의 검은 포도알 같다.

③ 他那歪歪扭扭走路的样子，就像(/好像)喝醉了酒似的。
그의 비틀비틀 걷는 모양새가 마치 술에 취한 것 같다.

④ 汤姆像神仙似的，每次考试都能猜对题目。
톰은 마치 신선 같이 매번 시험에서 문제를 다 알아맞힌다.

⑤ 考试前，他就像(/好像)疯了似的，拼命地复习。
시험 전에 그는 마치 미친 것처럼 죽기 살기로 복습했다.

2 어떤 일의 특징이나 상태에 대해 평가하여 말할 때

① 梨花儿开得像雪似的那样白。
배꽃이 마치 눈처럼 하얗게 피있다.

② 他的诗像画儿似的那么美。
그의 시는 마치 그림처럼 아름답다.

③ 大风吹过，满树梨花儿像下雪似的往下落。
세찬 바람이 불자 나무에 가득한 배꽃이 눈 내리듯 떨어져 내렸다.

주의 · '似的'가 '비교' '비유'로 쓰일 때는 '一样' '一般'과 바꿔 쓸 수 있다.
  예 他的诗像画儿一样美。 그의 시는 그림처럼 아름답다.

202 像……似的/好像……似的❷
xiàng shìde hǎoxiàng shìde

마치 ~인 것 같다

형태 구조
- 주어+像/好像+동사구+似的
- 好像+주어+동사구+似的
- 好像+동사구+似的, 주어+문장

의미 기능 '비슷함'을 나타낼 때 사용한다. 어느 때는 '확실하지 않음'을 나타내기도 한다.

사용 환경

1 어떤 사람이나 어떤 장면을 보았을 때

① 我(好)像在哪儿见过这个人似的，越看越眼熟。
나는 마치 어디에선가 이 사람을 본 적이 있는 것처럼 보면 볼수록 낯이 익다.

② 好像我在哪儿见过这个人似的，越看越眼熟。
나는 어디에선가 이 사람을 본 적이 있는 것처럼 보면 볼수록 낯이 익다.

③ 他(好)像早就在这儿工作过似的，见到每个人都打招呼。
그는 마치 일찌감치 여기에서 일한 적이 있는 것처럼 만나는 모든 사람들에게 인사를 했다.

④ 好像他早就在这儿工作过似的，见到每个人都打招呼。
그는 마치 일찌감치 여기에서 일한 적이 있는 것처럼 만나는 모든 사람들에게 인사를 했다.

2 상대방이 아마도 보거나 듣지 못했다고 추측할 때

① 他好像没听到我叫他似的，连头也不抬一下。
그는 마치 내가 그를 부르는 것을 못 들은 것처럼 고개도 한번 들지 않았다.

② 好像没看到我进来似的，他一直在盯着电脑看图片。
마치 내가 들어온 것을 못 본 것처럼 그는 줄곧 컴퓨터를 주시하며 그림을 보았다.

주의
- '像……似的❷'에서 '似的'는 생략할 수 있다.
- '好像'을 주어 뒤에 사용할 때는 '好'를 생략할 수 있지만, 주어 앞에 사용할 때는 생략할 수 없다.
- '好像……似的❷' 구문을 말할 때, 어느 부분에 강세를 두느냐에 따라 나타내는 의미가 다르다. 강세를 '好像' 뒤의 내용에 둔다면 '내용의 불확실성'을 나타내고, 강세를 '好像' 자체에 둔다면 '내용의 부정'에 가까운 의미를 나타낸다.

203 像……一样 ~와 같이
xiàng　　　yíyàng

형태 구조
- Ⓐ + 像 + Ⓑ + 一样 + 형용사
- Ⓐ + 像 + Ⓑ + 一样 + 동사구

의미 기능　한 물건이 '다른 물건의 성질이나 특징'을 가지고 있음을 나타낼 때 사용한다.

사용 환경

1 날씨, 경치에 대해 말할 때

① 今天像昨天一样冷，你还得多穿点儿。
　오늘은 어제처럼 추우니까 옷을 좀 더 많이 입으렴.

② 杭州的风景像画儿一样美。
　항저우의 경치는 그림처럼 아름답다.

2 외모에 대해 말할 때

① 他的眼睛像星星一样亮。
　그의 눈은 별처럼 빛난다.

② 她的脸像苹果一样红。
　그녀의 얼굴은 사과처럼 빨갛다.

3 행동, 습관 등에 대해 말할 때

① 他像疯了一样到处乱跑。
　그는 미친 것처럼 사방을 돌아다녔다.

② 你千万别像这个人一样说话不算数。
　절대로 이 사람처럼 말한 것을 지키지 않아서는 안 된다.

③ 他整天像喝醉了酒一样，东倒西歪的。
　그는 하루 종일 술에 취한 것처럼 이리서리 비틀거린다.

204

姓 성이 ~이다
xìng

형태 구조
- 주어 + 姓 + 명사
- 주어 + 姓 + 什么?
- (您)贵姓?

의미 기능 이름 중 '성씨(姓氏)'를 나타낼 때 사용한다.

사용 환경 — 자기소개를 하거나 다른 사람의 이름을 물을 때

① 你好，我姓李。
안녕하세요? 저는 성이 이씨입니다.

② 甲：她姓什么?
갑: 그녀는 성이 뭐예요?

乙：她姓张。
을: 그녀는 장씨예요.

③ 甲：(您)贵姓?
갑: 귀한 성이 어떻게 되십니까?

乙：免贵，姓王。
을: 귀하다는 말은 빼세요. 저는 왕씨입니다.

주의
- '(您)贵姓?'은 공손하게 상대방의 성(姓)을 묻는 표현이다. 대답은 보통 '(我)姓……'이나 '免贵，姓……'으로 한다. '你贵姓?'이나 '我贵姓王。'이라고 말해서는 안 된다.

UNIT 11 REVIEW

1 밑줄 친 부분에 대응되는 부분을 중국어 문장에서 찾아 표시해 보세요.

(1) 주어+习惯+(동사+)목적어
→ 不到半年，我已经习惯用筷子了。

(2) 주어+向+방향사/장소사+동사
→ 我向他喊了半天，他也没答应一声。

(3) A+像+B+一样+형용사
→ 今天像昨天一样冷，你还得多穿点儿。

2 어법의 형태 구조를 떠올리며 제시된 낱말을 바른 순서로 배열해 보세요.

(1) 下来   几把   我   搬了   椅子   从楼上

→ _____
(나는 위층에서 의자를 몇 개 운반해 내려왔다.)

(2) 去北大   再   你可以   先   转地铁   坐公共汽车

→ _____
(베이징대학에 가려면 우선 버스를 탄 다음에 지하철로 갈아타는 게 좋아요.)

(3) 疯了   复习   考试前   像   似的   拼命地   他就

→ _____
(시험 전에 그는 마치 미친 것처럼 죽기 살기로 복습했다.)

UNIT 12

205 需要~224 有点儿

205
需要 필요하다
xūyào

형태 구조
- 주어 + 需要 + 명사구
- 주어 + 需要 + 동사구
- 주어 + 需要 + 이음절 동사

의미 기능 어떤 물건이 '필요'하거나 어떤 일을 할 필요가 있음을 나타낼 때 사용한다.

사용 환경

1 학습의 조건을 말할 때

① 我需要一本好的汉英词典。
나는 좋은 한영사전이 한 권 필요하다.

② 练习书法需要有信心和决心。
서예를 연습하려면 자신감과 결심이 있어야 한다.

2 진찰, 진료할 때

① 她的病需要看医生了。
그녀의 병은 진료 받을 필요가 있다.

② 看病跟上学一样，需要钱。
진료 받는 것은 학교 다니는 것과 같이 돈이 필요하다.

③ 生病的人特别需要别人的关心。
병이 난 사람은 특히 다른 사람의 관심이 필요하다.

3 방을 정리할 때

① 房间太乱了，需要打扫一下了。
방이 너무 어지러워서 좀 청소할 필요가 있다.

② 书房里需要换一个亮一点儿的灯。
서재 안을 좀 밝은 등으로 바꿀 필요가 있다.

③ 你都高中生了，收拾卧室这点儿小事还需要父母的帮助?
너도 이제 고등학생이야. 침실 정리처럼 이렇게 작은 일에도 아직 부모님 도움이 필요해?

주의
- '需要' 뒤에는 일음절동사가 올 수 없다.
  예) 我的房间需要扫。(X)
  　　我的房间需要打扫(扫一扫/扫干净)。(O)
  　　내 방은 청소할 필요가 있다.

  活着需要吃。(X)
  活着需要吃饭。(O)
  살려면 밥 먹는 것이 필요하다.

206

要 ～를 원하다, ～하고 싶다
yào

→ p.232의 198 '想' 참고

형태 구조
- 주어 + 要 + 명사구
- 주어 + 要 + 동사구

의미 기능 어떤 물건을 갖고 싶거나 어떤 일을 하고 싶음을 나타낼 때 사용한다.

사용 환경

1 자식의 요구 사항에 대해 말할 때

① 孩子不舒服的时候都说"要妈妈"。
　아이는 몸이 아플 때 늘 '엄마를 원해(=엄마한테 데려다 줘)'라고 말한다.

② 他才5岁，看到别人上学的时候，他常常跟妈妈说"我也要上学"。
　그 아이는 이제 겨우 5살인데, 다른 사람이 학교 다니는 것을 보면 자주 엄마에게 '나도 학교에 다니고 싶어'라고 말한다.

③ 父母要他学钢琴，可是他要学吉他，不要弹钢琴。
　부모는 그에게 피아노를 배우라고 한다. 하지만 그는 기타를 배우고 싶지, 피아노 치는 것은 원하지 않는다.

2 여름에 필요한 것을 말할 때

① 甲：我这儿有矿泉水和可乐，你要什么？
　갑: 여기에 생수와 콜라가 있는데, 너는 뭘 원해?

　乙：我要矿泉水。
　을: 나는 생수를 줘.

② 甲：你们有什么?
갑: 여기에 뭐가 있어요?

乙：要什么有什么。
을: 원하시는 건 다 있습니다.

甲：我要一瓶可乐，还要一支冰棍。
갑: 콜라 한 병 주세요. 아이스크림도 한 개 주시고요.

③ 这鬼天气，真闷! 你是要把扇子，还是要开空调?
이 귀신 같은 날씨, 진짜 후덥지근하네! 너는 부채를 원해, 아니면 에어컨 켜기를 원해?

207

要❷ ~해야 하다
yào

형태 구조
- 주어 + 要 + 동사구

의미 기능
어떤 일을 하기 전에 사실상, 논리상, 혹은 도리상 그 일을 만족시키기 위해 '필요한 조건'을 설명할 때 사용한다.

사용 환경

1 공부 방법에 대해 말할 때

① 学外语，要多听、多说、多读、多写。
외국어를 공부할 때는 많이 듣고, 많이 말하고, 많이 읽고, 많이 써야 한다.

② 写论文前，要多收集一些材料。
논문을 쓰기 전에 자료를 좀 더 많이 수집해야 한다.

2 업무 태도에 대해 말할 때

① 工作上我们要认真地对待每一件事。
업무상 우리는 모든 일에 대해 진지해야 한다.

② 你一定要听老板的话，不然他会开除你。
너는 사장님의 말을 들어야 해. 안 그럼 사장님이 너를 해고할 거야.

주의
- 이때의 '要❷'의 의미는 기본적으로 '得(děi)'와 같다. 그러나 '得(děi)'는 구어에서만 사용하고, '要'는 구어와 문어에서 모두 사용한다.

208

要……了 곧 ~하려고 하다
yào   le

형태 구조 • 주어 + 要 + 동사구 + 了

의미 기능 상황에 근거하여 어떤 일이 '곧 발생'할 거라 판단할 때 사용한다.

사용 환경

1 날씨 변화에 대해 말할 때

① 快跑，要下雨了。
빨리 뛰어. 비가 오려고 해.

② 又要刮风了，快把窗户关上。
또 바람이 불려고 해. 빨리 창문 닫아.

2 시간에 맞추기 위해 서두를 때

① 飞机要起飞了，他还没过安检。
비행기가 이륙하려고 하는데, 그 사람은 아직 세관도 통과 못했어.

② 还有十分钟就要开船了，你买票了没有?
10분 있으면 곧 배가 떠날 텐데, 너 표 샀어, 안 샀어?

③ 再不走，就要迟到了，咱们快跑吧。
지금 안 가면 곧 지각할 거야. 우리 빨리 뛰자.

3 정서, 심리 변화에 대해 말할 때

① 她要哭了，你去哄哄她。
그녀가 울려고 하니 가서 그녀를 좀 달래 줘.

② 你看，妈妈要发火了，我们快出去吧。
봐, 엄마가 화내려고 하시잖아. 우리 빨리 나가자.

③ 你再这样说，我就要生气了。
너 또 이렇게 말하면 내가 화낼 거야.

주의
• '要' 앞에는 '就'나 '快'를 붙여 시간의 긴박함을 더 강조하여 나타낼 수 있다.
예) 就要下雨了。   快要开船了。
곧 비가 오려고 한다.   곧 배가 떠나려 한다.

209 要是……的话 / 如果……的话
yàoshi　　　de huà　　rúguǒ　　　de huà

만약 ~하면

형태 구조
- 주어 + 要是/如果 + 동사구 + 的话, 문장
- 要是/如果 + 주어 + 동사구 + 的话, 문장

의미 기능　어떤 조건을 '가설'하여 결과를 이끌어 낼 때 사용한다.

사용 환경

1 일어날지, 안 일어날지 모르는 일에 대해 말할 때

① 你的男朋友要是去中国的话，你怎么办？
　네 남자 친구가 중국에 간다면 너는 어떻게 할 거야?

② 你要是不答应帮我的话，我以后再也不理你了。
　네가 만약 나를 돕는 데 협조하지 않으면 나도 앞으로 너를 상대하지 않을 거야.

③ 如果你不认真准备的话，可能会考不及格。
　성실히 준비하지 않으면 아마 시험에 떨어질 것이다.

2 다른 사람에게 약속할 때

① 我明天要是没有杂事的话，一定去看你演出。
　내가 내일 만약 잡다한 일이 없다면 꼭 네 공연을 보러 갈게.

② 要是时间还来得及的话，我马上就去报名。
　만약 시간이 늦지 않았다면 나는 바로 신청하러 갈 거야.

③ 如果天气好的话，我就去跑步，否则，就待在家里看书。
　날씨가 좋다면 나는 달리기를 하러 가겠지만, 그렇지 않다면 집에 머무르며 책을 볼 것이다.

주의
- '要是……的话'는 비교적 구어화된 표현이고, '如果……的话'는 비교적 공식적인 격식체 표현이다.
- '要是……的话', '如果……的话'에서 '的话'를 생략할 수도 있지만, '的话'를 사용할 때 어감이 좀 더 부드러워진다.

210

也 ~도
yě

형태 구조
- (문장,) 주어 + 也 + 동사구
- (문장,) 주어 + 也 + 형용사구

의미 기능 두 물건이나 동작이 서로 '같음'을 나타낸다.

사용 환경

1 취미가 같을 때

① 我喜欢游泳，我女朋友也喜欢。
나는 수영을 좋아한다. 내 여자 친구도 좋아한다.

② 爸爸每天都看书，我也每天都看。
아빠는 매일 책을 보신다. 나도 매일 본다.

2 신분, 직업, 특징 등이 같을 때

① 没想到你也是留学生啊，这么巧。
너도 유학생일 줄 생각도 못 했어. 이런 우연이 있을 수가.

② 吉米爸爸是牙科医生，吉米女朋友的爸爸也是牙科医生!
지미의 아버지께서는 치과 의사이신데, 지미 여자 친구의 아버지께서도 치과 의사이시다!

③ 她很聪明，我也不笨。
그녀는 똑똑하다. 나도 멍청하지 않다.

3 행위, 활동이 같을 때

① 你去参加聚会，我也去；你不去，我也不去。
네가 모임에 참가하러 가면 나도 갈 거야. 네가 안 가면 나도 안 갈 거야.

② 他上周来了，这周也来了，下周准备还来。
그 사람은 지난주에 왔는데, 이번 주에도 왔다. 다음 주에도 올 예정이다.

③ 今天的演出真好看，昨天的也不错。
오늘 공연은 정말 보기 좋았어. 어제도 괜찮았었고.

4 날씨, 기후, 경치 등의 정도가 같을 때

① 昨天有点儿热，今天也不冷。
어제는 좀 더웠지. 오늘도 춥지는 않네.

② 波士顿气候很湿润，上海也是。
보스턴의 기후는 습한데, 상하이도 그렇다.

③ 青岛的风景很美，大连也很美。
    칭다오 경치는 예쁘다. 다롄도 아름답다.

주의
- 청자가 이미 알고 있는 내용이면 앞의 문장은 없어도 된다. '也' 뒤에 사용하는 동사와 형용사는 앞의 문장에 나오는 동사, 형용사와 내용이 비슷하다. '聪明(똑똑하다)'과 '不笨(멍청하지 않다)'처럼 의미가 비슷한 어휘를 사용할 수도 있다.

211
……一点儿 조금
yìdiǎnr

형태 구조
- (一)点儿 + 명사
- 동사 + (一)点儿 + 명사
- 주어 + 형용사 + (一)点儿
- 주어 + 동사(+得) + 형용사 + (一)点儿

의미 기능 '수량'이 적을 때, 혹은 '정도'가 약간 감소하거나 증가하였을 때 사용한다.

사용 환경

1 수량에 대해 말할 때

① 中午不太饿，我只吃了(一)点儿面条。
    점심에 별로 배가 고프지 않아서 나는 국수만 조금 먹었다.

② 我的钱包里只剩下(一)点儿钱了，吃饭都不够，更别说看电影了。
    내 지갑에는 약간의 돈만 남아 있어. 밥을 먹기에도 부족하니 영화 보는 것은 더 말할 것도 없지.

③ 我只买了一点儿东西，你再去买点儿吧。
    나는 물건을 조금만 샀어. 네가 가서 좀 더 사렴.

④ 你一点儿吃的都不留给我，害得我饿了一晚上。
    네가 먹을 것을 조금도 내게 남겨 놓지 않는 바람에 나는 밤새 배가 고팠어.

2 정도에 대해 말할 때

① 成绩差(一)点儿没关系，以后多努力就行了。
    성적이 좀 떨어져도 괜찮아. 앞으로 더 많이 노력하면 되지.

② 请你说得慢(一)点儿，我没听清楚。
   좀 천천히 말해 주세요. 제가 분명하게 못 들었어요.

③ 你快点儿，我们要迟到了。
   빨리 서둘러. 우리 지각하겠다.

④ 大家脚步放轻(一)点儿，老师在备课呢。
   다들 발걸음을 가볍게 살살 걸어 주세요. 선생님께서 수업 준비를 하고 계세요.

주의
- '一点儿❶'이 문장 앞이 아닌, 문장 중간에 나올 때는 '一'가 자주 생략된다.
- '差一点儿'과 '差了一点儿'은 '구조'도 다르고 나타내는 '정도'도 다르다. '差了一点儿'이 나타내는 정도가 더 세다.
  예) 成绩差一点儿没关系，可以补。   差了一点儿，就补不上了。
  성적이 좀 떨어져도 괜찮아. 보완하면 되지.   좀 떨어지면 보완을 할 수 없다.

212 ……一点儿❷ 조금
yìdiǎnr

형태 구조
- 주어+형용사+了+(一)点儿
- 주어+동사+得+형용사+了+(一)点儿

의미 기능 '정도'가 일반적 상황이나 예기한 상황보다 '약간 넘었음'을 나타낼 때 사용한다.

사용 환경

1 학업, 업무 등에 대해 말할 때

① 你的成绩差了(一)点儿，你要更加努力才行。
   너 성적이 좀 떨어졌네. 더 노력해야 되겠어.

② 他看书看得慢了(一)点儿，别人都看完了，他还有10页没看。
   그는 책을 좀 천천히 읽는다. 다른 사람은 다 봤는데, 그는 아직 못 본 게 10페이지나 된다.

③ 这篇文章长了(一)点儿，你能不能减少五百字？
   이 글은 좀 기네요. 500자를 줄일 수 있어요?

④ 这个项目进展得慢了点儿，大家得加快进度了。
   이 프로젝트는 진행이 좀 느리네요. 다들 진행 속도를 빨리 해야겠습니다.

2 몸 상태에 대해 말할 때

① 这几天奶奶身体好了(一)点儿，能下地走路了。
요 며칠 할머니의 몸이 좀 나아지셔서 침대에서 내려와 걸을 수 있게 되셨다.

② 你心跳得快了(一)点儿，得多运动运动了。
너 심장이 좀 빨리 뛴다. 운동을 좀 많이 해야겠어.

3 방의 크기, 가구 배치 등에 대해 말할 때

① 这个房间小了点儿，住这么多人挤了(一)点儿。
이 방은 좀 작아서 이렇게 많은 사람이 묵으니 좀 비좁다.

② 这张餐桌放在这么大的客厅里，小了(一)点儿。
이 식탁은 이렇게 큰 거실에 놓기에는 좀 작겠다.

③ 咱们买的沙发窄了(一)点儿，换个宽点儿的吧。
우리가 산 소파는 좀 좁아. 좀 넓은 것으로 바꾸자.

4 패션, 미용 등에 대해 말할 때

① 这条裤子长了(一)点儿，再短点儿就好了。
이 바지는 좀 기네. 더 짧았으면 좋겠다.

② 你戴的这顶帽子大了(一)点儿，连你的眼睛都看不见了。
네가 쓴 이 모자는 좀 크네. 네 눈도 보이지가 않아.

③ 你的头发长了(一)点儿，该去理理了。
너 머리가 좀 기네. 좀 다듬으러 가야겠다.

주의
- '一点儿❶'에서 '一'는 자주 생략되며, 형용사 뒤에는 '了'를 붙인다.
- '一点儿❶'은 보통 형용사 뒤에 위치하고 '有一点儿'은 형용사 앞에 위치한다.
- '형용사+一点儿'은 단순히 정도를 비교하는 의미를 나타내고, '형용사+了+一点儿'과 '有点儿+형용사'는 정도가 실제 필요치에 알맞지 않다는 의미를 나타낸다.

예 这个大一点儿，用这个吧。　　这件衣服大了一点儿。　　有点儿大，换个小号的吧。
　　 이게 좀 크니까 이거 쓰자.　　　이 옷은 좀 크다.　　　　좀 크니까 작은 것으로 바꾸자.

213

一⋯⋯就⋯⋯ ~하자마자 ~하다
yī   jiù

형태 구조
- 주어 + 一 + 동사구❶ + 就 + 동사구❷
- 주어 + 一 + 동사구 + 就 + 형용사
- 주어❶ + 一 + 동사구❶, 주어❷ + 就 + 동사구❷
- 주어❶ + 一 + 동사구, 주어❷ + 就 + 형용사

의미 기능 한 가지 사건이 '발생한 후'에 또 다른 사건이 '바로 이어 발생함'을 나타낼 때, 혹은 한 가지 사건이 '발생하자마자 바로' 어떤 결과가 나타났을 때 사용한다. 두 가지 상황은 전후로 이어져 있으며 일정한 '인과' '조건' 관계를 가진다.

사용 환경

1 학업, 업무 등의 생활에 대해 말할 때

① 他真聪明，用毛笔写字，一学就会。
그는 진짜 똑똑하다. 붓으로 글씨 쓰는 것을 배우자마자 바로 할 줄 안다.

② 老师一说话，我就想睡觉。
선생님이 말씀만 하시면 나는 잠을 자고 싶다.

③ 他一走出考场就给女朋友打电话。
그는 고사장에서 나오자마자 여자 친구에게 전화를 했다.

④ 我每天一下课就去食堂吃饭，一吃完饭就去图书馆。
나는 매일 수업이 끝나면 바로 식당에 가서 밥을 먹는다. 밥을 다 먹고 나서는 바로 도서관에 간다.

⑤ 他一到办公室就打开电脑开始工作。
그는 사무실에 도착하자마자 컴퓨터를 켜고 일을 시작했다.

2 의식주 등 일상 행위에 대해 말할 때

① 我爸爸 吃完饭就去散步了。
우리 아빠는 밥을 다 드시고 나면 바로 산책하러 가신다.

② 我刚一开口，他就明白我的意思了。
내가 막 입을 떼자마자 그는 바로 나의 뜻을 이해했다.

③ 她刚谈了男朋友，一到天黑就去约会了。
그녀가 막 연애를 시작했을 무렵에는 날이 어두워지면 바로 데이트를 하러 갔다.

3 습관이나 규칙적인 행위에 대해 말할 때

① 弟弟一到周末就去打球。
남동생은 주말만 되면 농구를 하러 간다.

② 不知为什么，我一到冬天就常常感冒。
왜 그런지 모르겠는데, 나는 겨울만 되면 자주 감기에 걸린다.

③ 这孩子一看见妈妈就笑。
이 아이는 엄마만 보면 웃는다.

주의
- '一' 뒤의 동사구가 '술어+목적어' 구소일 경우, '一……就……'에서 '一'는 종종 생략되며, 이때 동사는 강하게 읽어야 한다.
- 동사구가 '술어+목적어' 구조가 아닐 경우에는 '一'를 생략할 수 없다.
  예 他吃完饭就去图书馆。(O)   他一学就会。(O) / 他学就会。(✕)
  그는 밥을 다 먹으면 바로 도서관에 간다.   그는 배우자마자 바로 할 줄 안다.

214
# ……一下(儿) 좀 ~하다
yíxià(r)

형태 구조 ▶ 주어 + 동사 + **一下(儿)** (+ 목적어)

의미 기능 ▶ 어떤 일을 해 보려는 '시도'를 나타낼 때 사용한다. 동작의 양이 가볍고 동작 시간이 짧음을 나타낸다.

사용 환경

1 야채를 씻고, 요리하고, 맛보는 등의 행위를 할 때

① 儿子，你去把这些青菜洗一下。
아들아, 너 가서 이 채소들 좀 씻어 와라.

② 妈妈炒菜时接了一个电话，我替她炒了一下，结果炒焦了。
엄마가 음식을 볶을 때 전화를 받으셔서 내가 대신 좀 볶았는데, 그만 태워 버렸다.

③ 你过来帮我摘一下菜，好吗?
너 이리 와서 나를 도와 채소 좀 따 줄래?

④ 我尝了一下鱼，觉得有点儿咸。
내가 생선을 좀 맛보았는데, 좀 짠 것 같았다.

2 소개, 교제, 문의, 해명 등을 할 때

① 请你介绍一下事情的经过。
사건의 경과에 대해서 좀 소개해 주세요.

② 你能不能简单谈一下你的想法?
네 생각을 좀 간단하게 이야기해 줄 수 있어?

③ 如果不明白他说的话的意思，你可以问一下老师。
그 사람이 한 말의 의미를 모르겠으면 선생님에게 좀 여쭤봐도 괜찮아.

3 보고, 듣고, 쓰고, 생각하는 행위 등을 할 때

① 你过来看一下这是怎么回事。
너 이리 와서 이게 어찌된 일인지 좀 봐 봐.

② 大家先听一下这段录音，然后写下听到的内容，越详细越好。
모두들 우선 이 녹음을 듣고 난 다음, 들은 내용을 적어 보세요. 자세할수록 좋아요.

③ 请在这儿写一下你的姓名、电话等信息。
여기에 당신의 이름과 전화번호 등 정보를 좀 적어 주세요.

④ 她想了一下，说:"好，我来试试吧。"
그녀는 잠시 생각하더니 "좋아. 내가 한번 해 볼게."라고 말했다.

> **주의**
> - 동사가 일음절이면 '동사+一下' 형식 대신에 '尝尝' '尝了尝'처럼 동사중첩 형식을 사용해도 된다.
> - 동사가 이음절이면 '研究了一研究'처럼 '동사一동사' 형식으로 바꿔 쓸 수 없다. 그러나 '一'를 빼고 '研究研究'와 같이 말하는 것은 괜찮다. 이때 이음절 동사 중 두 번째 음은 경성으로 가볍게 읽어야 자연스럽다.

215

(一)些 조금
(yì)xiē

형태 구조 • 주어+동사+(一)些+명사구

의미 기능 많지도 않지만, 그렇다고 꼭 적은 것도 아닌 '부정확한 수량'을 나타낼 때 사용한다. 양이 조금 늘거나 조금 주는 것을 나타낼 때 많이 사용한다.

사용 환경

1 환자에게 권유할 때

① 你要早晚多吃(一)些水果，有时间多运动运动。
아침저녁으로 과일을 좀 많이 먹고, 시간이 있을 때는 운동을 좀 하세요.

② 平时找(一)些轻音乐听听，心情放松了，病也就轻了。
평소에 경음악을 좀 찾아서 좀 들어 보세요. 마음도 가벼워지고 병세도 호전될 거예요.

③ 医生让他每天做一些运动，结果他跑起了马拉松！
의사가 그에게 매일 운동을 좀 하라고 하자, 그는 마라톤을 뛰기 시작했다!

2 학업, 업무 생활에 대해 말할 때

① 要想提高听力，可以多看(一)些中文电影。
듣기 실력을 높이려면 중국 영화를 좀 많이 보는 것이 좋다.

② 老师刚才说了些什么，我一个字也没有听进去。
선생님이 방금 무슨 말씀을 하셨는지 한 글자도 내 귀에 들어오지 않았다.

③ 老板又给我增加了一些工作任务，我感觉压力好大。
사장님이 또 내게 업무를 늘리셨다. 나는 너무 스트레스 받는다.

3 쇼핑, 식사 등 일상 행위에 대해 말할 때

① 他从超市里买了一些日常生活用品。
그는 슈퍼에서 생활용품을 좀 샀다.

② 我做了一些小蛋糕很好吃，你快尝尝吧！
내가 작은 케이크를 좀 만들었는데 맛있어. 한번 먹어 봐!

주의 • '一些'에서 '一'는 자주 생략된다.

216

以前/以后 이전 / 이후
yǐqián   yǐhòu

형태 구조
- 시간을 나타내는 말 + 以前/以后 + 문장
- 동사구 + 以前/以后 + 문장

의미 기능 어떤 '시간의 이르고 늦음'을 나타낼 때 사용한다. 발생한 일은 시간의 흐름에 따라 변화가 생긴 일이다. '以前'은 발생한 일을 소개할 때 자주 사용하고, '以后'는 상황의 변화를 설명할 때 자주 사용한다.

사용 환경

1 사람과 만날 때

① 三天以前我还见过他。
3일 전에도 나는 그를 만난 적이 있다.

② 过了半年以后，我才能把她和她姐姐分清。
반년이 지나고 나서야 나는 그녀와 그녀의 언니를 구분할 수 있었다.

2 외국에 와서 생활할 때

① 来中国以前我学过几年汉语。
중국에 오기 전에 나는 중국어를 몇 년 배운 적이 있다.

② 学中文以后，我才喜欢上中国。
중국어를 공부하고 나서야 나는 중국을 좋아하게 되었다.

③ 以前，我不知道饺子这么好吃，到中国以后才知道有这么好吃的东西。
이전에 나는 물만두가 이렇게 맛있는지 몰랐다. 중국에 온 이후에야 이렇게 맛있는 음식이 있다는 것을 알게 되었다.

217
已经……了 이미 ~했다
yǐjīng　le

형태 구조
- [주어]+已经+동사구+了
- [주어]+已经+형용사구+了
- 주어+동사구+已经+수량사+了
- 已经+수량사+了

의미 기능 '동작이 완성'되었거나 '상태가 어떤 정도에 달했음'을 나타낼 때 사용한다.

사용 환경

1 학습 경험, 업무 생활 등에 대해 말할 때

① 学了半年中文，她就已经会用汉语点菜了。
중국어를 반년 동안 공부해서 그녀는 이제 중국어로 음식을 주문을 할 수 있다.

② 我来中国留学已经四年了，快成了中国通了。
내가 중국에 유학 온 지 벌써 4년이 됐어. 중국 전문가가 다 되어가.

③ 明年的工作计划我已经做完了。
내년 업무 계획을 나는 이미 다 세워 놓았다.

2 어떤 곳에 도착했거나 어떤 곳을 떠났다고 말할 때

① 他们已经到机场了。
그들은 이미 공항에 도착했다.

② 老王已经离开北京去上海了。
라오왕은 이미 베이징을 떠나 상하이로 갔다.

3 날씨 변화에 대해 말할 때

① 天已经晴了。
날이 이미 맑아졌다.

② 风已经停了，雨已经不下了，太阳已经出来了。
바람은 이미 멈추었고, 비도 이제 내리지 않는다. 해가 벌써 나왔다.

③ 已经下了半个月的雪了，似乎还要继续下。
벌써 보름째 눈이 내리고 있는데, 아마도 계속 더 내릴 것 같다.

4 시간, 연령 등의 변화에 대해 말할 때

① 现在已经三点了，我们该走了。
지금 벌써 세 시야. 우리 갈 때가 됐어.

② 儿子已经十八岁了，他自己的事还是让他自己决定吧。
아들이 이제 18살이야. 자기 일은 자기가 스스로 결정하도록 하는 게 좋겠어.

5 심리, 상태의 변화에 대해 말할 때

① 我的心已经静下来了，不再胡思乱想了。
내 마음이 이제 평온해졌어. 더 이상 허튼 생각을 하지 않겠어.

② 他的脸已经红了，你就别再批评他了。
그 사람 얼굴이 이미 빨개졌어. 이제 더 이상 그 사람을 나무라지 마.

③ 苹果已经熟透了，橘子还没有熟。
사과는 벌써 푹 익었는데 귤은 아직도 익지 않았다.

218

应该 ~해야 하다
yīnggāi

형태 구조 • 주어 + **应该** + 동사구

의미 기능 '도리상 반드시 해야 하는' 어떤 일에 대해 말할 때, 권고하거나 제안할 때 많이 사용한다.

사용 환경 **1** 학업상, 업무상 해야 하는 일에 대해 말할 때

① 你应该努力学习，不能让父母失望。
너는 열심히 공부해야 해. 부모님을 실망시켜서는 안 돼.

② 上课就应该好好儿听课，不要东张西望。
수업 중에는 열심히 강의를 들어야 해요. 여기저기 두리번거리지 마세요.

③ 上班就应该按时到，不应该迟到。
출근할 때는 제 시간에 도착해야 한다. 지각해서는 안 된다.

④ 这个项目应该让老王负责，而不是小李。
이 프로젝트는 샤오리가 아니라 라오왕에게 맡으라고 해야 한다.

2 일상생활 중 해야 하는 일에 대해서 말할 때

① 你太瘦了，应该多吃点儿。
너는 너무 말랐어. 좀 더 많이 먹어야겠어.

② 今天很冷，出门的时候应该多穿点儿衣服。
오늘 너무 추우니까 나갈 때 옷을 좀 더 많이 입어야겠어.

③ 太晚了，你应该上床睡觉了。
너무 늦었어. 너는 침대로 가서 자야 해.

④ 我们应该买大一点儿的房子，这房子太小了。
우리는 좀 더 큰 집을 사야 했어. 이 집은 너무 작아.

3 건강 관리에 주의를 줄 때

① 生病应该去看医生，不能大意。
병이 나면 병원에 가서 진찰을 받아야 해. 방심해서는 안 돼.

② 你这个病，应该到大医院去看看。
당신의 병은 큰 병원에 가 봐야 해요.

③ 你发烧了，回去应该多喝水。
열이 나니까 돌아가서 물을 많이 마시도록 하세요.

④ 你再忙也应该注意多休息。
아무리 바빠도 많이 쉬도록 하세요.

219

应该……了 아마 ~할 것이다
yīnggāi   le

형태 구조 • 주어 + 应该 + 동사구 + 了(吧)

의미 기능 '추측'에 근거해 상황이 그러할 것이라고 여길 때 사용한다.

사용 환경

1 어떤 상황이나 사건에 대해 추측할 때

① 李敏结婚快三年了，应该有孩子了吧。
리민이 결혼한 지 3년이 다 돼 가잖아. 아마 아이가 있을 거야.

② 他当时那么喜欢当班干部，现在应该当大领导了吧。
그 애는 당시에 그렇게 반의 임원이 되는 것을 좋아했으니 지금은 높은 임원이 돼 있을 거야.

③ 他去美国都一年了，应该早适应那里的生活了吧。
그 사람이 미국에 간 지 1년이나 됐으니 그곳 생활에 일찌감치 적응했겠지.

2 도착하거나 떠난 시간, 장소 등을 예측할 때

① 天没亮他就出发了，现在应该到了。
날이 채 밝지도 않아서 출발했으니 지금쯤 도착했겠다.

② 你女朋友应该到北京了吧，怎么还没来电话呢?
네 여자 친구 베이징에 도착했을 텐데. 왜 아직 전화가 안 오는 거지?

③ 他应该离开中国了吧，我好几个星期都没见过他了。
그 사람은 중국을 떠났을 거야. 몇 주 동안이나 그 사람을 본 적이 없어.

주의 · 문장 뒤에 자주 함께 쓰이는 '吧'는 추측의 의미를 강조하고 어감을 부드럽게 만든다.

220
有 ❶ 있다
yǒu

형태 구조 · 주어 + 有 + 명사구

의미 기능 소유하거나 갖추고 있는 것을 나타낼 때 사용한다.

사용 환경

1 가족, 배우자, 친구에 대해 말할 때

① 你家有几口人? 너희 집은 식구가 몇 명이야?
② 我有一个姐姐和一个弟弟。 나는 언니 한 명이랑 남동생 한 명이 있어.
③ 在北京你有几个朋友? 베이징에 너는 친구가 몇 명 있어?

2 어떤 물건을 가지고 있을 때

① 他有一顶新帽子。
그는 새 모자를 하나 가지고 있다.

② 她家有两辆车，一辆白色的，一辆红色的。
그녀 집에는 차가 두 대 있다. 하나는 하얀색이고 하나는 빨간색이다.

3 교과목에 대해 말할 때

① 这学期我有六门课，你呢?
이번 학기에 나는 여섯 과목을 들어. 너는?

② 刚开始，我们每天都有口语课，现在是每周四节。
막 시작할 때는 매일 말하기 수업이 있었는데, 지금은 매주 네 시간이다.

221
有❷ 있다
yǒu

형태 구조 • 장소 + 有 + 명사구

의미 기능 '불확실한' 사람이나 물건의 '존재', '출현'을 나타낼 때 사용한다.

사용 환경 **1** 자연, 환경에 대해 말할 때

① 天上有太阳，水里有月亮，可是你心里没有我。
하늘 위에는 태양이 있고, 물속에는 달이 있다. 그런데 네 마음속에는 내가 없다.

② 你看，雪地里有一串脚印呢。
봐 봐, 눈길에 발자국이 한 줄 있어.

③ 树上有几只小鸟，整天不停地叫。
나무 위에 새가 몇 마리 있는데, 하루 종일 끊임없이 울어 댄다.

2 가구 배치, 방 배치 등에 대해 말할 때

① 我家客厅里有一对沙发、一张茶几、一个电视柜，还有一台电视机。
우리 집 거실에는 소파가 한 세트, 탁자가 한 개, TV장이 한 개 있고, 텔레비전도 한 대 있다.

② 他们床边有一部电话，床尾有一台电视。
그들 침대 옆에는 전화기가 한 대 있고, 침대 발치에는 텔레비전이 한 대 있다.

3 어떤 장소에 어떤 사람, 어떤 물건이 있는지 물어보거나 설명할 때

① 请问，屋里有人吗?
실례지만 방에 사람이 있나요?

② 那家书店应该有你要的小说。
그 서점에는 네가 사려는 소설책이 있을 거야.

주의
- 불분명한 존재는 보통 주어로 취하지 않는다. 예를 들어, '一个人在办公室等你。(한 사람이 사무실에서 너를 기다려.)'와 같은 문장은 별로 사용하지 않는다. 앞에 '有'를 붙여서 '有(一)个人在办公室等你(누군가 사무실에서 너를 기다려.)'와 같이 사용하는 것은 괜찮다.

222 有 있다
yǒu

형태 구조 • 주어 + 有 + 명사구

의미 기능 어떤 계획이 있거나 책임져야 하는 일이 있음을 나타낼 때 사용한다.

사용 환경

1 어떤 일정, 임무가 있을 때

① 你们今天有三项任务，现在还不能休息。
여러분에게 오늘 세 가지 임무가 있습니다. 지금 아직 쉴 수 없습니다.

② 明年他有两部电影要拍。
내년에 그는 촬영해야 하는 영화가 두 편 있다.

③ 今天晚上有课，我不能跟你看电影了。
오늘 저녁에 수업이 있어서 너랑 영화를 볼 수 없게 됐어.

④ 我还有一件重要的事要马上办，不能陪你逛街了。
나 지금 처리해야 하는 중요한 일이 하나 있어서 너랑 같이 쇼핑하러 갈 수 없어.

2 짊어져야 하는 책임이 있을 때

① 国家兴亡，匹夫有责。
나라의 흥망성쇠에 대해서는 일반 사람들에게도 책임이 있다.

② 每个人都有责任照顾父母。
모든 사람은 부모를 돌봐야 하는 책임이 있다.

③ 老师有义务上好每一堂课，学生有义务按时完成作业。
선생님은 모든 수업을 잘해야 할 의무가 있고, 학생들은 제때 숙제를 완성해야 할 의무가 있다.

223 有的 어떤
yǒude

형태 구조
- 有的 + 동사구
- 有的 + 형용사구

의미 기능 전체를 몇 개의 부분으로 나누어 설명할 때 사용한다. 주로 '열거'할 때 사용한다.

사용 환경

1 취미, 소원 등에 대해 말할 때

① 朋友们各有各的爱好，有的喜欢旅游，有的喜欢看书，有的喜欢睡大觉。
친구들은 제각기 다른 취미가 있다. 어떤 친구는 여행하는 것을 좋아하고, 어떤 친구는 책 읽는 것을 좋아하고, 어떤 친구는 실컷 잠자는 것을 좋아한다.

② 大家的兴趣各不相同，有的对下棋感兴趣，有的对打球感兴趣，有的对韩国电视剧感兴趣，有的对别人的兴趣感兴趣。
모두의 관심사는 제각기 다르다. 어떤 사람은 장기 두는 것에 관심이 있고, 어떤 사람은 농구하는 것에 관심이 있으며 어떤 사람은 한국 드라마에 관심이 있고, 어떤 사람은 다른 사람의 관심사에 관심이 있다.

2 각자의 의견, 생각 등에 대해 말할 때

① 这次旅行，我们班意见不统一，有的想去杭州，有的想去青岛。
이번 여행에 대해 우리 반의 의견이 통일되지 않았다. 어떤 사람은 항저우에 가고 싶어하고, 어떤 사람은 칭다오에 가고 싶어한다.

② 关于这次选举，大家想法不同，有的想让老王当经理，有的想让刘文当。
이번 선거에 관해 모두의 생각이 다르다. 어떤 사람은 라오왕이 책임자가 되기를 원하고, 어떤 사람은 리우원이 되기를 원한다.

3 물건의 크기, 장단점 등 특징에 대해 말할 때

① 爸爸买的书，有的好看，有的不好看。
아빠가 산 책은 어떤 것은 재미있고, 어떤 것은 재미없다.

② 《十万个为什么》中的问题，有的大有的小，但都应该了解。
「10만 개의 why」 중의 문제에서 어떤 것은 크고 어떤 것은 작다. 하지만 모두 이해할 수 있을 것이다.

③ 她第一次做菜，做的菜中有的咸了，有的淡了，但却受到了父母的表扬。
그녀는 처음으로 요리를 했다. 만든 요리 중에 어떤 것은 짜고 어떤 것은 싱거웠지만 부모님에게 칭찬을 받았다.

주의
- '有的'는 일반적으로 주어나 관형어로 쓰인다. '我喜欢有的人。'처럼 목적어 자리에 써서는 안 된다. '有的人我喜欢。(어떤 사람을 나는 좋아한다.)'처럼 말하는 것은 괜찮다.

224 有点儿 좀
yǒudiǎnr

형태 구조
- 주어 + **有点儿** + 형용사
- 주어 + [동사❶ + 목적어] + 동사❶ + 得 + **有点儿** + 형용사

의미 기능
'정도'가 일반적인 상황이나 예측한 상황보다 '좀 더 심할 때' 사용한다. 뜻대로 잘 되지 않는 상황에 많이 사용한다.

사용 환경

1 방 배치, 집안 물품 등에 대해 말할 때

① 你的房间有点儿乱，快收拾一下吧。
네 방이 좀 어지러우니 빨리 좀 치워라.

② 这张桌子有点儿大，换一张小点儿的吧。
이 탁자는 좀 크니까 좀 작은 것으로 바꾸자.

③ 那幅画挂得有点儿歪，你去重挂一下。
그 그림은 좀 비뚤게 걸려 있으니까 네가 가서 다시 좀 걸어라.

④ 床单有点儿脏了，该洗洗了。
침대 시트가 좀 더러우니 좀 빨아야겠다.

2 학업, 업무 상황에 대해 말할 때

① 这次考试有点儿难。
이번 시험은 좀 어려웠다.

② 这本书有点儿厚，一个学期学不完。
　　이 책은 좀 두꺼워서 한 학기에 다 못 배운다.
③ 我最近常加班，有点儿累。
　　나는 요즘 자주 야근을 해서 좀 피곤하다.
④ 这个工作计划有点儿不合理，需要重新调整。
　　이 사업 계획은 좀 합리적이지 않아서 다시 조정할 필요가 있다.

3 사람을 평가하여 말할 때

① 这人有点儿奇怪，整天不说一句话。
　　이 사람은 좀 이상해. 하루 종일 한 마디도 안 해.
② 你的女朋友有点儿太高了，跟你不太配。
　　네 여자 친구는 키가 좀 너무 커. 너랑 별로 어울리지 않아.
③ 他长得有点儿丑，但是很有才。
　　그는 좀 못생겼지만 매우 재능이 있다.
④ 这个人有点儿糊涂，总是丢三落四的。
　　이 사람은 좀 멍청해서 늘 이것저것 잘 빠뜨린다.

4 날씨를 말할 때

① 今天有点儿冷，你还是穿上外套吧。
　　오늘 좀 추우니까 너는 외투를 입는 게 좋겠어.
② 雪下得有点儿大，小心路滑。
　　눈이 좀 많이 오니 미끄러지지 않게 조심해.

REVIEW

1 밑줄 친 부분에 대응되는 부분을 중국어 문장에서 찾아 표시해 보세요.

(1) (문장,) 주어+也+동사구
→ 你去参加聚会，我也去；你不去，我也不去。

(2) 주어+동사+一下(儿)(+목적어)
→ 你能不能简单谈一下你的想法？

(3) 주어+동사+(一)些+명사구
→ 他从超市里买了一些日常生活用品。

2 어법의 형태 구조를 떠올리며 제시된 낱말을 바른 순서로 배열해 보세요.

(1) 没听清楚　请你　慢　我　说得　一点儿

→ _____
(좀 천천히 말해 주세요. 제가 분명하게 못 들었어요.)

(2) 这条裤子　再　就好了　一点儿　短点儿　长了

→ _____
(이 바지는 좀 기네. 더 짧았으면 좋겠다.)

(3) 一　就　去散步了　吃完饭　我爸爸

→ _____
(우리 아빠는 밥을 다 드시고 나면 바로 산책하러 가신다.)

UNIT 13

225 有……那么 / 这么~244 怎么样?

→ p.155의 128 '没有……那么 / 没有……这么' 참고

225

有……那么 / 有……这么
yǒu　　　　nàme　　yǒu　　　　zhème

~만큼 매우 ~하다

형태 구조 • Ⓐ + **有** + Ⓑ + **那么/这么** + 형용사

의미 기능 'A'와 'B' 두 개를 비교하여, 'A'가 가진 양이나 정도가 'B'의 수준에 도달했음을 나타낸다.

사용 환경

1 크기, 길이, 거리, 높이 등을 비교할 때

① 这个会议厅有篮球场那么大，可容两百人左右。
이 회의실은 농구장만큼이나 커서 200명 정도 수용할 수 있다.

② 他刚买的电脑有桌子这么宽。
그가 막 산 컴퓨터는 책상만큼이나 넓다.

③ 他写的每个字都有手掌这么大。
그가 쓴 글자 하나하나가 모두 손바닥만큼이나 크다.

④ 一个小时的考试，好像有一整天那么长。
한 시간의 시험이 마치 하루 종일처럼 길다.

⑤ 这棵树长得有房顶那么高了。
이 나무는 지붕 높이만큼이나 높게 자랐다.

⑥ 仙女座离我们估计有五十万光年这么远。
안드로메다 자리는 아마도 우리로부터 50만 광년만큼이나 멀리 있을 것이다.

2 사람의 특징에 대해 말할 때

① 我儿子已经有桌子这么高了。
내 아들은 이미 책상 높이만큼이나 자랐어.

② 她真的有玛丽莲·梦露那么漂亮?
그 여자가 정말 마릴린 몬로만큼이나 예뻐?

③ 他的口语已经有老师说得那么流利了。
그의 말하기 실력은 이미 선생님이 말씀하시는 것만큼이나 유창하다.

226 有时 / 有时候 어떤 때는
yǒushí / yǒushíhou

형태 구조
- 주어 + 有时/有时候 + 동사구/형용사구
- 有时/有时候 + 주어 + 동사구/형용사구

의미 기능 자주 발생하지 않는 일, 가끔 일어나는 일을 나타낼 때 사용한다.

사용 환경

1 날씨, 기후 등에 대해 말할 때

① 这儿的春天，有时冷，有时热。
여기 봄은 어떤 때는 춥고 어떤 때는 덥다.

② 有时候北京连着几个月不下雨。
어떤 때는 베이징에 몇 달 동안 계속 비가 오지 않는다.

2 일상생활에 대해 말할 때

① 他有时一个人外出旅游，谁都不告诉。
그는 가끔 혼자 여행을 가서 누구에게도 알리지 않는다.

② 小王有时候起床晚了，连早饭都顾不上吃。
샤오왕은 어떤 때는 늦게 일어나서 아침조차 먹을 새가 없다.

③ 即使是冬天，她有时也穿裙子，而且是短裙。
겨울이기는 하지만 그녀는 어떤 때 치마를 입기도 한다. 게다가 짧은 치마이다.

④ 玛丽有时候很想家，甚至想得吃不下饭。
마리는 가끔 집을 그리워하는데, 밥도 먹지 못할 정도로 그리워한다.

주의
- '有时'와 '有时候'의 의미는 같지만, 상반되는 것을 열거할 때는 대체로 '有时'를 사용한다.
- '有的时候'는 보통 주어 앞에 위치하며, 주어 뒤에 위치하는 경우는 드물다.
  예) 有的时候他甚至在课堂上睡大觉。
  어떤 때에 그는 심지어 수업 시간에도 푹 잔다.

→ p.279의 **240** '再' 참고

227

又 ❶ 또, 다시
yòu

형태 구조
- [주어] + **又** + 동사 (+ 명사구)

의미 기능
이미 발생한 일이 '반복'되었을 때 사용한다.

사용 환경

1 학업, 업무 생활에 대해 말할 때

① 课后，我又复习了一遍课文。
수업 후에 나는 또 한 번 본문을 복습했다.

② 这个语法，老师刚讲过，怎么又讲了一遍？
이 어법은 선생님이 방금 이야기하셨으면서, 왜 또 한번 이야기하시지?

③ 昨天晚上爸爸又工作到深夜。
어젯밤에 아버지가 또 한밤중까지 일하셨다.

2 의식주 등 일상 행위에 대해 말할 때

① 上午他喝了一杯咖啡，下午又喝了一杯。
오전에 그는 커피를 한 잔 마시고도, 오후에 또 한 잔을 마셨다.

② 一共只有四个苹果，他竟然又吃了一个。
모두 4개의 사과밖에 없었는데, 그 사람이 또 한 개를 먹다니.

③ 你怎么又把臭袜子放到床底下了？
너 왜 냄새 나는 양말을 침대 밑에 놓았어?

④ 这件白衬衣我洗了一遍，妈妈又洗了一遍，还是没洗干净。
이 하얀 와이셔츠는 내가 한 번 빨고, 엄마가 또 한 번 빨았는데도 깨끗이 빨아지지 않았다.

⑤ 我在姑姑家住了一个星期，后来又住了一个星期。
나는 고모 집에서 일주일을 묵었다. 그 후 일주일을 더 묵었다.

3 사회 활동, 친구 교제 등에 대해 말할 때

① 我上周参加了一个朋友聚会，这周又参加了一个。
나는 지난주에 친구 모임에 참석하고 이번 주에도 또 하나 참석한다.

② 他叫我去他们学校谈事情，我昨天去了，没见着；今天又去了，还是没见到。
그는 나더러 자기네 학교에 와서 일에 대해 이야기하라고 했지만, 내가 어제 갔을 때 (그를) 만나지 못했고, 오늘 또 갔는데도 여전히 만나지 못했다.

③ 你男朋友上午来过，下午又来了，你都不在。
네 남자 친구가 오전에 왔다가 오후에도 또 왔었어. 너는 계속 없더라.

④ 你又给女朋友写情书啦？
너 또 여자 친구에게 러브레터 써?

주의
- 동작의 반복을 나타내는 '又❶'는 가끔 '마음에 들지 않는다'는 의미를 가지기도 한다. 특히 반문하는 문장에서 '又❶'를 강하게 읽으면 매우 마음에 안 든다는 의미를 나타낸다.

228

又❷ 또, 다시
yòu

형태 구조
- [주어] + 又 + 동사(+ 명사구)

의미 기능
또 다른 비슷한 동작이 더 '추가'됨을 나타낼 때 사용한다.

사용 환경

1 학업, 업무 생활에 대해 말할 때

① 他先到北京读本科，后来又去了上海读研究生。
그는 우선 베이징에서 대학 학부를 다니고, 그 다음에 또 상하이에 가서 대학원을 다녔다.

② 最近公司的事情太多，上周我刚去了天津出差，下周又要去青岛谈项目。
요즘 회사 일이 너무 많았다. 지난주에 막 텐진에 출장을 갔었는데, 다음 주에는 또 칭다오에 가서 사업 관련 이야기를 해야 한다.

2 의식주 등 일상 행위에 대해 말할 때

① 他刚才吃了一碗米饭，又喝了一杯红酒，还想来一些点心。
그는 막 밥 한 그릇을 먹고는 또 와인 한 잔을 마셨다. 그러고도 또 간식을 좀 주문하고 싶어한다.

② 上午妈妈洗了所有的被子，又把家里收拾了一遍。
오전에 엄마는 모든 이불을 빨고, 또 집 안을 한번 정리하셨다.

③ 这个暑假，我在姑姑家住了一个星期，又到同学那儿玩了几天。
이번 여름방학에 나는 고모 집에서 일주일 머물었다가, 또 반 친구 집에 가서 며칠을 놀았다.

3 사회 활동, 친구 교제 등에 대해 말할 때

① 他刚给女朋友打了电话，这会儿又给女朋友写情书。
그는 막 여자 친구에게 전화를 해 놓고서는, 이번에는 또 여자 친구에게 러브레터를 쓴다.

② 昨天我约了李丽一起逛街，今天又约了张华一起吃饭。
어제는 리리와 약속해서 같이 쇼핑을 했고, 오늘은 또 장화와 약속해서 같이 밥을 먹었다.

③ 他上个星期去了北大听课，这个星期又来我们学校看比赛。
그는 지난주에 베이징대학에 수업을 들으러 갔었는데, 이번 주에는 또 우리 학교에 시합을 보러 왔다.

주의
- 비슷한 동작의 추가를 나타내는 '又❷'는 그 자체에 강세를 두어 읽으면 안 된다.

229

又······又······ ~하기도 하고 ~하기도 하다
yòu   yòu

형태 구조
- 又 + 형용사 + 又 + 형용사
- 又 + 동사 + 又 + 동사
- 又 + 동사구 + 又 + 동사구

의미 기능 두 가지 성질이나 상황이 '동시'에 나타날 때 사용한다.

사용 환경

1 사람의 외모, 성격, 특징 등에 대해서 평가하여 말할 때

① 她又年轻又漂亮。
그녀는 젊고 예쁘다.

② 他性格很好，平时见他总是又说又笑的。
그는 성격이 좋다. 평소에 그를 보면 늘 이야기하면서 웃고 있다.

③ 他的汉语说得又标准又流利。
그는 중국어를 정확하고 유창하게 말한다.

④ 姐姐又喜欢看电影又喜欢看电视。
누나는 영화를 보는 것도 좋아하고, 텔레비전을 보는 것도 좋아한다.

⑤ 这个孩子整天又哭又闹的，烦死人了。
이 아이는 하루 종일 울고 소란을 피워서 짜증나 죽겠다.

2 거주 환경, 외부 환경 등 환경에 대해 말할 때

① 王阿姨家又干净又漂亮。
왕씨 아줌마 집은 깨끗하고 예쁘다.

② 他家又脏又乱，没法住。
그의 집은 더럽고 어수선해서 살 수가 없다.

③ 这座公园既安静又美丽。
이 공원은 조용하고 아름답다.

3 어떤 사물의 특징에 대해 말할 때

① 北京的饺子又便宜又好吃。
베이징의 물만두는 싸고 맛있다.

② 这种锁使用起来又方便又安全。
이러한 자물쇠는 사용하기도 편리하면서 안전하기도 하다.

③ 穿上这件大衣，显得又年轻又有风度，你就买一件吧。
이 외투를 입으니 젊고 기품 있어 보여. 너 한 벌 사.

230

······于 ~에(서)
yú

형태 구조
- 주어 + 동사 + 于 + 장소사
- 주어 + 동사 + 于 + 시간사

의미 기능 언제, 어디를 '기점'으로 하는지 나타낼 때 사용하는 문어적 표현이다.

사용 환경

1 사람의 출생 시간이나 배경에 대해서 이야기할 때

① 他生于1988年。 그는 1988년에 태어났다.

② 王华毕业于北京语言大学。 왕화는 베이징어언대학을 졸업했다.

2 학교, 회사 등 건립 시기에 대해서 소개할 때

① 这个大学成立于两百多年前。 이 대학은 200여 년 전에 창립되었다.

② 那家公司成立于2001年6月。 그 회사는 2001년 6월에 건립되었다.

3 동식물의 생산지, 산이나 강의 발원지 등을 소개할 때
① 熊猫产于中国。 판다는 중국에서 태어난다.
② 长江、黄河都发源于青海省。 양쯔강과 황하는 모두 칭하이성에서 시작된다.

→ p.232의 **198** '想❷' 참고

231

愿意 ~하기를 원하다
yuànyì

형태 구조 ・ 주어 + **愿意** + 동사구

의미 기능 어떤 일을 하기 '바라는' 마음을 나타낼 때 사용한다.

사용 환경 — 소원, 희망, 생각 등을 말할 때
① 他愿意跟你一起去国外。
그는 너와 같이 외국에 가기를 원해.
② 我愿意家人都在一个地方工作、生活。
나는 가족 모두가 같은 지역에서 일하고 생활하기를 바란다.
③ 结婚后，我愿意去她家住，只要她父母不反对。
결혼 후 그녀의 부모님이 반대하지만 않는다면 나는 그녀 집에 가서 머물기를 원한다.
④ 我愿意嫁给他，可他不愿意娶我。
나는 그에게 시집가기를 원한다. 하지만 그는 나에게 장가오기를 원하지 않는다.
⑤ 我不愿意去参加那个聚会。
나는 그 모임에 참석하러 가기 싫다.

주의 ・ '想❷'과는 문제가 다르다. '想❷'은 구어적 색채가 강하고, '愿意'는 문어적 색채가 강하다.

232

越……越…… ~할수록 ~하다
yuè   yuè

형태 구조
- 주어 + 越 + Ⓐ + 越 + Ⓑ
- 주어❶ + 越 + Ⓐ, 주어❷ + 越 + Ⓑ

의미 기능 'B'의 정도가 'A'의 변화에 따라 '변화'할 때 사용한다.

사용 환경

1 날씨에 대해 말할 때

① 雨越下越大，我们不得不在这儿过夜了。
비가 내릴수록 심해져서 우리는 여기에서 밤을 지샐 수밖에 없겠다.

② 风越刮越猛，我的眼睛都睁不开了。
바람이 불수록 세차져서 눈을 뜰 수가 없다.

③ 天越热，知了的叫声越响。
날이 더울수록 매미 울음 소리가 더 커진다.

2 가정생활에 대해 말할 때

① 父母越批评孩子，孩子越不听话。
부모가 아이를 꾸짖을수록 아이는 더 말을 안 듣는다.

② 功夫片我和弟弟越看越爱看。
무술 영화를 나와 남동생은 볼수록 더 좋아하게 되었다.

③ 我越劝妈妈休息，妈妈干得越起劲儿。
내가 엄마에게 쉬라고 권할수록 엄마는 더 신나게 일하신다.

3 학업, 연습 효과에 대해 말할 때

① 他的汉字越写越好看。
그의 한자는 쓰면 쓸수록 더 보기 좋아진다.

② 按你的方法学外语，越学越有兴趣。
네 방법대로 외국어를 공부했더니 공부할수록 더 재미있어지더라.

③ 你越坚持锻炼，身体就越结实。
네가 꾸준히 단련할수록 몸은 더 튼튼해져.

233
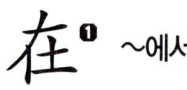 ~에서
zài

형태 구조 • 在 + 장소

의미 기능 이미 알고 있는 사람이나 물건의 '공간' '위치'를 '확정'할 때 사용한다.

사용 환경
1 사람이나 사물이 있는 장소에 대해 말할 때
① 张老师在哪儿？他在不在办公室？
장 선생님은 어디에 계세요? 사무실에 계신가요?
② 北京大学在清华大学西边，离这儿不远。
베이징대학은 칭화대학 서쪽에 있다. 여기에서 멀지 않다.
③ 钥匙在桌子上，不在沙发上。
열쇠는 책상 위에 있다. 소파 위에 없다.

2 행위 장소에 대해 말할 때
① 今天整个上午，他都在图书馆看书。
오늘 오전 내내 그는 도서관에서 책을 봤다.
② 吉米在火车上做了三年服务员，现在换工作了。
지미는 기차에서 3년 동안 승무원을 했다. 지금은 일을 바꿨다.

234

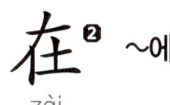 在❷ ~에
zài

형태 구조 • 在 + 시간

의미 기능 '동작이 발생한 시간'을 나타낼 때 사용한다.

사용 환경 — 일의 발생 시간을 설명할 때

① 老师让我告诉你，汉语课在星期五上。
선생님이 나보고 너한테 알려 주라고 하셨는데, 중국어 수업은 금요일에 한대.

② 他的生日在中秋节那天。
그의 생일은 추석 당일이다.

③ 故事发生在一千多年前。
이야기는 천 년 전에 발생했다.

④ 我们俩都在2008年考上了大学。
우리 둘 다 2008년에 대학에 합격했다.

주의 • 어떤 일이 발생한 전후 시간을 가리킬 때는 '以后/之后' 혹은 '以前/之前'과 함께 사용해야 한다.

예 他在来中国之前，就学了三个月汉语了。
그는 중국에 오기 전에 중국어를 3개월 배웠다.

他们都是在演出结束之后才到的。
그들은 모두 공연이 끝난 후에야 도착했다.

235

在 ~하고 있다
zài

형태 구조 • 在 + 동사구

의미 기능 일이 '진행 중'임을 나타낼 때 사용한다.

사용 환경

1 일상 행위에 대해 말할 때

① 他一直在打电话，也不管来访的客人。
그는 계속 전화하고 있다. 찾아온 손님도 상관하지 않는다.

② 妈妈在看书呢，你别大声说话。
엄마가 책을 읽고 계시니까 큰 소리로 말하지 마.

2 일정 시간대에 이루어지는 특정 행위에 대해 말할 때

① 昨天整个上午姐姐都在跳舞，没给你打过电话。
어제 오전 내내 누나는 춤을 추고 있었어. 너한테 전화한 적 없어.

② 一个上午他都没出去，一直在上网。
오전 내내 그는 나가지 않았다. 계속 인터넷을 하고 있었다.

3 날씨 상황에 대해 말할 때

① 外面在刮风，我们还出去吗?
밖에 바람이 불고 있는데도 우리 나가?

② 这几天一直在下雪，我们只好天天待在屋里。
요 며칠 계속해서 눈이 내리고 있어서 우리는 매일 방 안에 있는 수밖에 없다.

주의 • 똑같이 날씨 상황을 묘사하는 문장이라고 하더라도, '外面在刮风。(밖에 바람이 불고 있다.)' '窗外在下雪。(창밖에 눈이 오고 있다.)'와 같은 문장은 문어적인 색채가 강하고, '外面正刮着风呢。' '窗外正下着雪呢。'와 같은 문장은 앞의 문장과 의미는 같지만 구어적인 색채가 강하다.

236 在……看来 ~가 보기에
zài　　　kànlái

형태 구조
- 在 + 명사구 + 看来, 문장

의미 기능
'어떤 사람의 생각에 대해서 말하는지' 나타낼 때 사용하며, 뒤에 이어지는 내용은 구체적인 판단에 대한 것이어야 한다. 공식적인 격식체의 느낌을 주는 표현이다.

사용 환경

1 학업이나 업무 중 어떤 사람이나 어떤 일에 대해 평가하여 말할 때

① 在学生看来，她是一位好老师。
학생들이 보기에 그녀는 좋은 선생님이다.

② 在他们看来，学习汉语不是一件容易的事情。
그들이 보기에 중국어 공부는 쉬운 일이 아니다.

③ 在大家看来，他是一位难得的好领导。
모두가 보기에 그는 흔치 않은 좋은 상사이다.

2 사회, 문화, 가치관 등에 대해 말할 때

① 在有的中国人看来，美国人的自由是自私。
어떤 중국인이 보기에 미국인의 자유는 이기적이다.

② 在有的美国人看来，中国人的谦虚是虚伪。
어떤 미국인이 보기에 중국인의 겸손은 위선적이다.

3 상품의 가격, 품질, 모양 등에 대해 말할 때

① 在我看来，这件衣服太贵了。
내가 보기에 이 옷은 너무 비싸다.

② 在普通人看来，时装模特穿的衣服不一定好看。
보통 사람이 보기에 패션모델이 입은 옷이 꼭 예쁜 것은 아니다.

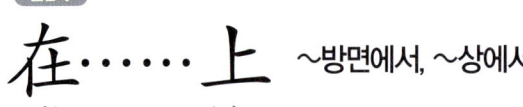

237 在……上 ~방면에서, ~상에서

형태 구조
- 在 + 명사구 + 上 , 문장
- 주어 + 在 + 명사구 + 上 + 동사구
- 주어 + 在 + 명사구 + 上 + 형용사구

의미 기능 '지시하는 어떤 방면'을 이끌어 내는 데 사용하며, 뒤에 이어지는 내용은 그 방면의 구체적인 표현에 대한 것이어야 한다. 비교적 공식적인 느낌을 주는 표현이다.

사용 환경

1 학업, 업무 중 어떤 방면의 상황에 대해 말할 때

① 在学习上，他们没有什么困难。
학업상 그들은 별로 어려움이 없다.

② 玛丽在音乐上是个天才，在体育上却比较差。
마리는 음악 방면에서는 천재이지만 체육 방면에서는 비교적 뒤떨어진다.

③ 他在工作上非常努力，也特别有想法。
그는 업무상 매우 노력하고, 또 특히 자기 나름의 생각이 있다.

2 생활, 사업, 감정 방면의 상황에 대해 말할 때

① 在生活上，汤姆并不喜欢名牌。
생활 방면에서 톰은 명품을 좋아하지 않는다.

② 他在事业上是个成功者，但在感情上总是失败。
그는 사업 방면에서는 성공한 사람이지만, 감정 방면에서는 늘 실패한다.

주의
- 대체로 '在……方面'과 바꾸어 쓸 수 있다.

238

在……下 ~아래
zài xià

형태 구조
- 在+명사+的+동사+下, 문장
- 주어+在+명사+的+동사+下+동사구

의미 기능 '상황 변화의 조건'을 이끌어 내는 데 사용하며, 뒤에 이어지는 내용은 일의 구체적인 변화에 대한 것이어야 한다. 공식적인 격식체의 느낌을 주는 표현이다.

사용 환경

1 외국 유학에 대해 말할 때

① 在老师的指导下，我学会了打太极拳。
선생님의 지도 아래 나는 태극권을 마스터했다.

② 他在同学们的关心下，很快适应了中国的生活。
그는 반 친구들의 관심 아래 빨리 중국 생활에 적응했다.

③ 在中国语伴的热情帮助下，我的汉语终于有了很大的进步。
중국어 언어 파트너의 친절한 도움 아래, 나의 중국어는 마침내 많이 늘었다.

2 특수한 상황에 부딪혔을 때

① 在领队的帮助下，所有队员都逃出了危险区。
대장의 도움 아래 모든 대원들은 위험 구역에서 탈출하였다.

② 在司机的指挥下，乘客们迅速控制住了那两个在车上闹事的年轻人。
운전기사의 지휘 아래, 승객들은 신속하게 차 안에서 소란을 피우던 두 명의 젊은이를 잡을 수 있었다.

③ 在女朋友的支持下，我准备去非洲做义工。
여자 친구의 지지 아래 나는 아프리카에 가서 봉사 활동을 하려고 한다.

주의
- '在+명사+的+동사+下'에서 동사에는 추상적 의미를 지니는 이음절 동사가 쓰이고, 앞에는 이음절 명사가 수식어로 쓰인다. 해당 구문에 활용되는 대표적인 동사로는 '支持(지지하다)' '帮助(돕다)' '关心(관심을 갖다)' '安排(안배하다)' '建议(건의하다)' '指导(지도하다)' '指挥(지휘하다)' '鼓励(격려하다)' '要求(요구하다)' 등이 있다.

239

在……中 ~중
zài　　zhōng

형태 구조
- 在 + 명사구 + 中, 문장
- 주어 + 在 + 명사구 + 中 + 동사구

의미 기능
'일의 범위나 발전 과정'을 이끌어 내는 데 사용하며, 뒤에 이어지는 내용은 구체적인 상황이나 일에 대한 것이어야 한다. 공식적인 격식체의 느낌을 주는 표현이다.

사용 환경

1 학업, 업무 중의 상황에 대해 말할 때

① 在这几门功课中，我最喜欢写作。
이 몇 개 과목 중 나는 '쓰기'를 가장 좋아한다.

② 在汉语学习中，大家都得到了很多乐趣。
중국어를 공부하면서 모두가 많은 즐거움을 얻었다.

③ 他们在工作中取得了很大的成绩。
그들은 일에서 좋은 성과를 거두었다.

2 시합, 여행 중에 발생한 일에 대해 말할 때

① 他在乒乓球比赛中多次获得过世界冠军。
그는 탁구 시합에서 세계 1위를 여러 번 차지하였다.

② 在旅途中，我们认识了很多新朋友。
여행 중 우리는 새 친구를 많이 알게 되었다.

→ p.230의 **196** '先……，再……', p.266의 **227** '又¹' 참고

240

再 또, 다시
zài

형태 구조 • 주어＋**再**＋동사［＋수사＋양사］

의미 기능 어떤 동작이 '다시' 행해지기를 '희망'하거나 '요구'함을 나타낼 때 사용한다.

사용 환경

1 학업이나 업무와 관련하여 말할 때

① 老师，我没听到，请您再讲一遍。
선생님, 못 들었어요. 다시 한번 말씀해 주세요.

② 刚才的录音没听明白，我想再听一遍。
아까 녹음을 제대로 못 들었어요. 다시 한번 듣고 싶어요.

③ 她今天上课去了，你明天再来吧。
그녀는 오늘 수업하러 갔으니, 내일 다시 오세요.

④ 吉姆，请你把这个文件再复印三份。
짐, 이 문서를 세 부 더 복사해 주세요.

2 음식을 먹거나 물건을 사는 등의 일상 행위에 대해 말할 때

① 苹果真好吃，我还想再吃一个，行吗？
사과 정말 맛있다. 제가 하나 더 먹어도 돼요?

② 甲：老兄，再干一杯。
갑: 형님, 한 잔 더 하시죠.

乙：都快醉了，别再喝了。
을: 취하겠어, 그만 마시자.

③ 刚才东西没买全，我想再去一趟超市。
아까 물건을 다 안 샀어. 슈퍼에 다시 한번 더 가고 싶어.

주의 • '再'와 '又'는 모두 빈도부사로, 동작의 '중복'이나 '연속'을 나타낸다. '再'는 앞으로 발생할 일에 자주 쓰이고, '又'는 이미 발생한 일에 자주 쓰인다. 따라서, '昨天他再来了。'나 '明天请你又来。'라는 말은 사용하지 않는다.

예 我没听清，让他又说了一遍。(○)
잘 못 들어서 그에게 다시 한 번 얘기해 달라고 했다.

我没听清，你再说一遍。(○)
잘 못 들었어요. 다시 한 번 얘기해 주세요.

241

怎么 ❶ 어떻게
zěnme

형태 구조
- 명사구 + 怎么 + 동사?
- 동사구 + 怎么 + 동사?

의미 기능 '일의 방식'을 물을 때 사용한다.

사용 환경

1 길을 물을 때

① 甲：请问，去动物园怎么走?
갑: 실례지만 동물원에 어떻게 가나요?

乙：你坐地铁还是坐公共汽车呢?
을: 지하철을 타실 거예요, 아니면 버스를 타실 거예요?

② 上海怎么去比较方便?
상하이에는 어떻게 가는 게 비교적 편리해요?

③ 怎么去中国美术馆，您知道吗?
어떻게 중국미술관에 가는지 아세요?

2 학습 관련 문제를 물을 때

① 你知道"关"的繁体字怎么写吗?
너 '关'의 번체자를 어떻게 쓰는지 알아?

② "慢走"这个词用英文怎么说?
'慢走' 이 말은 영어로 어떻게 말해?

③ 你的汉语这么好，你是怎么学的?
중국어를 이렇게 잘하다니, 너 어떻게 공부한 거야?

3 생산 방법, 제작 방법에 대해 물을 때

① 这种蛋糕是怎么做出来的?
이런 케이크는 어떻게 만드는 건가요?

② 饺子真好吃，你知道怎么包吗?
물만두가 정말 맛있어요. (만두를) 어떻게 빚는지 아세요?

242 怎么² 왜
zěnme

형태 구조
- 주어 + 怎么 + 동사구?
- 주어 + 怎么 + 형용사구?

의미 기능 '원인'을 물을 때 사용하며, 놀라움의 의미를 가지고 있다. 사람이나 물건에 대한 원망이나 의아한 태도를 나타낸다.

사용 환경

1 일이 발생한 원인에 대해 말할 때

① 电脑怎么坏了?
   컴퓨터가 왜 망가졌어?

② 你刚走，怎么又回来啦?
   너 방금 나갔잖아. 왜 또 돌아왔어?

③ 这几天，他怎么没来上课，你知道不知道?
   요 며칠 그 사람이 왜 수업하러 안 오는지 너는 알아?

④ 他刚才还好好儿的，怎么就突然不高兴啦?
   그 사람 아까까지만 해도 괜찮더니 왜 갑자기 시무룩해진 거야?

2 다른 사람을 책망할 때

① 你怎么每天都迟到?
   너 왜 매일 지각해?

② 这次考试你怎么又不及格?
   이번 시험에서 너 왜 또 떨어진 거야?

③ 刚吃完饭，你怎么又饿啦?
   막 밥을 다 먹어 놓고 너 왜 또 배가 고프다는 거야?

④ 这件事他怎么会知道得这么清楚?
   이 일을 그 사람이 어떻게 이렇게나 분명하게 알 수가 있지?

⑤ 不让你告诉她，你怎么还是告诉她了?
   너보고 그녀에게 말하지 말라고 했는데, 왜 그녀에게 말한 거야?

3 다른 사람의 성공에 놀라움을 느낄 때

① 他的汉语怎么说得这么好?
   그 사람은 중국어를 어떻게 그렇게 잘해요?

② 他怎么能找到这么漂亮的女朋友?
   그 사람은 어떻게 그렇게 예쁜 여자 친구를 찾을 수 있었지?

③ 小王怎么这么快就当上经理了?
   샤오왕은 어떻게 그렇게 빨리 사장이 되었지?

> **주의**
> - '怎么❷'와 '为什么'는 모두 원인을 묻는 표현이지만, '怎么❷'가 더 구어적 색채가 강하다. 또, 두 단어는 강세를 두는 포인트가 다른데, '怎么❷'는 그 자체는 가볍게 읽고 뒷부분을 강하게 읽는 반면, '为什么'는 그 자체는 강하게 읽고, 뒷부분을 약하게 읽는다.

243 怎么样?❶ ~가 어때요?
zěnmeyàng

형태 구조
- 주어 + 怎么样?
- 주어 + 이음절 동사 + 怎么样?
- 주어 + 동사 + 得 + 怎么样?

의미 기능 사람, 물건의 '상태'나 일의 '진전 상황'에 대해 물을 때 사용한다.

사용 환경

1 몸 상태에 대해 물을 때

① 爸爸最近身体怎么样?
   아버지께서는 최근 건강이 어떠세요?

② 现在感觉怎么样? 好点儿了吗?
   지금 느낌이 어때? 좀 좋아졌어?

2 학업, 업무 등 진행 상황에 대해 물을 때

① 文章写得怎么样了? 这个礼拜能写完吗?
   글을 쓰는 건 어떻게 돼 가? 이번 주에 다 쓸 수 있겠어?

② 这份工作怎么样? 还适应吗?
   이 일은 어때요? 그런대로 적응이 됐나요?

3 각종 계획, 활동 상황 등에 대해 물을 때

① 组织参观的事情怎么样了？都办好了吧？
참관 모임을 구성하는 일은 어때요? 모두 잘 처리했지요?

② 你来跟大家说说明天的大会准备得怎么样了。
모두에게 내일 대회 준비가 어떻게 돼 가는지 좀 말해 주세요.

244

怎么样？❷ ~하는 게 어때요?
zěnmeyàng

형태 구조 • 문장 + 怎么样?

의미 기능 자신이 내놓은 의견에 대한 상대방의 생각이 어떠한지 물을 때 사용한다.

사용 환경 **1** 여행과 관련된 장소, 시간, 방식 등에 대한 건의를 할 때

① 暑假我们去东南亚旅行，怎么样？
여름방학에 우리 동남아시아에 여행 가는 거 어때?

② 周末咱们去爬香山怎么样？
주말에 우리 샹산에 올라가는 거 어때?

③ 今天你来开车，怎么样？
오늘 네가 운전하는 게 어때?

④ 下个月的旅行我们坐火车去，怎么样？
다음 달 여행은 우리 기차를 타고 가자. 어때?

2 활동 조직, 회의 안배 등에 대한 건의를 할 때

① 明天的会议你来主持，怎么样？
내일 회의는 네가 이끄는 게 어때?

② 周末的聚会你来组织一下，怎么样？
주말 모임은 네가 좀 조직해 보는 게 어때?

3 의식주, 쇼핑 등에 대한 건의를 할 때

① 中午咱们去附近的那家韩国餐厅吃饭，怎么样？
점심에 우리 근처의 그 한국 식당에 가서 밥을 먹는 게 어때요?

② 你说我穿这件大衣怎么样？
말해 봐. 내가 입은 이 외투 어때?

③ 你看这套房子怎么样？要不咱们就租这套吧。
네가 보기에 이 집 어때? 아니면 우리 여기를 세 얻자.

④ 我们下午去文化路上的那家商场逛逛，怎么样？
우리 오후에 원화로(文化路)의 그 집 상점에 가서 쇼핑을 좀 하는 게 어때?

주의
- 일반적으로 '好吗?/好不好?' '行吗?/行不行?' '可以吗?'와 바꿔 쓸 수 있지만, 친근한 관계에서 더 많이 사용되는 표현은 '怎么样?'이다.

REVIEW

1 밑줄 친 부분에 대응되는 부분을 중국어 문장에서 찾아 표시해 보세요.

(1) A+有+B+那么/这么+형용사
→ 他刚买的电脑有桌子这么宽。

(2) [주어]+又+동사(+명사구)
→ 课后，我又复习了一遍课文。

(3) 又+형용사+又+형용사
→ 她又年轻又漂亮。

2 어법의 형태 구조를 떠올리며 제시된 낱말을 바른 순서로 배열해 보세요.

(1)　毕业　　北京语言大学　　王华　　于

→ _____
(왕화는 북경어언대학을 졸업했다.)

(2)　学外语　　越　　越　　有兴趣　　按你的方法　　学

→ _____
(네 방법대로 외국어를 공부했더니 공부할수록 더 재미있어진다.)

(3)　太贵了　　在　　看来　　这件衣服　　我

→ _____
(내가 보기에 이 옷은 너무 비싸다.)

UNIT 14

245 找~264 最

245
找 거슬러 주다
zhǎo

형태 구조
- 주어 + 找 + 명사 + 수사 + 양사(+ 钱)
- 주어 + 找 + 대사 + 수사 + 양사(+ 钱)

의미 기능 여분의 돈을 거슬러 줄 때 사용한다.

사용 환경

1 점원이나 종업원에게 돈을 거슬러 달라고 요구할 때

① 您应该找我二十块钱，对吧？
　제게 20위안을 거슬러 주셔야 해요. 맞죠?

② 我给了你五块，你还没找我钱呢。
　제가 5위안 드렸는데, 아직 제게 돈을 거슬러 주지 않으셨어요.

2 점원, 종업원, 택시기사가 자발적으로 돈을 거슬러 줄 때

① 一共找您三十六块五毛钱，请您拿好。
　총 36.5위안을 거슬러 드릴게요. 잘 받으세요.

② 对不起，先生，我这儿没有零钱了，五毛钱找不了您啦。
　죄송합니다. 고객님. 여기에 잔돈이 없어서 5마오를 거슬러 드릴 수 없습니다.

③ 车费是十九块，收您二十块，找您一块。
　승차 요금이 19위안인데, 제가 20위안을 받았으니까 1위안 거슬러 드리겠습니다.

주의
- '找'는 자주 '零钱'과 함께 사용한다.
  예) 等一下，我找你零钱。　　　　　师傅，零钱就不用找啦。
  　　기다리세요. 제가 잔돈을 거슬러 드릴게요.　　기사님, 잔돈은 거슬러 주지 않으셔도 돼요.

→ p.162의 **133** '那' 참고

246

这 이, 이것
zhè/zhèi

형태 구조
- 这(zhèi)+(양사)+명사
- 这(zhè)+양사+명사
- 这(zhè)+是+명사구

의미 기능 '가까이 있는 것'을 가리킬 때 사용하는 지시대사로, 구어에서는 'zhèi'라고 발음한다. 멀리 있는 것을 가리킬 때는 '那'를 사용한다.

사용 환경

1 곁에 가까이 있는 사람이나 물건에 대해 말할 때

① 这位同学刚来，我给大家介绍一下。
이 학우는 이제 막 왔어요. 제가 여러분에게 좀 소개할게요.

② 照片上这(个)人是谁呀？
사진 속 이 사람은 누구야?

③ 妈，这什么肉哇，我好像没吃过。
엄마, 이게 무슨 고기예요? 먹어 본 적이 없는 것 같은데요.

④ 这是爷爷最喜欢吃的菜，我要做给你们尝尝。
이건 할아버지가 가장 좋아하시는 음식인데, 여러분 맛보시라고 제가 만들겠습니다.

2 어떤 물건의 소속에 대해 말할 때

① 这笔是谁的？
이 펜은 누구 거야?

② 这杯子是你的吗？
이 컵 네 거야?

③ 这是你们的毕业证书，要好好儿保存。
이건 너희들 졸업장이니 잘 보관해야 한다.

247

这么¹ 이렇게
zhème

형태 구조
- 这么 + 동사구

의미 기능 '동작이 진행되는 방식이 이러함'을 나타낼 때 사용한다.

사용 환경

1 학생들의 쓰기, 독서, 공부 등을 지도할 때

① "凹、凸"这两个字应该这么写。
'凹'와 '凸' 이 두 글자는 이렇게 써야 해요.

② 念古书，你就这么一页一页地看下去，一定有收获。
고서를 읽을 때 이렇게 한 페이지 한 페이지 읽으면 분명히 얻는 게 있을 거야.

③ 你就这么努力地学下去，肯定会大有进步的。
네가 이렇게 열심히 공부한다면 분명히 큰 발전이 있을 거야.

2 다른 사람의 훈련, 연습을 지도할 때

① 这么跳，会跳得更高。
이렇게 뛰면 더 높이 뛸 수 있어.

② 跳舞时，要像我这么转身体，摆手臂。
춤출 때는 나처럼 이렇게 몸을 돌리고 팔을 흔들어야 해.

3 다른 사람이 하는 일을 지도할 때

① 这件事就按照我说的这么办，一定没错。
이 일은 내가 말한 대로 이렇게 처리하면 분명히 틀림없을 거야.

② 既然经理这么说，你就这么写，应该没问题。
사장님이 그렇게 말씀하셨다면 그렇게 쓰세요. 아마 문제 없을 거예요.

248

这么❷ 이렇게
zhème

➡ p.163의 **134** '那么' 참고

형태 구조
- 주어+**这么**+형용사
- **这么**+형용사+的+명사구
- 명사구+동사+得+**这么**+형용사

의미 기능 '정도'를 가리킬 때 사용하는 표현으로, 약간 과장의 의미와 감탄의 의미가 있다.

사용 환경

1 사람의 외모, 치장, 신장, 나이 등에 대해 말할 때

① 他还不到十岁，就这么高了。
그는 아직 10살이 안 되었는데, 이렇게 키가 크다.

② 这个男孩儿长得这么帅气，真是人见人爱。
이 남자아이는 이렇게 잘생겼으니 정말 보는 사람마다 다 좋아하겠어.

③ 你打扮得这么漂亮，要去哪儿呀?
너 이렇게 예쁘게 꾸미고 어디 가려는 거야?

④ 这么年轻的姑娘，却喜欢上了那么老的男人。
이렇게 젊은 아가씨가 그렇게 나이 많은 남자를 좋아하다니.

2 물건의 크기, 길이, 거리 등을 평가해서 말할 때

① 那张桌子也就这么大，放在这儿正合适。
이 책상도 이만큼 크니 여기에 두면 딱 맞겠어요.

② 这么远的路，得走多长时间啊?
이렇게 먼 길은 얼마나 걸어야 해요?

③ 路这么窄，车肯定过不去。
길이 이렇게 좁으니 차가 분명 못 지나가겠어요.

3 일의 장단점, 난이도 등을 평가해서 말할 때

① 他的普通话说得这么好，根本听不出来他是留学生。
보통화를 이렇게 잘하니 그가 유학생이라는 걸 들어서는 전혀 알아내지 못하겠어요.

② 这么难的题他都算得出来，真聪明。
이렇게 어려운 문제를 그 사람이 풀어 내다니 정말 똑똑하네요.

③ 事情没有你说的这么容易。
일이 네가 말하는 것처럼 그렇게 쉽지 않다.

4 날씨, 공기 등의 상태를 평가해서 말할 때

① 今天的天气这么热啊!
오늘 날씨가 이렇게 덥다니!

② 这里的空气这么新鲜，比城里的好多了!
여기 공기가 이렇게 맑다니, 도시보다 훨씬 좋네요!

249 这样❶ 이러한
zhèyàng

형태 구조
- (像+)这样+的+명사
- (像+)这样+형용사+的+명사
- 这样(+的)+수사+양사+명사

의미 기능 비교적 '가까이' 있는 사물, '방금' 발생한 동작이나 상황의 '구체적인 상태'를 나타낼 때 사용한다.

사용 환경

1 사람에 대해 평가하여 말할 때

① 老师很欣赏(像)他这样的学生。
선생님은 그 사람과 같은 학생을 좋아하신다.

② (像)这样平凡而伟大的人，值得我们尊敬。
이렇게 평범하지만 위대한 사람은 우리가 존경할만하다.

③ 他就是这样(的)一种人，谁的话也不听。
그 사람이 바로 이런 사람이라니까. 누구의 말도 듣지를 않아.

2 사물에 대해 평가해서 말할 때

① (像)这样的苹果很好吃。
이런 사과가 정말 맛있다.

② (像)这样的事情在哪里都可能发生。
이런 일은 어디에서든 발생할 수 있다.

③ 他只写过这样(的)几句爱情诗，却引起了女朋友的怀疑。
그는 이런 애정시만 몇 구 써 봤을 뿐인데 여자 친구의 의심을 샀다.

250 这样❷ 이렇게
zhèyàng

형태 구조 • 这样 + 동사구

의미 기능 '동작 행위의 방식'을 나타낼 때 사용한다.

사용 환경

1 학업, 훈련 등을 지도할 때

① 我们应该这样一笔一画地写汉字。
우리는 이렇게 또박또박 한자를 써야 해.

② 你这样努力学习，一定会进步很快的。
너 이렇게 열심히 공부하면 분명히 빨리 실력이 늘 거야.

③ 你每天都要按教练的要求这样训练。
너는 매일 코치의 요구에 따라 이렇게 훈련을 해야 해.

2 사람됨의 원칙에 대해 말할 때

① 我不是那种人，绝不会这样做。
나는 그런 사람이 아니야. 절대로 이렇게 하지 않을 거야.

② 你可以这样要求，但我不能这样计划我们的未来。
너는 그렇게 요구할 수 있어. 하지만 나는 우리의 미래를 그렇게 계획할 수 없어.

3 일하는 방식에 대해 말할 때

① 你知道吗，你这样做只会害了你自己。
이렇게 하는 건 너 자신을 해칠 뿐이라는 걸 알고 있어?

② 这件事我们应该按事先约定的这样办。
이 일은 우리가 사전에 약속한 대로 이렇게 처리해야 합니다.

③ 这样打招呼才合乎中国人的习惯。
이렇게 인사해야 중국인의 관습에 맞는 거예요.

주의 • 관형어와 주어로 쓰인다. 관형어로 쓰일 때는 '这么'와 바꿔 쓸 수 있으나, '这么'를 쓰면 좀 더 구어적인 색채가 강해진다.

251

➡ p.166의 **137** '어기조사 呢¹', p.296의 **255** '正/在/正在……呢' 참고

동태조사 着¹
zhe

형태 구조
- 주어 + [正/正在] + 동사 + 着 + [명사구]

의미 기능
'동작의 지속'을 나타낼 때 사용한다.

사용 환경

1 식사, 수면, 수다 등 일상 행위에 대해 말할 때

① 刚才我正吃着饭呢，所以没听到电话。
아까는 내가 밥을 먹고 있어서 전화 온 걸 못 들었어.

② 爸爸睡着觉呢，你动作轻点儿。
아빠가 주무시고 계시니까 살살 움직여.

③ 他们正在屋里谈着话呢，你待会儿再进去。
그 사람들이 지금 방에서 이야기를 나누고 있으니까 너는 조금 있다가 들어가.

2 오락 및 체육 활동에 대해 말할 때

① 他正在操场上跑着步呢，一会儿就回来。
그 사람은 지금 운동장에서 뛰고 있어요. 이따가 곧 돌아올 거예요.

② 大家(正)一边跳着舞，一边唱着歌，共度除夕。
모두가 춤을 추고 노래를 부르며 함께 섣달 그믐날을 보내고 있다.

3 날씨에 대해 말할 때

① 外面一直刮着大风呢。
밖에 줄곧 바람이 세게 불고 있다.

② 雨还在下着呢，我们等雨停了再走。
비가 아직도 내리고 있어. 우리 비가 그치기를 기다렸다가 가자.

③ 下着雪呢，你还出去?
눈이 내리고 있는데도 나가?

주의
- '동사+着¹' 앞에는 주로 '正' '在' '正在' '一直'가 수식어로 온다.
- '呢'를 사용하지 않으면 구어적 느낌이 줄어든다. 예를 들어, 구어에서 '바람이 세게 분다'라고 말할 때는 '刮(着)大风呢。'라고 말하지, '刮着大风。'이라고는 말하지 않는다.

252 동태조사 着❷
zhe

형태 구조 • 주어+동사+着+[명사구]

의미 기능 '상태의 지속'을 나타낼 때 사용한다. 주로 어떤 동작을 행한 후에 그 상태가 계속 지속됨을 나타낸다.

사용 환경

1 문이나 창문을 열고 닫거나, 전원을 끄고 켤 때

① 他离开家时开着门就走了。
그가 집을 떠날 때 문을 열어 놓고 나갔다.

② 昨天晚上灯还亮着呢你就睡着了，是不是太累了?
어젯밤에 등이 켜져 있는데도 너 잠들었더라. 너무 피곤했던 거야?

③ 他每天都开着电视写作业。
그는 매일 텔레비전을 켜 놓고 숙제를 한다.

2 몸의 동작이나 의류·장신구의 착용에 대해 말할 때

① 他就这么一直在院子里站着，等着孩子考试回来。
그는 이렇게 줄곧 정원에서 서서 아이가 시험이 끝나고 돌아오기를 기다렸다.

② 教室里坐着几位教授，好像在讨论问题。
교실 안에 교수 몇 명이 앉아 있다. 아마도 문제를 토론하고 있는 것 같다.

③ 他戴着的那副蓝边眼镜，肯定是进口的。
그가 끼고 있는 파란 안경은 분명히 수입품일 것이다.

3 물건 배치에 대해 말할 때

① 办公室的墙上挂着一张世界地图。
사무실 벽에 세계지도 한 장이 걸려 있다.

② 桌上放着很多书，桌下堆着一堆报纸。
책상 위에는 많은 책이 놓여 있고 책상 아래에는 신문이 한가득 쌓여 있다.

③ 一到春节，家家户户的大门上都贴着一副对联。
춘지에가 되면 집집마다 대문 위에 대련 한 쌍을 붙여 놓는다.

주의
- '着❷'는 '어떤 동작과 함께 수반되는 상태'를 나타낼 때도 사용할 수 있는데, 이 경우 또한 '상태의 지속'으로 볼 수도 있다. 이때 '着❷'는 두 동사 중 첫 번째 동사 뒤에 붙는다. '骑着自行车游天下.(자전거를 타면서 세상을 여행한다.)'라는 문장을 예로 들어 설명하자면, 앞 동작(骑着自行车)은 뒤 동작(游天下)에 수반되는 동작으로, 앞 동작 '骑着自行车'는 동작과 함께 수반된 '상태'를 나타내기도 하고, '상태의 지속'을 나타내기도 하다.

253

……着……着 ~하다가

형태 구조
- 동사＋着＋동사＋着＋동사구
- 동사＋着＋동사＋着＋문장

의미 기능 어떤 동작의 진행에 따라 '자기도 모르는 사이에 자연스럽게' 어떤 새로운 상황을 맞이함을 나타낼 때 사용한다. 변화에 수반되는 상태나 모습을 묘사할 때 사용한다.

사용 환경

1 일하는 과정 중의 감정이나 상태 변화에 대해 말할 때

① 他讲自己的故事，讲着讲着，突然哭了起来。
그는 자신의 이야기를 말하다가 갑자기 울기 시작했다.

② 他想起昨天的相声，想着想着，禁不住笑了起来。
그는 어제의 만담이 떠올라서 생각하다가 참지 못하고 웃기 시작했다.

③ 老李听着广播里的笑话，听着听着就笑了。
라오리는 라디오의 우스운 이야기를 듣고 있다가 웃었다.

④ 孩子在房间里写作业，写着写着就睡着了。
아이는 방 안에서 숙제를 하다가 잠이 들었다.

2 날씨가 점차 변할 때

① 他沿着马路往家走，走着走着天就黑了。
그는 길을 따라 집을 향해 걸었는데, 걷다 보니 날이 어두워졌다.

② 雨下着下着就变成了雪。
비가 계속 오다가 눈으로 바뀌었다.

주의
- 뒤에 자주 '就'와 함께 쓰인다.

➡ p.108의 **085** '好吧', p.121의 **097** '……极了' 참고

254

真 진짜
zhēn

형태 구조
- 주어+真+형용사
- 주어+동사+得+真+형용사
- 목적어+동사+得+真+형용사

의미 기능 사물의 특징이나 성질이 '상당히 높은 수준'인 것에 '감탄'할 때 사용한다.

사용 환경

1 날씨에 대해 말할 때

① 今天天气真好，我们去逛公园吧。
오늘 날씨가 정말 좋다. 우리 공원에 가서 돌아다니자.

② 外面的雪下得真大，一会儿就落满了校园。
밖에 눈이 많이 오네. 조금 있으면 캠퍼스 가득 쌓이겠어.

2 학교, 기숙사에 대해 평가하여 말할 때

① 这个学校真漂亮，我早就想来这儿读书了。
이 학교가 너무 예뻐서 나는 예전부터 여기에 와서 공부하고 싶었다.

② 你们宿舍真脏，一个月没收拾了吧。
너희 기숙사 정말 더럽다. 한 달 동안 안 치웠지?

③ 我们的新校园建得真大，走一圈儿要花一个多小时。
우리 새 캠퍼스는 아주 크게 지어져서 한 바퀴를 걷는 데 한 시간이 넘게 걸린다.

3 외모, 차림새 등에 대해 말할 때

① 这个小姑娘眼睛真大，亮晶晶的。
이 꼬마 아가씨는 눈이 정말 크고 반짝반짝하다.

② 你打扮得真漂亮，又要去参加舞会啦?
너 정말 예쁘게 꾸몄다. 또 댄스파티에 참석하러 가려고?

③ 你瞧，他的皮鞋擦得真亮，准有什么好事儿。
봐 봐, 저 사람 구두 정말 반짝거리게 닦았지. 무슨 좋은 일이 있는 게 분명해.

4 학습 효과에 대해 평가하여 말할 때

① 玛丽的口语真好听，说得跟唱歌似的。
마리의 말하기 정말 듣기 좋다. 말하는 게 마치 노래를 부르는 것 같아.

② 这次考试，他考得真糟糕，这让他伤心了好几天。
그는 이번 시험을 정말 망쳤다. 이 일로 그는 며칠을 슬퍼했다.

③ 他的作业写得真工整。
그는 숙제를 정말 반듯하고 또박또박하게 썼다.

> **주의**
> - '真＋형용사'는 관형어로 사용할 수 없다.
>   예 他是一个真好的老师。(×)

255

正……呢 / 在……呢 / 正在……呢
zhèng   ne   zài   ne   zhèngzài   ne

지금 ~하고 있다

→ p.166의 **137** '어기조사 呢', p.292 **251** '동태조사 着' 참고

형태 구조 • 주어 ＋ 正/在/正在 ＋ 동사구 ＋ 呢

의미 기능 평서문에서 사용되는 표현으로, 상대방에게 어떤 일이 지금 '진행'되고 있음을 일깨워 줄 때 사용한다.

사용 환경 **1** 수업할 때

① 杰克正趴在桌子上睡觉呢，口水都流到桌子上了。
잭은 지금 책상에 엎드려서 자고 있다. 침이 책상 위까지 흘렀다.

② 别忘了，你女朋友在等你下课呢。
잊지 마. 네 여자 친구가 네 수업이 끝나기를 기다리고 있어.

③ 老师正在看着你呢，注意点儿。
선생님이 지금 너를 보고 있으니 좀 주의해.

2 문제에 대해 논의할 때

① 我进屋时，他们正讨论谁当组长呢。
내가 실내에 들어섰을 때 그들은 마침 누가 팀장을 맡을 것인지 논의하고 있었다.

② 我们在商量这事呢，还没拿出更好的办法。
우리는 이 일을 상의하고 있지만 아직 더 좋은 방법을 내놓지 못했다.

3 해외 유학에 대해 말할 때

① 我正在中国学汉语呢，我打算毕业再回国找工作。
나는 지금 중국에서 중국어를 배우고 있다. 나는 졸업한 후에 귀국해서 일을 구할 계획이다.

② 丽丽正申请出国留学呢，没有时间交男朋友。
리리는 지금 해외 유학을 신청하고 있다. 남자 친구를 사귈 시간이 없다.

4 날씨에 대해 말할 때

① 天正阴着呢，一会儿可能就下雨。
날이 흐리네. 이따가 아마 비가 올 거야.

② 外面正打雷呢，你还是别出去了。
밖에 천둥이 치고 있으니 너는 안 나가는 게 좋겠어.

주의
- '正' '在' '正在'는 자주 생략된다.

256

只 단지, 오직
zhǐ

형태 구조 • 주어 + 只 + 동사구

의미 기능 '그것을 제외하고 다른 것은 없음'을 나타낼 때 사용한다.

사용 환경

1 업무, 학업 등에 대해 말할 때

① 今年他们部门只完成了70%的工作任务。
올해 그들 부서는 단지 70%의 업무만을 완성했을 뿐이다.

② 星期三我只上一节汉语课，别的时间你都可以来找我。
수요일에 나는 1교시 중국어 수업만 들으니까 그 외 시간에는 다 나를 찾아 와도 돼.

③ 妹妹只会说汉语，不会写汉字，所以她只能做口头翻译。
여동생은 중국어를 말할 줄만 알지 한자로 쓸 줄은 모른다. 그래서 그녀는 통역만 할 수 있다.

2 여행한 장소와 여행 가 본 횟수에 대해 말할 때

① 中国的大城市，他只去过北京。
중국의 대도시 중에서 그는 베이징에만 가 본 적이 있다.

② 青岛我只来过两次，不像他，每年都来好几次。
칭다오에는 내가 두 번 와 본 적이 있다. 그 사람처럼 매년 여러 번 오지는 않는다.

3 사람이나 물건의 수량에 대해 말할 때

① 今天是他的生日，只来了三位朋友给他过生日，他很伤心。
오늘은 그의 생일이지만, 단 세 명의 친구만이 그의 생일을 챙겨 주어 그는 마음이 안 좋다.

② 冰箱里只剩下一个苹果了。
냉장고 안에 사과 한 개만 남았다.

③ 这本书我只看了一页，就知道写什么了。
이 책은 내가 한 페이지만 읽었을 뿐인데 무엇에 대해 쓴 건지 알겠다.

257

只好 ~하는 수밖에 없다
zhǐhǎo

형태 구조
- 주어 + 只好 + 동사구
- 只好 + 주어 + 동사구

의미 기능 다른 선택은 없기에 '어쩔 수 없이' 그렇게 해야 함을 나타낼 때 사용한다.

사용 환경

1 외출, 여행에 대해 말할 때

① 买不到飞机票，我们只好坐火车去了。
비행기 표를 못 사서 우리는 기차를 타고 가는 수밖에 없었다.

② 突然下起了大雨，大家只好待在宾馆，等雨停了再登山。
갑자기 큰비가 내리기 시작해서 모두들 호텔에 머물며 비가 멈추기를 기다렸다가 산에 가는 수밖에 없었다.

2 같이 일을 하는 것에 대해 말할 때

① 这儿没有别的人了，我们只好找他来帮忙了。
여기에 다른 사람은 없어. 우리는 그 사람을 찾아 도움을 구하는 수밖에 없어.

② 这事你们两人合作，现在他请假了，只好你一个人来做了。
이 일은 너희 둘이 협력해서 해야 하지만, 지금 그 사람이 휴가를 냈으니 너 혼자 하는 수밖에 없어.

3 먹고 마시는 것에 대해 이야기할 때

① 我不想自己做饭，只好天天吃食堂。
내가 직접 요리하고 싶지 않으니, 매일 식당에 가서 먹는 수밖에 없다.

② 附近没有西餐馆，我们只好吃中餐了。
근처에 서양 레스토랑이 없어서 우리는 중국 음식을 먹는 수밖에 없었다.

③ 不好意思，今天我忘了带钱包，只好你请客了。
미안해. 오늘 지갑을 깜빡하고 안 가져왔어. 네가 사는 수밖에 없겠다.

➡ p.301의 **259** '只有……才……' 참고

258

只要……就…… ~하기만 한다면 ~할 것이다
zhǐyào   jiù

형태 구조
- [주어]+ **只要** +동사구, [주어]+ **就** +동사구
- **只要** +문장, [주어]+ **就** +동사구

의미 기능 어떠한 결과가 발생하기에 '충분한 조건'을 나타낼 때 사용한다.

사용 환경 **1** 학업, 업무 등에 대해서 이야기할 때

① 你们只要努力，就会取得好成绩。
너희들이 노력하기만 하면 좋은 성적을 거둘 수 있을 거야.

② 只要多练习，就一定能学好汉语。
많이 연습하기만 하면 반드시 중국어를 마스터할 수 있다.

③ 只要你认真点儿，这个项目就不会出错。
네가 좀 꼼꼼하기만 하면 이 사업은 착오가 없을 거야.

2 여행에 대해 말할 때

① 只要天气好，我们就去爬香山。
날씨만 좋다면 우리 샹산(香山)에 올라가자.

② 只要你来北京，我就带你去故宫、登长城。
네가 베이징에 오기만 하면 내가 너를 데리고 자금성(故宫)에도 가고 만리장성(长城)에도 갈게.

3 희망, 생각 등에 대해 말할 때

① 你只要愿意来，就可以来。
네가 오기 원한다면 올 수 있어.

② 只要你们提出自己的想法，我们就可以考虑。
너희들이 자신의 생각을 말하기만 하면 우리는 고려해 볼 수 있어.

③ 明天的活动，只要你想参加就可以参加。
내일 행사는 네가 참가하고 싶다면 참가할 수 있어.

4 보양, 건강 등에 대해 말할 때

① 只要你坚持每天吃这种营养品，你的身体一定好。
네가 매일 이 영양 식품을 꾸준히 먹기만 하면 네 몸은 분명히 좋아질 거야.

② 只要你听医生的话，你的病就能好。
네가 의사 선생님 말을 듣기만 하면 네 병은 좋아질 거야.

259

只有……才…… ~해야만 ~하다
zhǐyǒu　　　cái

➡ p.299의 **258** '只要……就……' 참고

형태 구조
- [주어] + **只有** + 동사구/개사구/명사구, [주어] + **才** + 동사구
- **只有** + 문장, [주어] + **才** + 동사구

의미 기능　어떤 결과를 얻기 위해 '반드시 필요한 유일한 조건'을 나타낼 때 사용한다.

사용 환경

1 시험 성적에 대해 말할 때

① 大家只有认真听课，才能取得好成绩。
　 모두 열심히 수업을 들어야만 좋은 성적을 거둘 수 있어요.

② 他父母要求太高，他每次只有考满分，才能让他父母满意。
　 그의 부모님은 요구 조건이 너무 높아서 그는 매번 만점을 받아야만 그의 부모님을 만족시킬 수 있다.

2 초대에 대해 말할 때

① 你最有面子，只有你去请，他才会来。
　 네가 제일 낯이 서니, 네가 초대해야만 그 사람이 올 거야.

② 只有在人手不够的情况下，吉米才答应参加。
　 사람이 부족한 상황이어야만 짐이 참석하겠다고 할 것이다.

3 교제에 대해 말할 때

① 你只有跟她好好儿谈谈，才能消除她对你的误解。
　 네가 그녀에게 잘 이야기해야 너에 대한 그녀의 오해를 풀 수 있을 거야.

② 只有我才最了解小明的想法和脾气。
　 나만이 샤오밍의 생각과 성격을 가장 잘 이해한다.

③ 只有妈妈说他他才听，别人的话他一句都不想听。
　 어머니가 말해야만 그는 듣는다. 다른 사람의 말은 한 마디도 들으려고 하지 않는다.

주의
- '只有'와 '只要'는 둘 다 조건을 나타내는 접속사로, '只有'는 '필요조건'을 나타내고, '只要'는 '충분조건'을 나타낸다. '只有'는 '才'와 함께 사용하며 '只要'는 '就'와 함께 사용한다.

　예) 我娘常说，只有人活得高兴，才不怕穷。
　　 우리 어머니가 자주 말씀하셨다. 사람이 즐겁게 살아야만 가난을 두려워하지 않는다고.

　　 我娘常说，只要人活得高兴，就不怕穷。
　　 우리 어머니가 자주 말씀하셨다. 사람이 즐겁게 살기만 한다면 가난은 두렵지 않다고.

260

住❶ 살다
zhù

형태 구조
- 주어 + 住 + 개사구
- 주어 + 住 + 장소사
- 주어 + 住 + 시간사

의미 기능 '거주'하는 '장소'나 '시간'을 나타낼 때 사용한다.

사용 환경

1 거주 장소를 말할 때

① 他一直住在北京。
그는 줄곧 베이징에 살았다.

② 她俩住在留学生宿舍103房间。
그녀 둘은 유학생 기숙사 103호에 산다.

③ 三年前我就住这儿了。
3년 전에 나는 여기에 살았었다.

2 거주 시간을 말할 때

① 甲: 你想在北京住多久?
갑: 너 베이징에서 얼마나 살고 싶어?

乙: 我想再住六个月。
을: 나는 6개월 더 살고 싶어.

② 他在这个宿舍楼住过两年，后来才搬走了。
그는 이 기숙사 건물에서 2년 동안 산 적이 있다. 그리고 나중에서야 이사를 갔다.

261

住²
zhù

→ p.068의 **048** '가능보어 得/不' 참고

형태 구조
- 동사+住(+명사구)
- 주어+동사+得/不+住

의미 기능 사람이나 물건이 동작에 의해 '멈추거나 견고하게 되었음'을 나타낼 때, '순서가 혼란해지거나 물건이 분실되지 않도록' 할 때 사용한다.

사용 환경

1 명령하거나 권고할 때

① 站住!
거기 서!

② 拦住她们!
그 여자들을 막아!

③ 记住，见到客人不要乱说话。
기억하세요. 손님을 보면 함부로 말을 해서는 안 됩니다.

2 물건을 잡거나 쥘 때

① 这个酒瓶很贵，你拿住了啊，千万别掉地上了。
이 술병은 비싸니까 잘 가지고 있어야 해. 절대로 바닥에 떨어뜨리지 마.

② 只要你动作快，你就抓得住那个小球。
네 동작이 빠르기만 하다면 그 작은 공을 잡을 수 있을 거야.

③ 忙了半天，他才捉住了一只小鸟。
한참 헤매고 나서야 그는 겨우 작은 새를 한 마리 잡았다.

3 사람이나 동물을 돌볼 때

① 这个老师管不住学生。
이 선생님은 학생 관리를 못한다.

② 看(kān)住这孩子，不要让他乱跑。
이 아이 잘 보고 있어. 함부로 돌아다니게 하지 마.

③ 这只狗太笨，看(kān)不住羊群。
이 개는 너무 멍청해서 양떼를 지키지 못한다.

262 总 / 总是 늘
zǒng / zǒngshi

형태 구조
- 주어 + 总 + 동사구
- 주어 + 总是 + 동사구

의미 기능 어떤 상태나 상황이 자주 지속되어 '변하지 않음'을 나타낼 때 사용한다. 습관이나 자주 발생하는 일을 설명할 때 사용한다.

사용 환경

1 일상 습관에 대해 말할 때

① 妈妈总是起得很早，每天天没亮就把早饭做好了。
엄마는 늘 일찍 일어나셔서, 매일 날이 새기도 전에 아침을 다 해 놓으신다.

② 他总是把当天的事情做完才睡觉。
그는 늘 그날 일을 다 끝내고 나서야 잔다.

2 공부 습관에 대해 말할 때

① 他上课总迟到，谁说都没用。
그는 수업에 늘 지각한다. 누가 뭐라 해도 소용없다.

② 上课的时候，他总是喜欢和同学说话，老师批评也不管用。
수업을 할 때 그는 늘 반 친구와 이야기를 좋아한다. 선생님이 꾸짖어도 소용이 없다.

③ 没课的时候王明总是去图书馆学习。
수업이 없을 때 왕밍은 늘 도서관에 가서 공부한다.

3 기후에 대해 말할 때

① 那里的气候一年到头总是温暖如春。
거기 기후는 1년 내내 늘 봄처럼 따뜻하다.

② 这里总是刮风、下雨，还经常下雪。
여기는 늘 바람이 불고 비가 오는 데다 눈도 자주 온다.

주의
- '总是'는 '总'의 강조 형태이다. 더 구어적인 표현은 '总'이다.
- '他学习很努力，每次考试总是第一名。(그는 열심히 공부해서 매번 시험에서 1등을 한다.)'라는 문장에서 '总是第一名'은 '总+是第一名' 구조로 이루어져 있는 것이다. 이때의 '总+是'는 부사 '总是'가 아니라 사실상 두 개의 성분 '总'과 '是'로 이루어져 있는 것이다.

263 ······走 zǒu 떠나다, 가다

형태 구조
- 주어+동사+走(+명사구)
- 주어+把+명사구+동사+走

의미 기능 어떤 동작을 통해 사람이나 물건으로 하여금 '원래의 위치에서 벗어나게' 할 때 사용한다.

사용 환경

1 물건 운반에 대해 말할 때

① 他刚拿走了我的书，很抱歉，我不能借给你了。
그 사람이 막 내 책을 가지고 갔어. 미안하지만 네게 빌려줄 수가 없게 됐네.

② 服务员，请把这张椅子搬走好不好，房间太挤了。
직원분, 이 의자를 가져가 주실래요? 방이 너무 비좁아서요.

③ 你能不能把这只狗抱走啊？我不喜欢狗上我的床。
이 강아지를 안고 나가 줄래? 나는 개가 내 침대에 올라가는 게 싫어.

2 마중하거나 배웅할 때

① 别人把她男朋友接走了，她白跑了一趟。
다른 사람이 그녀의 남자 친구를 데려가서 그녀는 헛걸음을 쳤다.

② 他刚送走了一批客人，又来了一批，他快累死了。
그가 이제 막 한 무리의 손님을 배웅하니, 또 한 무리 손님이 왔다. 그는 피곤해 죽을 지경이다.

→ p.114의 091 '很¹' 참고

264

最 zuì
제일, 가장

형태 구조
- 最 + 형용사
- 最 + 동사구

의미 기능 유사한 것과 '비교'하여 모든 면에서 그보다 '초월함'을 나타낼 때 사용한다.

사용 환경

1 날씨, 경치 등에 대해 말할 때

① 我觉得，北京秋天天气最好，景色也最美。
나는 베이징은 가을이 날씨도 가장 좋고 경치도 가장 아름답다고 생각해.

② 今天是这一个月来温度最高的一天。
오늘은 이번 달 중 온도가 가장 높은 날이다.

2 개인의 취미에 대해 말할 때

① 我最爱看成龙的电影，每个月都要看一部。
나는 성룡의 영화를 보는 것을 가장 좋아해서 매달 한 편씩 봐야 한다.

② 水果，他最喜欢香蕉。
과일 중에서 그는 바나나를 가장 좋아한다.

3 사물의 크기, 장단점, 품질 등에 대해 평가할 때

① 天安门广场是世界上最大的广场，能同时容纳几十万人。
천안문(天安门) 광장은 세계에서 가장 큰 광장으로, 몇십만 명을 동시에 수용할 수 있다.

② 这个旅馆是我住过的最差的一个。
이 여관은 내가 묵었던 곳 중 가장 형편없는 곳이다.

③ 这家鞋店鞋子的质量最好，我经常去他家买。
이 신발 가게의 신발이 품질이 제일 좋아서 나는 자주 그 집에 가서 구매한다.

주의
- '最'의 수식을 받는 동사는 대부분 심리상태를 나타내는 동사이다.

REVIEW

UNIT 14

1 밑줄 친 부분에 대응되는 부분을 중국어 문장에서 찾아 표시해 보세요.

(1) 명사구＋동사＋得＋这么＋형용사
→ 他的普通话说得这么好，根本听不出来他是留学生。

(2) 주어＋[正/正在＋]동사＋着[＋명사구]
→ 雨还在下着呢，我们等雨停了再走。

(3) 주어＋正/在/正在＋동사구＋呢
→ 老师正在看着你呢，注意点儿。

2 어법의 형태 구조를 떠올리며 제시된 낱말을 바른 순서로 배열해 보세요.

(1) 雪　雨　就变成了　下　下　着　着

→ _____
(비가 계속 오다가 눈으로 바뀌었다.)

(2) 想法和脾气　我　才　小明的　只有　最了解

→ _____
(나만이 샤오밍의 생각과 성격을 가장 잘 이해한다.)

(3) 住　客人　见到　乱说话　记　不要

→ _____
(기억하세요. 손님을 보면 함부로 말을 해서는 안 됩니다.)

REVIEW 정답

UNIT 01

1. (1) 她抄同学的作业，被老师发现了，挨了一顿批。
   (2) 我把家里所有的窗户都擦完了。
   (3) 周末小李被经理叫去加班了。

   관련 어법: 001, 002, 005

2. (1) 这座楼比北边的那座楼高很多。
   (2) 上个月看的电影不如今天看的这部好。
   (3) 我不是去旅游，就是回国看父母。

   관련 어법: 006, 015, 016

UNIT 02

1. (1) 除了喜欢看书，这孩子没有别的爱好。
   (2) 除了801这间房，只有902、908这两个房间了。
   (3) A班的口语课从明天开始上。

   관련 어법: 028, 029, 030

2. (1) 他第一次跟女朋友约会就差点儿迟到。
   (2) 火车已经从广州开出了。
   (3) 张老师病了，今天李老师代他上了两节课。

   관련 어법: 023, 026, 034

UNIT 03

1. (1) 刚喝了两杯咖啡，我睡不着。
   (2) 中国菜、美国菜、日本菜，我都喜欢吃。
   (3) 我们对你的做法有很大意见。

   관련 어법: 048, 053, 055

2. (1) 到底是先有鸡还是先有蛋？
   (2) 你们到底同意不同意呀？
   (3) 这些小房子建得真漂亮。

   관련 어법: 040, 041, 047

UNIT 04

1. (1) 你多吃点儿水果，少吃点儿肉，身体才能健康。
   (2) 我给了儿子一张光盘，作为他的生日礼物。
   (3) 他的口语水平和上学期相比，进步大多了。

   관련 어법: 060, 070, 076

2. (1) 对外语学习来说，听说读写都非常重要。
   (2) 我的电脑比起刚买回来时慢多了。
   (3) 你是班长，这次同学聚会你非来不可。

   관련 어법: 058, 064, 066

UNIT 05

1 (1) 这件衣服怪好看的，谁给你买的?
(2) 我们已经做好了所有的作业。
(3) 饿坏了你没事，饿坏了孩子可不得了。

관련 어법: 078, 086, 093

2 (1) 他房间里的书堆得比小山还高。
(2) 你是学中文还是学日文?
(3) 她平时经常穿牛仔裤和运动鞋。

관련 어법: 081, 083, 090

UNIT 06

1 (1) 就要下雨了，带上伞再出门吧。
(2) 屋里有些热，请你打开窗户好吗?
(3) 你可不能撒谎，这不是好习惯。

관련 어법: 104, 105, 110

2 (1) 去中餐馆或者西餐馆都行，你自己决定吧。
(2) 这条裙子你试试看，穿上肯定漂亮!
(3) 这个问题可不简单，你得好好儿想想。

관련 어법: 096, 106, 108

UNIT 07

1 (1) 请大家快进教室来。
(2) 我买了两张电影票，给你一张。
(3) 我等女朋友等了半天，也没见到她的人影。

관련 어법: 116, 117, 119

2 (1) 中国南方我连一次也没有去过。
(2) 今天的天气没有昨天的好。
(3) 这次考试，我们班没有一个不及格的。

관련 어법: 121, 126, 127

UNIT 08

1 (1) 妈，那是什么东西呀，黑乎乎的。
(2) 你看，外面的雪下得那么大，没法回家了。
(3) 你难道不认识他吗? 他说认识你呀。

관련 어법: 133, 134, 136

2 (1) 你看咱们这几天的日程安排怎么样?
(2) 她抬起头来看着我，一句话也不说。
(3) 音乐一响，大家就跳起舞来了。

관련 어법: 146, 147, 149

UNIT 09

1 (1) 一不小心，我的帽子让风(给)吹跑了。
(2) 他问我为什么会发生这样的事，我也说不上来。
(3) 妈妈在楼上叫我，我就立刻跑上楼去。

관련 어법: 158, 164, 165

2 (1) 千万不能酒后驾车。
(2) 我想早点儿回学校去。
(3) 全校的同学都集中到了操场上。

관련 어법: 150, 155, 156

UNIT 10

1 (1) 车子上装着很多水果，有苹果、梨、桃子、橘子什么的。
(2) 是谁打碎玻璃的?
(3) 别为我忙这忙那了，我自己能行。

관련 어법: 168, 176, 185

2 (1) 我用的电脑都是最流行的。
(2) 你开车开得太快了，得慢点儿。
(3) 为实现自己的理想，小张每天都很努力。

관련 어법: 172, 179, 186

UNIT 11

1 (1) 不到半年，我已经习惯用筷子了。
(2) 我向他喊了半天，他也没答应一声。
(3) 今天像昨天一样冷，你还得多穿点儿。

관련 어법: 189, 200, 203

2 (1) 我从楼上搬了几把椅子下来。
(2) 去北大你可以先坐公共汽车，再转地铁。
(3) 考试前，他就像疯了似的，拼命地复习。

관련 어법: 192, 196, 201

UNIT 12

1 (1) 你去参加聚会，我也去；你不去，我也不去。
(2) 你能不能简单谈一下你的想法?
(3) 他从超市里买了一些日常生活用品。

관련 어법: 210, 214, 215

2 (1) 请你说得慢一点儿，我没听清楚。
(2) 这条裤子长了一点儿，再短点儿就好了。
(3) 我爸爸一吃完饭就去散步了。

관련 어법: 211, 212, 213

UNIT 13

1 (1) 他刚买的电脑有桌子这么宽。
(2) 课后，我又复习了一遍课文。
(3) 她又年轻又漂亮。

관련 어법: 225, 227, 229

2 (1) 王华毕业于北京语言大学。
(2) 按你的方法学外语，越学越有兴趣。
(3) 在我看来，这件衣服太贵了。

관련 어법: 230, 232, 236

UNIT 14

1 (1) 他的普通话说得这么好，根本听不出来他是留学生。
(2) 雨还在下着呢，我们等雨停了再走。
(3) 老师正在看着你呢，注意点儿。

관련 어법: 248, 251, 255

2 (1) 雨下着下着就变成了雪。
(2) 只有我才最了解小明的想法和脾气。
(3) 记住，见到客人不要乱说话。

관련 어법: 253, 259, 261

- 다락원 홈페이지 및 콜롬북스 APP에서 MP3 파일 다운로드 및 실시간 재생
- 다락원 홈페이지에서 모바일·PC 기반 신개념 학습 전자책 DVBOOK 구매 가능

지은이 冯胜利·施春宏
옮긴이 이정민
감수자 김현철
펴낸이 정규도
펴낸곳 (주)다락원

초판 1쇄 인쇄 2018년 4월 2일
초판 1쇄 발행 2018년 4월 9일

책임편집 박소정, 이상윤
디자인 조화연, 최영란
녹음 중국어 차오홍메이(曹红梅), 위하이펑(于海峰)
  한국어 허강원

🔷다락원 경기도 파주시 문발로 211
내용문의 (02)736-2031 내선 430~439
구입문의 (02)736-2031 내선 250~252
Fax (02)732-2037
출판등록 1977년 9월 16일 제300-1977-23호

Copyright ⓒ 2015, 北京大学出版社
원제: 三一语法: 结构·功能·语境
The Chinese edition is originally published by Peking University Press. This translation is published by arrangement with Peking University Press, Beijing, China. All rights reserved. No reproduction and distribution without permission.
한국 내 Copyright ⓒ 2018, (주)다락원

이 책의 한국 내 저작권은 北京大学出版社와의 독점 계약으로 (주)다락원이 소유합니다.

저자 및 출판사의 허락 없이 이 책의 일부 또는 전부를 무단 복제·전재·발췌할 수 없습니다. 구입 후 철회는 회사 내규에 부합하는 경우에 가능하므로 구입문의처에 문의하시기 바랍니다. 분실·파손 등에 따른 소비자 피해에 대해서는 공정거래위원회에서 고시한 소비자 분쟁 해결 기준에 따라 보상 가능합니다. 잘못된 책은 바꿔 드립니다.

정가 19,000원(MP3 파일 무료 다운로드 제공)
ISBN 978-89-277-2233-5 13720

http://www.darakwon.co.kr

- 다락원 홈페이지를 방문하시면 상세한 출판정보와 함께 동영상강좌, MP3자료 등 다양한 어학 정보를 얻으실 수 있습니다.